ACCOUNTING

近代会計と複式簿記

土方 久 [編著]

税務経理協会

BOOKKEEPING

プロローグ
本書の目的

　「プロローグ」とは序章。本書の目的，研究の目的を明確にしなければならない。

　いま，会計制度の大変革ともいうべき「会計ビッグバン」が叫ばれるなかでは，経済的，はては政策的な大変革，さらに，国際的な大変革に直面して，会計制度，会計理論はその対応にいとまがない状況にある。まさに混沌の状況にあるといっても過言ではない。しかし，会計に求められる情報については，簿記，特に「複式簿記」と関わりながら，いや，関わることを自明の理として提供される。財務諸表は複式簿記との関わりで誘導されている。したがって，会計制度の大変革が叫ばれるなかでも，「それでも複式簿記に関わるのでは」という感は，いまだ否定できないようである。

　そうであるとするなら，それでも複式簿記に関わるのはなぜであろうか。はたして，それでも複式簿記に関わることはできるであろうか。この問題は，会計制度，会計理論に取り組む者にとって最大の関心事であらねばならない。この問題を常に意識しておくことによってこそ，会計制度の大変革に対応することも，会計理論の再構築に対応することも，また可能になるのではと愚考されるからである。もちろん，歴史的にも論理的にも深淵な問題であるだけに，そう簡単に回答することはできるはずもない。しかし，この問題を常に意識しておかねばならないとの想いから，回答する契機だけでも模索できたらということで，複式簿記と「近代会計」との関わり，はては「現代会計」との関わりを

多面的に検討しようとするのが本書の目的，研究の目的である。

まずは，リトルトンの有名な言葉を想起してもらいたい。「光は初め15世紀に，次いで19世紀に射した。15世紀の商業と貿易の急速な発達に迫られて，人は帳簿記録を複式簿記に発展せしめた。時移って19世紀に至るや，当時の商業と工業の飛躍的な前進に迫られて，人は複式簿記を会計に発展せしめた」(Littleton [1933], p.368) という言葉である。パチョーロが世界に現存する最初の簿記書を出版した15世紀，さらに，産業革命が欧米諸国に波及した19世紀，この史実ないし背景が念頭にあってのことであるに違いない。複式簿記自体，15世紀以降は経済覇権が移行するにともない，世界の各国に伝播されて，19世紀以降は産業構造が変化するにともない，複式簿記と関わりながら，会計に発展せしめられることで，会計制度，会計理論は想像ないし創造されてきたからである。

それでは，15世紀の商業簿記から19世紀の工業簿記，「原価会計の始まるまで，400年もの間，簿記は惰眠をむさぼっていたのであろうか」（小島 [1987]，序2頁）。いや，「パチョーロより400年の間，簿記は決して惰眠をむさぼっていたのではない。その時，その時の資本の流れを捉えるべく，資本活動の態様を我が身に対応せしめるべく，鋭意努力を尽くして来たことが，明白になってくる。商人，簿記書の著者達は，その時々の事業経営の要求に応じて，簿記法の工夫・改善をはかって来た。こうした努力・展開の過程を，過去においては，われわれは，見過ごしていたことを，歴史的研究が進むにつれて，思い知らされる」（小島 [1987]，序4頁）。

したがって，世界の各国に伝播された複式簿記が会計に発展せしめられるまでを解明することが必要である。第Ⅰ部の「複式簿記と近代会計の生成」から取り組まねばならない。

ところで，原価会計に始まるにしても，さらに，財務会計と管理会計の領域的区分はともかくとして，企業会計の発達を促さずにはおかない。口別損益計算から「期間損益計算」へ移行するにともない，19世紀の産業構造の変化，特に製造業，鉄道業等が必要とする固定資産の増大は，「資産評価」の問題を引き起こさずにはおかないからである。そればかりか，会社形態の変化，特に資

本集中を容易ならしめる株式会社の急増は,「報告責任」のための情報だけでなく「配当計算」の問題を引き起こさずにはおかないからである。新たな問題,まさに会計の問題が改めて浮上してくる。

　そこで,具体的には,時価による評価と取得原価による評価は,債務弁済力を狙った債権者保護と,資産評価益,この未実現利益の配当阻止を狙った株主保護をめぐって対立したものである。しかし,株式会社は無限責任でなく有限責任,この資産評価益の配当が資金不足をもたらす混乱を踏まえては,取得原価による評価,したがって,固定資産の費用配分となる減価償却が支持されたものである。株主保護は19世紀から商法に規整されたのに対して,債権者保護は,すでに17世紀から商法に規整されたことを想起するなら,しかも,19世紀のドイツでは無限責任と有限責任の混同のなかで規整されたことを想起するなら,財産計算を標榜する静的会計論から決別して,20世紀前半から損益計算を標榜する「動的会計論」が支持されたことは,まさに「コペルニクス的転回」（谷端 [1958],4頁）であったといわなければならない。

　したがって,「近代会計学を特徴づけるメルクマールは,その動的会計構造観にこれを求める。それは,企業会計を期間損益計算構造として採りあげる立場に他ならないので,損益計算論は,近代会計学の中枢課題を形成するものであるといわなければならない」（山下 [1959],序1頁）。

　事実,日本においては,取得原価による評価が支持されてから,商法と会計の論理,債権者と株主の利害についての「妥協の論理」（田中 [1944],序2頁以降／山下 [1967],序3頁）が図られたのに対して,現在株主と将来株主の利害についての「調整の論理」（山下 [1967],序7頁以降）が図られるに及んでは,近代会計の理論は,まさに開花する。「それぞれの期間に正当に属する当該期間の利益を適正に認定し,それぞれの時点の株主持分を適正に確定すべき実際的必要が生ずる。それは,移動する株主間の企業利益参加を時の前後にわたって正しい関係におくことであって,いわば,現在株主群と将来株主群間の株主としての利害を適正に調整することである」（山下 [1967],序7頁）。しかも,「近代の期間損益計算制度の下では,直接的には,株主,とくに浮動株主群間の相

対立する利害を適正に調整するという株主保護の要請に応えて成立したものと考えられるが，実は，その下で，債権者利益の保護が確実に達成されるものである」（山下［1967］，序10頁）。

したがって，複式簿記から発展せしめられた会計，この会計が動的会計論を理論的支柱にして，適正な期間損益計算こそを求めて，どのように近代会計の理論が想像ないし創造されたか，その代表的学説を解明することが必要である。第Ⅱ部の「近代会計の理論形成」に取り組まねばならない。

ところが，近代会計の理論に裏付けられる会計制度が現実的要求に耐えないとなると，会計制度の変革を促さずにはおかない。現代会計に耐えうるだけの新たな会計理論の登場を促さずにはおかない。「現実の要求と会計の機能のあいだに矛盾が生じたばあいには，現在の会計制度体系あるいは理論の修正，変更が必要となり，とりわけ，その中核たる会計原則について，その根拠，その会計体系の制度的保証となりうる根拠について再検討がはじめられなければならない」（浅羽［1969］，7頁以降）。したがって，「今日では近代会計の解明のみに踟躇していることは許されない。否，むしろ，現代会計理論の激動的展開という状況のもとでは，近代会計の解明自体も，新しい理論傾向によってのみ促進される」（浅羽［1969］，序ⅱ頁）。

事実，報告責任のための情報ばかりか，「投資意思決定」のための有用な情報，はては情報の「公開」が会計に求められるとなると，動的会計論を理論的支柱にして，適正な期間損益計算を求める，現在株主と将来株主の利害についての調整の論理が図られるだけでは，もはや済まされない。20世紀後半からアメリカの会計原則ないし会計基準は再検討を図られるばかりか，さらに，その国際的調和化が図られて，日本においても，「国際会計基準」が導入されるとなると，なおさらである。特に金融市場の活性化を狙った「金融ビッグバン」に連動しながら，会計ビッグバンが叫ばれるなかでは，資金を調達する側の株式会社が的確な情報の積極的公開を迫られると同時に，投資する側の投資者もまた投資意思決定のための有用な情報を必要としようというものである。したがって，利害の調整を踏まえながらも，情報の公開にウエートが移ろうというものであ

る。

　そこで，具体的には，まずは，「時価会計」。部分的ではあるが，取得原価による評価が批判されて，時価による評価が喧伝される。金融商品，特に有価証券の「含み損」または「含み益」，したがって，資産評価損だけでなく資産評価益まで公表させたいがためである。さらに，その内容の説明は省略するが，「連結会計」，「キャッシュ・フロー会計」，「税効果会計」，「企業年金会計」等。このような新たに浮上してくる会計の問題から変革を促すことによって，経営実態の公開，まさに透明化が図られようとしている。21世紀こそは会計制度の大変革に直面していることを改めて思い知らされる。

　したがって，複式簿記から発展せしめられた会計，この会計が，いま，会計制度の大変革に直面して，経営実態の公開，まさに透明化こそを求めて，どのように現代会計の理論が想像ないし創造されようとするか，その代表的基準を解明することが必要である。第Ⅲ部の「現代会計の制度展開」にも取り組まねばならない。

　そうすることによって，複式簿記と「近代会計」との関わり，はては「現代会計」との関わりを多面的に検討しようというわけである。この問題を共に意識して，会計制度，会計理論に取り組まれている研究仲間の先生方に独自の研究成果を披瀝してもらい，「それでも複式簿記に関わるのでは」という感に回答する契機だけでも模索できたらというわけである。繰り返すまでもなく，歴史的にも論理的にも深淵な問題であるだけに，そう簡単に回答することはできるはずもない。それにしても，この問題を常に意識しておかねばならないとの想いだけでも，いや，このような想いを馳せながら，会計制度，会計理論に取り組まれている研究仲間の先生方の熱き息吹きを読み取ってもらえたらと期待する。

　本書は，筆者が還暦を迎える年に上梓されることになった。還暦を記念する書にして頂いたことは身に余る光栄である。田舎学者の筆者には柄でもないと固辞はしたが，研究仲間の先生方と共に，この問題に取り組んでみたいとの想

いから，先生方のご厚意に甘えることになった。企画して頂いた先生方のご尽力，執筆をお願いした先生方のご協力と併せて，研究仲間として変わらぬご交誼を頂いていることに，改めて，深甚なる感謝の意を表したい。

　本来，「還暦」は，すべて控えめに忌み慎まねばならない厄年であったが，後年意義を変えて長寿の祝いになったらしい。十干十二支の組み合わせである最小公倍数が生まれた年に還るためで，「本卦回」ともいわれるそうである。赤い着物を用いるのは赤ん坊に還ったからだと説明されるが，魂の切り換えを喜んでのことらしい。長寿の祝いは面はゆいが，もちろん，赤い着物は遠慮したいが，この「魂の切り換え」は共に喜びたい。

　最後に，本書の出版を引き受けてくださった税務経理協会の大坪嘉春社長，本書の出版に尽力して頂いた編集部の木田元子課長に，記して感謝する次第である。

　　　　　　　　　　　　　　　　　　　　　2002（平成14）年　立夏

　　　　　　　　　　　　　　　　　　　　　　　　　　　土方　久

参考文献

Littleton, A.C. [1933], *Accounting Evolution to 1900*, New York（片野一郎訳・清水宗一助訳,『リトルトン会計発達史』, 同文舘, 1952年).
Pacioli, L. [1494], *Summa de Arithmetica Geometria Proportioni et Proportionalita*, Venezia（片岡義雄訳,『パチョーリ「簿記論」の研究』, 森山書店　1956年).
Schmalenbach, E. [1939], *Dynamische Bilanz*, 7. Aufl., Leipzig（土岐政蔵訳,『動的貸借対照表論』, 森山書店　1950年).
浅羽二郎 [1969],『現代会計学の展開』, 白桃書房。
小島男佐夫 [1987],『会計史入門』, 森山書店。
田中耕太郎 [1944],『貸借対照表法の論理』, 有斐閣。
谷端　長 [1958],『動的会計論の構造』, 森山書店。
土方　久 [1998],『貸借対照表能力論』, 森山書店。
─── [2000a],「静態論の財産計算」,『商学論集』(西南学院大学), 第46巻第3・4号, 21-32頁。
─── [2000b],「動態論の損益計算」,『商学論集』(西南学院大学), 第47巻第1号, 1-17頁。
山下勝治 [1959],『損益計算論』, 中央経済社。
─── [1967],『貸借対照表論－貸借対照表法の近代化－』, 中央経済社。

執筆者一覧

プロローグ　土方　　久（西南学院大学）
第Ⅰ部
　第1章　工藤栄一郎（熊本学園大学）
　第2章　橋本　武久（帝塚山大学）
　第3章　渡邉　　泉（大阪経済大学）
　第4章　中野　常男（神戸大学）
第Ⅱ部
　第5章　山地　秀俊（神戸大学）
　第6章　桑原　正行（香川大学）
　第7章　藤井　秀樹（京都大学）
　第8章　井原　理代（香川大学）
第Ⅲ部
　第9章　高須　教夫（神戸商科大学）
　第10章　徳賀　芳弘（京都大学）
　第11章　瓦田太賀四（神戸商科大学）
　第12章　島田美智子（大阪商業大学）
エピローグ　土方　　久

目　次

プロローグ　本書の目的

第Ⅰ部　複式簿記と近代会計の生成

第1章　勘定記録の生成と複式簿記
第1節　はじめに ………………………………………………………… 2
第2節　現存する主要な会計記録 ……………………………………… 3
第3節　1211年勘定記録に関する先行研究 …………………………… 5
第4節　勘定記録の内容とその検討 …………………………………… 10
第5節　む　す　び ……………………………………………………… 18

第2章　ネーデルラントの簿記（書）と近代会計
　　　　　―16～17世紀前半を中心にして―
第1節　はじめに ………………………………………………………… 22
第2節　16世紀アントウェルペンの簿記書 …………………………… 23
第3節　アムステルダムの簿記書 ……………………………………… 26
第4節　連合東インド会社の成立とその簿記実務 …………………… 30
第5節　む　す　び ……………………………………………………… 32

第3章　17－19世紀イギリスにおける会計の展開
第1節　はじめに ………………………………………………………… 38

第2節	17世紀イギリス簿記の特徴	38
第3節	教科書用簿記書から実用簿記書へ―18世紀の転換	41
第4節	企業損益算定方法の転換―ストックからフロー―へ	46
第5節	資金計算書の出現―19世紀の特徴	48
第6節	む す び	50

第4章　アメリカへの複式簿記の伝播と近代会計学の生成

第1節	はじめに	55
第2節	資本主理論的思考の出現	57
第3節	資本主理論的思考の移植	59
第4節	資本主理論的思考の簿記理論的確立	65
第5節	む す び：資本主理論の会計理論への転換	67

第Ⅱ部　近代会計の理論形成

第5章　Hatfield 会計学の現代性
―クリーン・サープラス問題をめぐって―

第1節	はじめに	74
第2節	Hatfield 会計学の体系	75
第3節	Hatfield 会計学の現代性	81
第4節	む す び	86

第6章　簿記論から会計理論への展開
―Paton の簿記論と持分概念―

| 第1節 | はじめに | 89 |
| 第2節 | Paton 簿記論における利益概念―営業利益の重視― | 90 |

第3節　持分概念の形式的意義と限界
　　　　—負債と資本の同一視に対する問題—……………93
第4節　会計理論としての利益概念
　　　　—複式簿記との理論的整合性—……………………96
第5節　む　す　び……………………………………………99

第7章　Littletonの会計理論
　　　　—原価主義会計論の2つの潮流とA.C.Littleton—

第1節　は　じ　め　に…………………………………………104
第2節　原価主義会計論の2つの潮流…………………………105
第3節　2つの潮流の融合と乖離………………………………106
第4節　原価即事実説における原価の意味……………………108
第5節　む　す　び………………………………………………110

第8章　Schumalenbachの会計理論

第1節　は　じ　め　に…………………………………………113
第2節　RiegerとSchumalenbachの会計観……………………114
第3節　RiegerとSchumalenbachの成果計算観………………117
第4節　RiegerとSchumalenbachにみる期間計算……………122
第5節　む　す　び………………………………………………124

第Ⅲ部　現代会計の制度展開

第9章　FASBの会計フレームワーク
　　　　—SFAC第7号の今日的意味—

第1節　は　じ　め　に…………………………………………128
第2節　資産負債アプローチおよび収益費用アプローチ

　　　　における認識・測定構造 ………………………………………129
　第3節　ＳＦＡＣ第7号をめぐるＦＡＳＢの提案の検討
　　　　　―ＦＡＳＢの基本的思考の抽出― ……………………………131
　第4節　ＳＦＡＣ第7号の今日的意味 ……………………………………135
　第5節　む　す　び ………………………………………………………138

第10章　国際会計基準の概念フレームワーク　―会計上の認識規準を中心として―

　第1節　は じ め に ………………………………………………………142
　第2節　「フレームワーク」を位置づけるための座標の構築 ……144
　第3節　「フレームワーク」の概要と座標への位置づけ …………145
　第4節　「フレームワーク」自体の変化の可能性 ……………………149
　第5節　む　す　び ………………………………………………………151

第11章　米国公会計制度の動向　―ＧＡＳＢの報告書を中心として―

　第1節　は じ め に ………………………………………………………156
　第2節　伝統的米国公会計システム ……………………………………157
　第3節　伝統的政府基金会計 ……………………………………………159
　第4節　事業基金会計 ……………………………………………………161
　第5節　伝統的報告体系 …………………………………………………163
　第6節　伝統的報告体系における問題点 ………………………………165
　第7節　公会計の新たな展開 ……………………………………………167

第12章　制約理論（ＴＯＣ）にリンクする　スループット会計の特質

　第1節　は じ め に ………………………………………………………171
　第2節　ＴＯＣにリンクするスループット会計の意義 ………………172

第3節　TOCにリンクするスループット会計の
　　　　計算構造の特質 ……………………………………175
第4節　Goldrattの主張する「在庫」の概念……………179
第5節　む　す　び ………………………………………181

エピローグ　本書の総括

第Ⅰ部
複式簿記と近代会計の生成

第1章
勘定記録の生成と複式簿記

第1節　はじめに

　簿記会計を経済活動の記録ないし計算と考えるなら，いつの時代においても，またどこにおいても，そこに経済活動がある限り，何らかの簿記会計が実践されていると想像することは難くない。原初的な状況においては，それは人の思考と記憶のなかで実践されるだろうし，やや高度になれば外的な媒体への記録や計算となって現象することになろう。またその場合，多様な記録や計算の方法や様式が存在することが可能となるだろう。

　しかしながら，「複式簿記」について考える場合，記録や計算の多様性は著しく狭められる。なぜなら，何をもって複式簿記であるのかとする，複式簿記であるための要件ないし定義が必要となり，多様な記録や計算の方法や様式から識別されることになるからである。

　これまで，簿記会計史の研究において，複式簿記の起源についてしばしば議論がなされてきた[1]。これらの議論から導かれた結論は，今日の複式簿記の原型が中世イタリアにおけるいくつかの商業都市において，それぞれ芽生え発展してきたというものである。そしてそれぞれの起源説を主張する根拠となったのが，それぞれの商業都市で実践された会計記録が現存していることである。その場合，それぞれが根拠とする会計記録のどのような点が複式簿記生成の要件として考えられてきたのであろうか。

そこに共通する最も基本的な複式簿記の要件は「勘定」の存在である。すなわち，複式簿記にとって，記録や計算の単位として勘定を備えていることが生成のための最低要件と考えることができる[2]。W. Sombert にならえば「はじめに勘定ありき」である。

そこで，本章の目的は，多様な記録や計算の様式が複式簿記へと収斂し発展していく過程の一片を提示しようとするものである。具体的には，現存する最古の勘定記録とされる「1211年の日付のあるフィレンツェ一銀行家の勘定記録」を中心に検討し，勘定記録と複式簿記の関係について考察していく。

第2節　現存する主要な会計記録

経済活動の記録や計算に関する歴史的事実を確認する場合，当然のことながら，それらが記録された媒体である帳簿類を考察の対象とする。12～15世紀のイタリアの会計記録については，簿記会計史研究でこれまで取り上げられた現存する主要な資料が泉谷［1997］（323-330頁）においてまとめられている。それをリストにして示せば**第1-1表**のとおりである。

これによると，イタリアに現存する最も古いとされる会計記録は1156年から1158年にわたる当座組合に関する記録[3]である。それはジェノバの公証人であった Giovanni Scriba によって記録されたものである。その内容は，2人の商人，すなわち，Ingo da Volta（資金の拠出者）と Ansaldo Baialardo（旅商）との間での3年間で年1回3度にわたる組合の契約および清算に関する記録である。特に注目すべきは，組合事業を清算する際の利益の算出過程である。そこでは，事業終了時における財産有高を棚卸しによって求め，それと事業開始時の投下資本の額を比較するという，いわゆる財産法による利益計算が行われている（de Roover, F. E. [1941], pp. 88-90，泉谷[1997]，6-11頁）。すなわち，そこでは，勘定による記録は行われていないし，また，継続的かつ体系的な記録も存在しないことになる。

第1-1表　イタリアに残存する主要な会計記録（15世紀まで）

番号	記録期間	資料
1	1156−1158	ジェノバの公証人 Giovanni Scriba の当座組合に関する清算記録
2	1211	フィレンツェ一銀行家の顧客別貸付金記録
3	1241−1272	Combio e Giovanni di Detacomando の穀物貸付記録の断片
4	1255−1262	Ugolini e Comp のシャンパーニュ定期市での帳簿記録
5	1255−1290	ストレーダ渓谷近辺での土地購入記録
6	1259	シエナ市政庁の現金出納帳
7	1259−1267	Castra Gualfredi e Comp. の元帳から抜粋した公証人の計算書
8	1262−1275	Bene Bencivenni の第1貸付簿
9	1264−1284	オルメ渓谷周辺での土地購入記録
10	1272−1277	Riccomanno Iacopi 銀行の帳簿
11	1272−1278	Baldovino Iacopi Riccomanni の遺産運用簿
12	1274−1310	Gentile de'Sassetti と彼の息子の元帳
13	1277−1296	Bene Bencivenni の第2貸付簿
14	1278−1279	Stefano Soderini の記録したピサの商品積送記録
15	1279−1280	Marca の Niccolo III の収支記録
16	1281−1297	Lapo Riccomanni の元帳雑記帳
17	1288−1290	プラトーの Cepperello Dietaiuti の収支記録
18	1290−1295	Compagno Ricevuti の記録した Paghino Ammanatti の遺児 Perotto と Fina の帳簿
19	1290−1324	messer Filippo de'Cavalcanti の個人記録
20	1291−1298	messe Consiglio de'Cerchi の債権取立簿
21	1291−1300	Dego Genovesi の息子 Noffo と Vese の元帳
22	1292−1293	Filippo Reruzzi e Comp. della Tavola の元帳から抜粋した公証人記録
23	1296−1305	Rinieri Fini de'Benzi とその兄弟の元帳
24	1299−1300	Matino Mannucci の記録した Giovanni Farolfi e Comp. サロン支店の元帳
25	1304−1332	Alberto del Giudice e Comp. の小財産帳（秘密帳）
26	1305−1308	シエナ商人 Garellani e Comp. ロンドン支店の現金出納帳
27	1306−1307	Garellani e Comp. パリ支店帳簿
28	1308−1312	Arnodo d'Arnoldo dei Peruzzi の秘密帳
29	1308−1326	Gitto d'Arnoldo dei Peruzzi の秘密帳
30	1311−1312	英国 Frescobaldi e Comp. の帳簿
31	1318−1324	Francesca del Bene e Comp. のP帳簿, 反物売買帳, 黒帳（一般元帳）, 現金出納帳
32	1321−1325	フィレンツェの銀行家 Niccholo Gianfigliazzi の黄帳と相続簿

33	1322－1325	Rinuccio di Nello Rinuicci の帳簿
34	1332－1335	ルッカの Geri Burlamacchi e Comp. の秘密帳
35	1332－1337	Corbizzi e Comp. の朱帳C
36	1335－1343	Peruzzi e Comp. 第6秘密帳と第6一般元帳
37	1336－1340	Covoni e Comp. の黄帳
38	1336－1360	Charoccio di Lapo del Giudice の青色秘密帳C
39	1340－1466	ジェノバ市政庁元帳
40	1355－1371	Francesco di Iacopo del Bene e Comp. の白帳
41	1366－1411	Francesco di Marco Datini の帳簿
42	1382－1403	Paliano di Falco Paliani の白帳
43	1391	パドバの Lippi & Del Bene 銀行の元帳
44	1394－1400	ミラノの Banco Del Milano の元帳
45	1396	Aliprando Serrainerio の旅行小元帳
46	1396－1397	ミラノの Serrainerio & Dugnano の元帳
47	1406－1434	Soranzo兄弟の新元帳，1410－1417　同旧元帳
48	1408－1441	San Giorgio 銀行の日記帳 memoriale と元帳 cartulario
49	1420－1615	ミラノの Borromeo 家の帳簿
50	1431－1483	Barbarigo の仕訳帳と元帳
51	1436－1440	Giacomo Badoer の元帳
52	1456－1459	ジェノバ商人 Giovanni Piccamiglio の元帳

（泉谷［1997］，323－330頁より作成）

　前節でふれたように，経済活動を記録あるいは計算する方法や様式は多様である。記録や計算の目的によってその方法は規定される。複式簿記にとって最も基本的な要件である勘定が生成するにはそれを必要とするだけの目的を有した環境が整う必要がある。

第3節　1211年勘定記録に関する先行研究

(1) 言語学の研究対象：資料の発見

　フィレンツェのある銀行家によってなされた1211年の日付のある勘定記録[4]を最初に学術誌において紹介したのは Santini［1887］であるとされている。もっとも，同記録の存在が最初に確認されるのは18世紀終わり頃に作成されたラウレンツィアーナ図書館（Biblioteca Medicea Laurenziana）[5] の所蔵目録[6]に

第1-2表　主要な先行研究

先行研究	特徴
Santini [1887]	中世トスカーナ地方の言語記述に注目。記録内容を解読しさらには活字で転写。
Monaci [1889]	表現を若干（近代的に）修正して活字に転写。
Sieveking [1901]	簿記会計史の観点から検討。借方・貸方表記の原型を見出す。さらに，振替記入の存在に着目。
Brown [1905]	Sievekingに依拠しながらも，この勘定記録からだけでは複式簿記とはいえないと評価。
Woolf [1912]	Sievekingに依拠しながら，そこに複式簿記のほのかな起源を見出すと評価。
Penndorf [1913]	Sievekingに依拠しながら，同様に，借方・貸方の原型と振替記入にふれている。
Besta [1922]	イタリアにおいて会計史的関心を寄せた最初期の研究であるが，借方・貸方の表記の原型の存在に注目するなど先行研究の域を出ていない。
Schiaffini [1926]	Santiniの活字転写をより近代的に表記を修正したものにすぎない。
Penndorf [1933]	勘定（"rationes" – die Konten）に記録として独立性のある意義を見出している。
Littleton [1933]	振替記入だけでは簿記システムとして完結しないと複式簿記の構造的観点から言及。
黒澤 [1949]	わが国において1211年勘定記録を取り上げたもっとも初期の研究のひとつ。
山下 [1950]	Sieveking [1901], Brown [1905], Woolf [1912], Penndorf [1913] [1933], それにLittleton [1933] など多くの先行研究をサーベイしながら当時の銀行業における「振替記帳」をもって，「複式簿記方法に於ける」「組織的な勘定記録」の起源としている。
Melis [1950]	勘定記録のうち1面分を写真掲載。
江村 [1953]	Penndorf [1933] に依りながらもわが国ではじめて1211年勘定記録の一部を掲載している。
de Roover [1956]	勘定記録それ自体というよりむしろ銀行業の歴史および企業形態の歴史的文脈の記述のなかで取り上げている。
茂木 [1964]	複式簿記は「資本・利潤計算機構」を内包したものであるとの概念規定に照らして，1211年勘定記録における振替記入の論理展開をはかっている。
泉谷 [1964]	Sieveking [1901], Penndorf [1933] に加えて，Melis [1950] を参照しながら勘定の生成について言及している。
小島 [1964]	勘定記録の3面分を写真掲載。
井上 [1968]	1211年勘定記録の現物を調査。そのすべてを原寸大写真で掲載。
Lee [1972] [1973a] [1973b]	勘定記録の全内容を可能な限り英語訳。ならびにそれにもとづいた理論的検討。
泉谷 [1973a] [1973b] [1974a]	完全日本語訳を提供。ならびに豊富な解説を付している。

おいてである。しかし，そこにおいては，同勘定記録は1211年から1290年にわたるものであるなど誤りがあるとされている[7] (Santini [1887], p.161, Lee [1972], p.29)。

その後100年あまりの時間を経て，Santini がこの勘定記録のほぼ全文の解読に成功した。Santini の関心はもっぱらこの資料が初期のトスカーナ地方におけるイタリア語の散文で記述されていることにあって，それが会計記録であるということにではない。しかしながら，彼の最も大きな功績はこの勘定記録を活字で起こし判読可能にしたことであろう。以降，彼の業績は同勘定記録に関する研究にとって基礎的な素材となっていった。

第1-2表に示したのは，同勘定記録を取り上げた主要な先行研究である。

(2) 簿記会計史の研究対象：借方・貸方そして振替記入

会計学の研究対象として同勘定記録を取り上げた初期のものに Sieveking [1901], Penndorf [1913] [1933] などがある。

その中でも先駆的な Sieveking [1901] は，Santini [1887] の活字による勘定記録の復刻を参照しながら，そこにおいて「彼はわれわれに与えねばならない no die dare」，「彼は受け取らねばならない die avire」あるいは「彼はわれわれに与えねばならない ci a dato」の表記があることを見出し，これらを「借方」「貸方」の原型と指摘し，同資料に対して会計学的研究の端緒を切っている (Sieveking [1901], S.305)。なかでも注目されるのは，2つの勘定間での振替記入（übertragung）が行われていることを重視している点である。この指摘こそが，同勘定記録が現存する最も古い勘定記録であると同時に，また，そこに複式簿記の淵源を見出そうとするその後の研究の基礎となっていった。

1211年勘定記録を英語文献で最も初期に取り上げた Brown [1905] は，同資料を単なる備忘のための勘定記録であって体系だった「簿記ではない」と評価している (Brown [1905], pp.93-94)。すなわち，そこでは，「人名勘定以外は存在せず，誤謬・脱漏の発見手段は欠落しており，貸借平均すら知られてはいなかった」と，（複式）簿記であるための一定の要件を背後に示唆しながら言

及しているのであろう。

　Penndorf［1933］では，Sieveking［1901］で取り上げられている勘定記録に加えて，新たに貸付記録と回収記録が含まれた勘定記録を部分的に取り上げている。それに関して，今日のようにT字型という整理・集約された様式に至らない未成熟な商業取引記録であっても，勘定への貸方と借方の帳簿記入が行われているので，勘定は独立した意義 (selbständige Bedeutung) を有するようになっていったと評価している（Penndorf［1933］，S.16）。

　アメリカで出版された代表的な会計史研究である Littleton［1933］でも同勘定記録にふれているが，それ自体に深く入り込むことはなく，当時の勘定記録様式について論理的に考察したものである。それでも，振替記入について，それだけでは閉ざされた勘定システムは完成されない（Littleton［1933］，p.36），と簿記の構造について一定の見解を述べている。

　黒澤［1949］[8]は，わが国において最も初期に1211年勘定記録を取り上げたものである。そこでは，主として Sieveking［1901］と Penndorf［1913］に依拠しながら「振替記帳」に着目し，これをもって「複式簿記の萌芽」と位置づけている（黒澤［1949］，19頁）。

　江村［1953］も，主として，Sieveking［1901］と Penndorf［1913］などに依拠しながら1211年勘定記録に言及している。複式簿記の生成過程における位置づけとしては，黒澤［1949］と同様に「転記」（振替記入）に注目している。ここでの特徴は，Penndorf［1933］ら先行研究に依拠しながらも，そのわずか一部ではあるが，わが国ではじめて勘定記録の内容について資料掲載していることである（江村［1953］，132頁）。

　簿記会計史の研究対象として1211年勘定記録を取り上げたここまでの先行研究についてその特徴を要すると，まず，勘定という1つの記録単位の中に2つの対照的な属性，すなわち，金銭の貸付とその回収という取引の事実区分に対してつけられた，「われわれは彼に与えねばならない」，「彼はわれわれに与えねばならない」といった表記をもって，現在の「借方」「貸方」と称される勘定の原型を見出している。さらに，債権債務の決済に関して「振替記入」が行

われている部分の事実を重視して、そこに複式簿記生成の淵源との関連性を議論している。しかしながら、ここまでの研究は、1211年勘定記録のうちそのごく一部、しかも、Sieveking［1901］と Penndorf［1933］で掲載されたものを取り上げているにすぎず、同資料を直接にあるいは全体的に素材として論じたものではない。

(3) 1211年勘定記録への接近：原資料を素材として

　簿記会計史の研究として、1211年勘定記録を素材として本格的に取り上げたのは Melis［1950］であると思われる。そこにおいては、同勘定記録のうち1面分が写真でもって掲載されており（Melis［1950］、p.400）、さらにそのうちの最初の勘定について詳細な検討が行われている（Melis［1950］、p.393）。また、この成果を用いて、茂木［1964］や泉谷［1964］などがいっそう深化させた検討を行っている。

　わが国で最初に1211年勘定記録についての詳細な資料紹介を行っているのが小島［1964］である。そこでは F. Melis から提供されたという同勘定記録の3面分の写真が掲載されている（小島［1964］、第9章末）。また、Melis によって活字に起こされた同勘定記録の一部（Melis［1950］、p.393）について、R. de Roover から提供された英語訳までもが掲載されている（小島［1964］、190頁）。これらをもとに、同資料にみられる勘定記入の特徴を明らかにしている。

　井上［1968］は1211年勘定記録の現物を直接調査した研究である。その現存状況などが詳しく記述されているが、最も貴重だと考えられるのは、現存する同勘定記録の4面すべてが、ほぼ原寸大の写真で収録されている（井上［1968］、71-74頁）ことであろう。

　時代が進むにつれ、貴重な資料へのアクセスが可能となり、これらのような研究成果を共有することができるようになった。1211年勘定記録に関する研究の次なる段階はその記録内容の全貌に関する多様かつ包括的な検討である。

(4) 1211年勘定記録の内容に関する本格的検討

1970年代に入って，1211年勘定記録をめぐる新たな研究が現れた。まず，Lee [1972] では，ラウレンツィアーナ図書館から取り寄せた同資料の写真を参照しながら，1つひとつの記録がどのように紙面に記録され残存しているかを検証し (Lee [1972], pp.31-34)，さらに，Santini [1887] にもとづいて，同勘定記録の完全な英語訳[9]を行っている (Lee [1972], pp.36-48)。ほぼ同時期に公表された Lee [1973 a] と Lee [1973 b] はこの英語訳から派生した複式簿記形成に関する理論研究である。

わが国においても同時期に同勘定記録の完全な日本語訳が行われた。泉谷 [1973 a] [1973 b] [1974 a] の連作がそれである。泉谷 [1973 a] では1211年勘定記録の概要と特徴およびその記録内容を理解するうえで必要ないくつかの事項，たとえば中世のカレンダーに関する理解や貸付金に生じる利息についての考え方などが示されている。日本語訳は泉谷 [1973 b] および同 [1974 a] においてなされている。単なる訳出にとどまることなく，記録内容をT字勘定形式で示すなど適切な解説やコメントを付している。

第4節　勘定記録の内容とその検討

周知のことではあるが，1211年の勘定記録は帳簿それ自体が完全に残っているのではなく，そのわずか2葉だけが残存しているにすぎない。しかもそれらは『新ローマ法典注解』(*Digestum Novum cvm Glossa*) の「見返し」として再利用されたものとして現存している。残存している羊皮紙2葉の帳簿の断片それぞれ表面と裏面の合わせて4面分に勘定記録の痕跡が見て取れる。さらに，それぞれの羊皮紙面は縦に2つの欄に分割されている。しかしながら，これによって各紙面が左右2つに区分されて，現在のように，すなわち，借方・貸方というような対照的な属性に分けられたものではない。単に1つの面が2つに分けられて利用されているにすぎない。

これら2葉・4面・8欄に残されている勘定記録は**第1-1図**のようにレイア

第1章 勘定記録の生成と複式簿記

第1-1図 1211年－銀行家勘定記録の残存状態

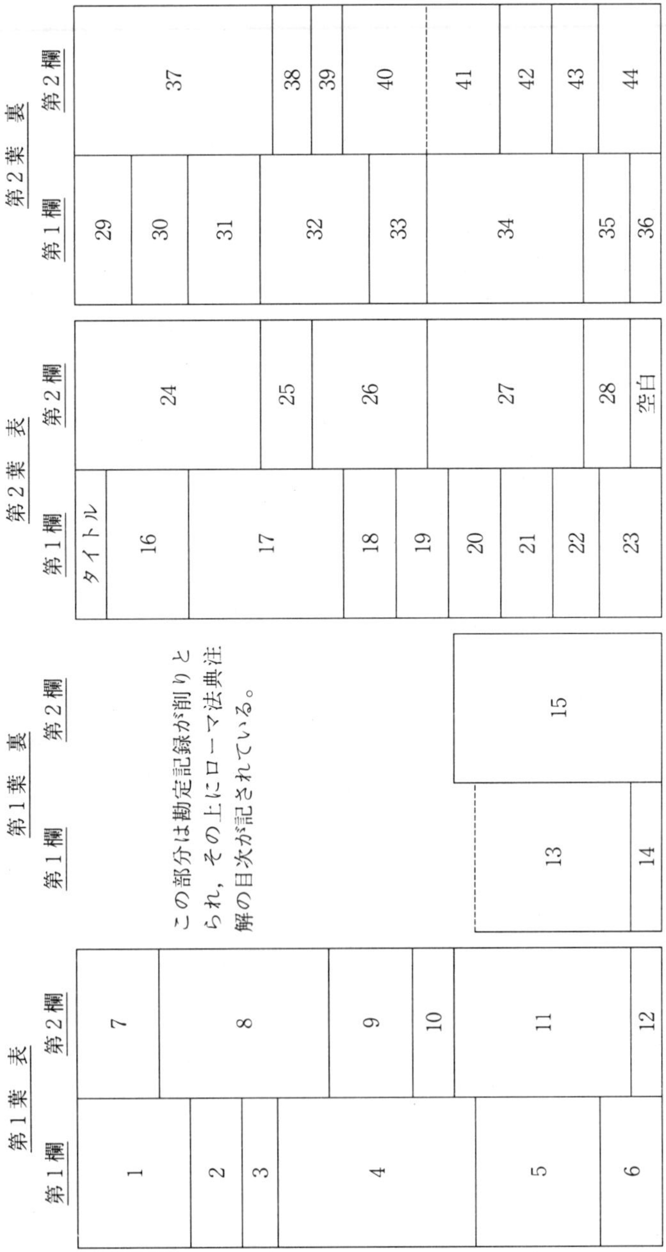

第1葉 表		第1葉 裏		第2葉 表		第2葉 裏	
第1欄	第2欄	第1欄	第2欄	第1欄	第2欄	第1欄	第2欄
1	7			タイトル		29	37
2	8			16	24	30	
3						31	
4	9	13	15	17	25	32	38
	10			18	26		39
5	11	14		19		33	40
				20	27	34	41
				21			42
6	12			22	28	35	43
				23	空白	36	44

この部分は勘定記録が削りとられ、その上にローマ法典注解の目次が記されている。

(Lee [1972], pp.31-34より作成)

ウトされている。

　前記のように，各紙面は縦に2分割されそれぞれに上部から勘定記録がなされている。資料にあるように，便宜上，4つの紙面それぞれを，第1葉表・第1葉裏・第2葉表・第2葉裏，さらに，縦に2分割されたそれぞれの領域を，第1欄・第2欄と表記する。

　勘定記録の残存状況であるが，第1葉表・第1欄には6つの勘定が，第1葉表・第2欄にはさらに6つの勘定が記録されている。第1葉裏については，勘定記録の約4分の3ほどが消され，その上に『新ローマ法典注解』の目次が記されている。したがって，紙面の下部に第1欄の2つの勘定（その1つは上部が消されている）と第2欄に1つの勘定が残存するのみである。第2葉表については，第1欄に8つ，第2欄に5つの勘定が記録されている。そして第2葉裏については，その第1欄，第2欄ともに8つの勘定が記録されている。各紙面における勘定記録は，原則として，その1つひとつが実線でもって区分されている。このように現存する最古の勘定記録である1211年の帳簿の一部には，あわせて44の勘定記録が確認される。しかしながら，経年のためか各葉にはいくつもの穴があくなどずいぶんと傷みが進んでおり，現在においてその正確な判読は困難である[10]。だが，先述のように，幸いにも，可能な限り判読できる記録をすべて活字に起こしたSantini [1887] があるので，当該勘定記録に関する以降の研究の多くは，これをテキストとして利用することができる。

　では，1211年勘定記録には，いかなる取引がどのように記録されているか，いくつかの特徴的なものを取り上げて検討していくこととする[11]。

　1211年勘定記録について，その残存する2葉4面の記録内容は，すべて，「貸付」とそれの回収ならびに利息に関するものであって，「預かり」，すなわち，銀行家にとって債務となるべきものについてはその記録が残存していない。また，記録の単位は，すべて，貸付を行った個人に対して開設されたものであり，ここに，この会計記録が「勘定記録」とされるまずもっての所以がある。その記録様式の一般的な特徴として，記録の冒頭に貸付先である顧客の個人名が記載されていることがあげられる。勘定が「人名勘定」から生成したとされる根

拠はここにある。

(1) 貸付および回収記録

ここでは，まず，単純な貸付取引の記録からみていくこととしよう。

第1-1資料

原文	Risstoro kafferelli no die dare sol. x, ke li li prestammo per ispesa di ristoro in sua māno.
訳文	Risstoro Kafferelli（人名）は10ソルディを返済しなければならない。われわれは同額を個人的に Ristoro の経費として彼に貸し付けた。

（第2葉表・第1欄・第20記録 Risstoro Kafferelli 勘定より）

第1-1資料に示したのは，Risstoro Kafferelli という個人に対して10ソルディの貸付を行った取引の記録である。先述したように，貸付先（すなわち借り主であり銀行にとっては顧客）である Risstoro Kafferelli という個人名を主語として冒頭に掲げている。そして彼は返済義務を負うことから，勘定記録では，「われわれに対して与えなければならない（no die dare＝is due to give us）」と述語表現を続けている。このように，債権の記録に際して die dare という表現が用いられたことが，その後，複式簿記の勘定の左側を呼称する「借方（dare）」という表現に発展したとされている。

しかしながら，すべての貸付において，このような表現がなされたわけではない。

第1-2資料

原文	A mesere kanciellieri prestammo sol. ij in sua māno：ab. posto sotto sua rascione oue die auire.
訳文	われわれは Mesere Kanciellieri（人名）に2ソルディを貸し付けた。われわれは受け取るべき彼の勘定の下に加算した。

（第1葉表・第1欄・第2記録 Mesere Kanciellieri 勘定より）

第1-2資料に示したのは，貸付記録でも，借り主である顧客（Mesere Kanciellieri）の人名を主語にして，「彼はわれわれに与えなければならない」と

いった迂遠な表現ではなく,「われわれが貸し付けた (prestammo＝we lent)」と直接的な表現をとっている場合もある。

先述したように, 1211年勘定記録は, すべて貸付取引の部分しか残存していない。つまり, 当然行ったであろう「預かり」取引をいかに記録したかを確認することはできない。したがって, 複式簿記における勘定形式のいま 1 つの属性を表す「貸方 (avere)」という表現の原型をここから見出すことはできていない。

第1-3資料

原文	Ristoro f. pieri buorsaio e iakopino f. sigoli no dino dare katuno in tuto lib' viij.e sol. xx, d'. viij per liure otto ke i demmo dodici di anzi kl. giugnio a sedidi d'l'., e dino pagare xij di anzi k. agosto;e se piu stanno a iiij d'. lib'. il mese quanto fosse nostra volontade tt. alberto baldovini e konsiglio dei kastagniaci Item die dare per prode sol. xviiij e d'. iiij. Ristoro ci a dato di sua māno sol. xl;rekò tegiaio iij intrante decēbr Item die per noi tadellato f. del buono lib'. vij e sol. x, xij di anzi k. aprilis.
訳文	財布工 Pieri の息子である Ristoro と Sigoli の息子である Jakopino はわれわれが 5 月20日に与えた 8 リブレに対して, 1 リブレにつき 1 ソルディ 4 ディナリの割合の総額 9 リブレ 0 ソルディ 8 ディナリを連帯して返済しなければならい。7 月20日に支払うこと。もしそれ以上延滞すれば, われわれが許す限り, 1 リブレにつき 1 ヶ月 4 ディナリの割合で［利息を支払わねばならない］。証人 Alberto Baldovini と Konsiglio dei Kastagniaci。 同上, 利息として19ソルディ 4 ディナリを返済しなければならない。 Ristoro はわれわれに 2 リブレを個人的に返済した。12月 3 日に Tegiaio が持参した。 同上, 彼は 3 月20日に 7 リブレ10ソルディをわれわれの代わりに Buono の息子 Tadellato に返済した。

(第 1 葉表・第 2 欄・第 7 記録 Ristoro－Jakopino 勘定)

第1-3資料に示したのは Ristoro と Jakopino という 2 名の人物に対して行った 8 リブレの貸付に関する記録である。貸付の際になされた記録は, 顧客である Ristoro と Jakopino を主語にして彼らが「われわれに与えなければならない (no dino dare＝are give to us)」[12]とされているのは同様である。この勘

定で特徴的なのは，当該貸付に対して派生する利息に関する記録が行われていることである。利率と返済期日に関する約定が明記されている。また返済金額は元金に利息を含んだ総額が示されている。

　この勘定から明らかになるいま1つのことは，貸付の回収に関する記録である。Ristoroからその借入額の一部を回収した際には，彼は「返済した(ci a dato)」とある。貸付を行った際には，後にそれが名詞化して「借方 (dare)」の原型となったとされる「与えなければならない (no die dare)」が用いられていたことを考えると，貸付の対照的な行為である回収の事実を記録するに際しては，表現もそれと対照的に，「貸方 (avere)」の原型となるべき表現があってしかるべきと思われるが，ここではまだ見出すことができない。

　1211年の日付があるフィレンツェの一銀行家によってなされた貸付記録が「勘定記録」であるとされる根拠について，以上を要してみよう[13]。

　まず，貸付という経済活動を記録する際に，顧客を単位としてそれを整理していることが特徴的である。顧客別に記録がなされていること，すなわち，貸付という経済活動それ自体と，貸付から生じる債権をともに管理するための手段として有効に機能している。同一の債権にかかる回収は，その記録単位である顧客別に開設された勘定においてなされるのもそのためである。また，顧客別の記録は，何よりも，「証拠」あるいは「証拠保全」として機能することを期待されたものであったという（泉谷 [1980]，75-76頁，泉谷 [1997]，第2章を参照）。

　しかしそれだけでは，勘定は単なる独立した記録単位にすぎず，複式簿記における「勘定」としての特性を有したものとはならない。ここで，複式簿記における「勘定」としての特性を予感させるのが，貸付行為を記録する際の文章表現，すなわち，「借方 (dare)」の原型となったとされる「与えなければならない (no die dare)」であった。しかしながら，そこには，「借方」とは対照的な属性を示すはずの「貸方 (avere)」の原型となる表現を確認することはできなかった。したがって，1211年勘定記録は，これまでの考察にかぎっては，複式簿記生成のための基本要件を備えたものと論証することはできない。

(2) 振替記入

前述のように,1211年勘定記録が簿記会計史のうえで最も大きく意義づけられたのは,そこに存在した「振替記入」のためである。先述したように,「勘定」だけでは複式簿記の決定的な生成要件とはいえない。そこで,次の段階として,この「振替記入」が複式簿記の生成要件といかなる関係にあるといえるのかについて検討していく。

第1-4資料は,貸付金の回収を現金ではなく,他勘定からの「振替」によって決済された場合の記録を含むものである。

第1-4資料

原文	A Manetto passarīpetto prestammo sol. xx in sua māno aldobran. Item ci die sol. xx：leuammo dissua rascione oue die auire per buonaquida forestani.
訳文	われわれは Manetto Passaripetto(人名)に個人的に1リブレを貸し付けた。[署名] Aldobran [dino] 同上,彼はわれわれに1リブレを返済した。われわれは Buobaquida Forestani(人名)との関係で受け取るべき彼の勘定を控除した。

(第1葉表・第1欄・第3記録 Manetto Passaripetto 勘定)

この勘定の原文2行目が貸付金の回収の記録であるが,回収の事実と同時にBuobaquida Forestani という第3の人名についての言及がなされている。これは,Manetto Passaripetto が銀行へ自身の債務を返済するにあたって,直接決済を行うのではなく,自らが債権を有している第3者である Forestani から返済させ同時に債権の相殺を行うものだと推察される。また Forestani は同じ銀行に対して預金(すなわち債権)を保有しており,その結果,Forestani の債務返済は自身の名義の預金口座(銀行にとっては債務勘定)からの決済となる。したがって,銀行の勘定は上記の資料のように記録されることとなる[14]。この関係を図示すると**第1-2図**のように表現されるだろう[15]。

また,残存していない記録部分であるが,銀行にとっての預入取引を記録するに際して用いたであろう表現がうかがえる。それは,預金者を主語として「われわれから受け取らなければならない (die auire [avere] = is due to receive)」

第1-2図
銀行側の勘定記録

```
┌─────────────────────────────────────┐
│     Passaripetto 勘定（債権）         │
│ ═══════════════════════════════════ │
│     1リブロ（貸付）                   │
│     １リブロ（回収）                  │
│     Forestani（預り金＝債務）勘定      │
│ ═══════════════════════════════════ │
│     × × ×                            │
│     １リブロ（返済）                  │
└─────────────────────────────────────┘
```

```
┌──────────────────────────┬──────────────────────────┐
│ Passaripetto（貸付先）の記録 │ Forestani（預金者）の記録 │
│ ════════════════════════ │ ════════════════════════ │
│ 銀行からの借入金（債務）    │ 銀行への預金（債権）       │
│ ──────────────────────── │ ──────────────────────── │
│ １リブロ（借入）           │ × × ×                    │
│ １リブロ（返済）           │ １リブロ（回収）           │
│ Forestani（債権）         │ Passaripetto（債務）       │
│ ──────────────────────── │ ──────────────────────── │
│ × × ×                    │ × × ×                    │
│ １リブロ（回収）           │ １リブロ（返済）           │
└──────────────────────────┴──────────────────────────┘
```

という述語表現があったのではないかということである。すなわちそれが，現在の「貸方 (avere)」の原型となったものであるとすれば，この勘定記録においては，対照的な記録の２つの属性が明確に識別されていたということができるだろう。

しかしながら，勘定記録にあたって２つの対照的な属性を識別しているからといって，それがただちに複式簿記の生成にとって決定的な要件となったということができるだろうか。

いくつかの先行研究においては，複式簿記の生成を，ここに示したような振替記入の事実をもとに検討を行っている。確かにこの振替記入では，銀行の２つの別々の勘定に記入がなされることとなる。しかしこれは１つの取引の結果から得られる２つ以上の勘定の相反する記録属性に対して行う「複式記入」ではない。この「振替記入」は１つの原因から派生した，２つの独立した取引の結果がそれぞれ別の勘定に記録されただけのものである。したがって，「振替記入」があったからといって，ただちにそれが複式簿記生成への重要な要件で

あるとはいうことができない。

第5節　むすび

　以上，現存する最古の勘定記録とされる「1211年の日付のあるフィレンツェ一銀行家の勘定記録」を素材としながら，そこにおける勘定記録の意義を複式簿記生成との関係から考察してきた。

　そこでは，取引先である顧客を単位として貸付およびその回収の記録計算が行われている。ここに，勘定が取引先である人名をもって開設されたという事実が確認された。しかし，このような人名別の債権記録は業務の効率的な管理のためのものであり，複式簿記生成の要件として不可欠なものであるとはいえない。この勘定記録が複式簿記生成との関係で論じられるのは，そこに「借方」「貸方」という今日の複式簿記において対照的な2つの側面を表現する象徴的な記号の原型となる表現が行われていることである。しかし，そもそも貸付と預入という2つの対照的な業務に従事する銀行にとって，業務の性質に従って記録様式を整えるとしたら，対照的な2つの属性を識別したことはごく自然なことであって，これをもってただちに複式簿記の生成要件ということはできない。また，2つ以上の複数の勘定に同時に記録がなされる「振替記入」については，それが取引の2重分類を意味する「複式記入」ではないことから，これもまた，複式簿記生成の決定的要件ということはできない。

　勘定記録は，備忘のため，すなわち業務管理やとりわけ証拠機能のために生成した。しかしながら，勘定記録の生成がただちに複式簿記への展開の基礎であるとはいえない。勘定記録が複式簿記へ展開していくには次元の異なる事実と論理とが，そしてそれが見出されるまでいましばらくの時間が必要であった。

注

1) 複式簿記起源については多くの簿記会計史研究においてなされているが，たとえば次のものを参照。江村［1953］，119−187頁，小島［1961］，1−41頁，田中［1961］，15−25頁。
2) もっとも，勘定の存在だけをもって複式簿記生成の要件ということはできないのは明らかである。勘定が意味のある体系的に組織化された1つの閉ざされたシステムとして存立することこそが，複式簿記生成の要件であることはいくつもの研究によって指摘されている（小島［1965］，30頁，中野［1992］，3頁，中野［2002］，26頁などを参照）。
3) この会計記録は，ジェノバの公証人だった Giovannni Scriba によるコンメンダ契約に関する会計記録である。同会計記録に関しては，たとえば，de Roover, F. E.［1941］, pp.86−90，泉谷［1964］，115−118頁，泉谷［1997］，4−19頁などを参照。また同会計記録はジェノバ・アルキビオ（Alchivio di Stato di Genova）に所蔵されている。
4) 以下，便宜的に，単に，資料あるいは勘定記録と表記することがある。
5) 同図書館のホームページ：http://www.bml.firenze.sbn.it/index.htm
6) この所蔵目録は A.M.Bandini によって編纂されたものである。
7) Bandini の所蔵目録によると，この勘定記録について "sub anno MCCXI, MCCXC notta sunt varia nomina debitoris alicuius qui mercaturam Florentiae exercebat" と記されている。
8) 黒澤［1949］のオリジナルは，1933年に雑誌『會計』に掲載されたものである。
9) また英語への翻訳にあたって，そのオリジナルテキストとしたSantini［1887］の記述と逐一照合して疑問点について注解を加えた成果も示している（Lee［1972］, pp. 48−56）。
10) 1211年の勘定記録の実物を写真によって紹介している先行研究の主なものは以下のとおりである。まず，Melis［1950］において，第1葉表の1紙面のみが資料として掲載されている（p.400）。またわが国では，小島［1964b］において，勘定記録のうち，第1葉裏を除く3紙面の勘定記録が白黒写真で添付されている。これらはすべてF. Melisから提供されたものであるという。第1葉裏が掲載されていないのは，本文に記したように，同紙面に記録されていたであろう勘定記録は削りとられ，その上に『新ローマ法典注解』の目次が記されていたため，Melisから提供されなかったのであろうと推察されている（187頁）。4つの紙面すべてが掲載されているのが井上［1968］である（71−74頁）。しかもほぼ原寸大であり，モノクロ写真ながら羊皮紙の質感などリアルに感じ取ることができる。
11) なお，その際，勘定記録そのものについては Santini［1881］を，その内容の訳出にあたっては泉谷［1973b］［1974a］ならびにLee［1972］を参照した。
12) 貸付先である顧客，すなわち，勘定記録の主語になる対象が複数人である場合は，

述語である di dare が dino dare と変化する (Lee [1972], p.48, 泉谷 [1973a], p.8)。

13) 勘定形式の記録であるかどうか以前に，そもそも，なぜ経済活動を記録するかについては，先行研究によっていくつもの論拠が示されているが，ここではそれらを集約するかたちでまとめるにとどめたい。経済活動の記録の必要性は，まずもって，「備忘」にある。それは単に事実を外部媒体へ蓄積するだけの行為にとどまらず，紛争回避のための「証拠」として機能することを期待された行為である。簿記，すなわち，会計記録は，このような社会的な要請から発展していったことは疑う余地がない（土方 [1995], 35頁を参照）。しかし，「備忘」や「証拠」にとって勘定という記録形式は絶対不可欠なものではない。

14) 先述したように，この勘定記録は貸付記録の部分しか現存しておらず，銀行にとっての債務すなわち預金者の記録については確認することができない。しかしながら，この資料における記述からも，預入業務に関する人名勘定記録が確かにあったことが十分に推量される。

15) もちろん，貸付先であるおよび預金者である Forestani の記録はその存在を確認することはできないので，あくまで，銀行における「Passaripetto 勘定」の背後関係を想像したものにすぎない。

参考文献

Besta, F. [1922], *La Ragioneria*, 2a edizione, Milano.

Brown, R. [1905], *History of Accounting and Accountants*, Edinburgh.

de Roover, F. E. [1941], "Partnership Accounts in Twelfth Century Genoa," *Bulletin of the Business Historical Society*, Vol. XV, pp. 87−92.

de Roover, R. [1956] "The Development of Accounting Prior to Luca Pacioli According to the Account-books of Medieval Merchants," Littleton, A. C. and Yamey, B. S. [1956], *Studies in the History of Accounting*, London, pp. 114−174.

―――[1938] "Characteristics of Bookkeeping before Paciolo," *The Accounting Review*, Vol. XIII, No. 2, pp. 144−149.

Lee, G. A. [1972] "The Oldest European Account Book : A Florentine Bank Ledger of 1211," *Nottingham Mediaeval Studies*, Vol. XVI, pp. 28−60.

―――[1973a] "The Florentine Bank Ledger Fragments of 1211 : Some New Insights," *Journal of Accounting Research*, Vol. 11, No. 1, pp. 47−61.

―――[1973b] "The Development of Italian Bookkeeping 1211−1300, *Abucus : A Journal of Accounting and Business Studies*, Vol. 9, No. 2, pp. 137−155.

Littleton, A. C. [1933], *Accounting Evolution to 1900*, New York (片野一郎訳 [1952], 『リトルトン 会計発達史』, 同文舘).

Melis, F. [1950], *Storia della Ragioneria*, Bologna.

Monaci, E. [1889], *Crestomazia Italiana dei Primi Secoli con Prospetto Grammaticale*

  e *Glossario*, Roma−Napoli.
Penndorf, B. [1913], *Geschichte der Buchhaltung in Deutchland*, Leipzig.
――――[1933], *Luca Pacioli Abhandlung über die Buchhaltung 1494*, Stuttgart.
Santini, P. [1887], "Frammenti di un Libro di Banchieri Fiorentini Scritto in Volgare nel 1211," *Geiornale Storico della Letteratura Italiana*, Vol. X, pp. 161−177.
Sieveking, H. [1901] *Aus venetianischen Handlungsbüchern : Ein Beitrag zur Geschichite des Großhandels im 15. Jahrhundert.* Leipzig, 1901, (reprinted 1975).
Schiaffini, A. [1926], *Testi Fiorentini del Dugento e dei Primi del Trecenti*, Firenze.
Woolf, A. H. [1912], *A Short History of Accountants and Accountancy*, London（片岡義雄　片岡泰彦　訳［1977］『ウルフ会計史』, 法政大学出版局）。
江村　稔［1953］, 『複式簿記生成発達史論』, 中央経済社。
泉谷勝美［1964］, 『中世イタリア簿記史論』, 森山書店。
――――[1973 a］［1973 b］［1974 a］,「フィレンツェ一銀行家の会計記録（1211年）(1)(2)(3)」, 『大阪経大論集』, 第95号, 1−16頁, 第96号, 118−137頁, 第97号, 76−107頁。
――――[1974 b］, 「13世紀初頭イタリアの銀行会計」, 大阪経済大学経営研究所編［1974］, 『経営経済学の基調』, 森山書店, 125−141頁。
――――[1975］, 「フィレンツェ一銀行家の会計記録（1211年）」, 小島男佐夫編著［1975］, 『簿記史研究』, 大学堂書店, 45−66頁。
――――[1980］, 『複式簿記生成史論』, 森山書店
――――[1979］, 「イタリア会計史」, 黒澤清総編集『体系近代会計学Ⅵ　会計史および会計学史』, 中央経済社, 39−88頁。
――――[1997］, 『スンマへの径』, 森山書店。
井上　清［1968］, 『ヨーロッパ会計史』, 森山書店。
黒澤　清［1949］, 『簿記原理』, 森山書店。
小島男佐夫［1961］, 『複式簿記発生史の研究　改訂版』, 森山書店。
――――[1964］, 『簿記史論考』, 森山書店。
――――[1965］, 『複式簿記発生史の研究（改訂版）』, 森山書店。
――――[1978］, 『会計史資料研究』, 大学堂書店。
――――[1984］, 「13・14世紀伊太利の簿記の発展」, 『近畿大学商経論叢』, 第30巻第3号, 37−59頁。
田中藤一郎［1961］, 『複式簿記発展史論』, 評論社。
中野常男［1992］『会計理論生成史』, 中央経済社。
――――[2002］「勘定組織の形成と複式簿記の誕生」, 岸悦三編著［2002］『近代会計の思潮』, 同文舘, 25−33頁。
土方　久［1995］, 「簿記の歴史・覚え書」, 『西南学院大学商学論集』, 第42巻第1・2合併号, 1995年12月, 35−47頁。
茂木虎雄［1964］, 「複式簿記の形成論理の検討」, 『立教経済学研究』, 第18巻第3号, 97−141頁。
山下勝治［1950］, 『損益計算論−損益計算制度の発展−』, 泉文堂, (1974年復刻版)。

第2章
ネーデルラントの簿記（書）と近代会計
―― 16～17世紀前半を中心にして ――

第1節 はじめに

　中世末期，イタリア商人の実務の中から生成したイタリア式貸借簿記は，新航路の発見を1つの契機として，世界経済の中心地が地中海の各都市から北海に面したネーデルラントの各都市へと移動するとともに，これらの地域へと伝播していった。

　その中でも，15世紀末から17世紀前半にかけ，この地域に位置するブルッヘ（ブルージュ），アントウェルペン（アントワープ），そして，アムステルダムの各都市には，経済の繁栄とともに優れた簿記書が現れたのである。

　本章ではまず，その代表的なものとしてアントウェルペンでは Jan Ympyn，アムステルダムでは Simon Stevin の簿記書を中心に取り上げる。これらの簿記書が，イタリア式貸借簿記の特徴である，元帳の不規則な締切，冒険商業会計，そして，三帳簿制をどのように継承しているのか，あるいは，いないのか，またどのような特徴を有していたのかについて，検討を行うこととする。

　また，ほぼ同時代に成立した連合東インド会社（VOC：Vernigde Oostindische Compagnie）の簿記実務についても，その社会経済的背景を考慮しながら若干の検討を行い，もってこの時代の複式簿記発展史上の位置づけをより明確にしたいと考えている。

第2節　16世紀アントウェルペンの簿記書

　この地域で最初に繁栄を享受したのはブルッヘ（ブルージュ）であったが，その繁栄は極めて短く，15世紀末にはすでに衰退が決定的となり，16世紀に入るとアントウェルペン（アントワープ）が世界経済の中心地となっていった。
　アントウェルペンの繁栄の原因としては，
① 　イギリス毛織物のヨーロッパ大陸への輸出の窓口となったこと，
② 　ポルトガルがここを香辛料の販売基地として選んだこと，そして，
③ 　中部・南ドイツの銀，銅，麻織物のスペイン，ポルトガルへの輸出基地となったことなどが指摘されている（石坂（他編）[1980]，78頁）。

　また1531年には，中世以来の大市（messe）に代わるものとして，継続的かつ常設的な取引の場としての取引所（beurs）が設立され，アントウェルペンの商業活動はさらに隆盛することとなった（石坂　他編[1980]，132-134頁；今井[1950]，69-70頁；高橋（訳）[2000]，87-88頁）。

　このような社会経済的背景のもとに現れたのが，Jan Ympyn の *Nieuwe Instructie* ……(1543)[1)] である。同書はオランダ語で書かれた最初の簿記書であり，以下これについて検討を行うこととする。

　Ympyn の簿記書はその目次から見る限り，伝統的な三帳簿制をとっていたことが明らかである。また，特定商品勘定を採用し，帳簿の締切に関しても，原著の第24章において帳簿が一杯になったとき，あるいは，商人が死んだときなどに帳簿を締切るべきだとするなど，イタリア式貸借簿記を継承した内容となっている。

　しかしながら，Ympyn の簿記書にはそれまでの簿記書にはなかったいくつかの特徴が見られる。売残商品勘定**第2-1表**や残高勘定の説明がまずあげられよう。

　売残商品について Ympyn は，同じく原著の第24章において各商品売残高が各特定商品勘定の貸方と売残商品勘定の借方に記入され，この各特定商品の貸借差引残高が，商品販売損益を表し，その一方で，売残商品勘定は残高勘定へ

第2-1表　Ympyn の売残商品勘定

売 残 商 品 勘 定

宝石	4. 13. 4	9月2日に振替えられる残高　349. 1. 8
英国のオスタード織	17. 0. 0	
あや織	3. 6. 0	
フランドルのラシャ	70.17. 0	
灰色のフレーズ	6. 9. 7	
タフタ織	15. 3. 0	
ホラントのリネン	31.12.10	

振替えて締切られるとするのである[2]。

このような Ympyn の売残商品の認識は，さきの Paciolo や Manzoni の「簿記論」にはみられず，当時のアントウェルペン市場における実務の反映であり，期間損益計算の芽生えを示すものとみることもできるが[3]，ここでは何よりも「売残商品」の認識と，それに対する原価評価が教示されていたことに注目したい[4]。

また Ympyn は残高勘定の使用も例示する。その店にいる代理人や帳簿係は，彼らの帳簿残高を計算する。つまり残高勘定と呼ぶべき勘定にあらゆる勘定の残高を集約するのである。

そして，代理人たちは彼らが属する店の商品や現金による財産目録を作成し，彼らの残高勘定と突き合わせて誤りがないことを確かめる。そして最終的に主人が損益を書き入れて帳簿を締切るのである[5]。

そこで以下においては，もう一方の勘定である彼の損益勘定第2-2表を示し，その損益計算構造に目をむけることとする。

この損益勘定の第1の特徴は，商取引に関する経費と家計費がともに計上される点であり，当時の商業実務の表れともいえる。また，第2の特徴は，これら一連の帳簿締切りの手続が8月末日に行われることである。このことは，必ずしも理由がないというわけではなく，当時の営業の区切りが一応8月であるという意識があったためとも考えられるのである[6]。

そして，第3の特徴は，個別の項目に注目した場合，損益の算出はそれらが

第2-2表　Ympyn の損益勘定

損　益　勘　定

家計費	31. 3. 4	宝石から得られたもの	45. 4. 4
販売費	1. 4. 3 1/2	英国のラシャから得られたもの	39.15. 8
Marchantonio Filetti への支払経費	1	英国のオスタード織から得られたもの	16. 3. 0
資本に振替えられる残余分	154.14. 1	麻織から得られたもの	9.15. 3
		あや織りから得られたもの	18. 0
		フランドルのラシャから得られたもの	10. 4. 6
		ヴェネツィアへの航海から得られたもの	13. 5. 7
		灰色のフレーズから得られたもの	3.19. 6
		粗絹から得られたもの	8. 0. 0
		ジェノヴァのビロードから得られたもの	14.13. 4
		ブルッへのサテンから得られたもの	2. 9.10 1/2
		タフタ織から得られたもの	14.13. 0
		絹のサテンとダマスク織から得られたもの	8. 0. 0
合　　計	187. 1. 9 1/2	合　　計	187. 1. 9 1/2

確定したときではなく，帳簿締切り時に認識されることである。たとえば，上記の例題中のヴェネツィアへの航海から得られる収益は，7月6日に実現しているにもかかわらず，帳簿の締切りを行った8月31日に当該勘定で算出され，そして損益勘定へ振替えられてきているのであり，このような実務は，Ympynに先行する論者の示した方法とは対照的であるといわれる[7]。

　叙上のように，Ympyn の簿記書は，単にイタリア式貸借簿記の継承にとどまらず，売残商品の認識に代表されるようにいくつかの革新をもたらしたといえよう。

またこの他，本論文ではふれなかったが，開始記帳をともなった新元帳を示したり（Chatfield and Vangermeersch（eds.）[1996]，p.616)，また的確な例示を示すことにより，読者の理解を深める工夫をしたことも特筆するに値するといえる（岸 [1974]，66頁；[1975]，32頁)。

第3節　アムステルダムの簿記書

16世紀の世界経済をリードしつづけたアントウェルペンの繁栄は長くは続かなかった。ネーデルラントの独立戦争に巻き込まれ，戦火や宗教的迫害を逃れた多くの商人や生産者が，安住の地を求めてヨーロッパ各地に散り，亡命先に商工業の新しい中心地を築いたが，とりわけアントウェルペンの没落は，ヨーロッパ商業全体に計り知れない衝撃となった（石坂　他編 [1980]，85頁)。

特に，1585年アントウェルペンが陥落してスペイン軍が掠奪をほしいままにしたことは，一挙に，多数の資本家群を北ネーデルラントのホラント，ゼーラント地方，特にアムステルダム，ミッテルブルフ，ライデンなどの諸都市へ押し出したのであり[8]，この結果，アムステルダムに繁栄がもたらされたのである。そしてこのアムステルダムに現れた最も代表的な簿記書が，Simon Stevin の Vorstelicke bouckhouding op de Italiaensch wyse（1607）であった。

Stevin は，帳簿組織について，原著の序章において，仕訳帳，元帳および日記帳を主要簿としてあげている。しかしながら，同書第4章においては，主要簿は仕訳帳と元帳のみであり，日記帳は，その他の重要な帳簿として取り上げられるのである。このことは別に，さきの序章においても予告されていることであった[9]。

また Stevin は，日記帳使用に関して，極めて短期的な取引については，仕訳帳にも元帳へも記帳を行うべきではなく日記帳にのみ記帳すべきこととし，また使用人たちの販売の記録，主人の財産の記録，そして，仕訳帳の下書きとしても日記帳の利用を認めているのである（Stevin [1607]，ch. 4，p.21)。

このことは，いわゆるイタリア式貸借簿記の思考と相違する。なぜならそこ

では，日記帳は，仕訳帳のもととなる主要簿であり，あらゆる取引を記録するものとされるが，公的な性格を持つものとして多くの人目にさらされることから，主人の財産を記録するのは賢明ではないとされたからである[10]。

では，これらの帳簿はいつ締切られるのであろうか。Stevin は，帳簿の締切る時について，次のようにいう。

「仕訳帳と元帳が一杯になり，われわれが，新しい帳簿を開始するようなとき，帳簿の締切が必要になる。それは，元帳のすべての勘定を締切，新しい勘定へ残額を転記し，古い帳簿を破棄することである。また，商人が営業活動をやめたり，死んだりというように，彼が活動をやめたときにも，帳簿の締切りが通常必要である。」(Stevin [1607], ch.10, p.36)

つまり Stevin においては，帳簿の締切りは不規則なものであり，イタリア式貸借簿記の伝統を継承しているのである。そこで次に3つ目の特徴である冒険商業会計について，その特徴を構成する，企業観の当座性，特定商品勘定による口別損益計算についてはどうであろうか。

Stevin は，損益計算に関しては，個別の商品勘定で総記法的に計算が行われ，期末に損益勘定に集計する方法をとっている。また，その著書の第8章で組合の終結について言及し，利益に関して組合員は規則的に均等に分配すべきこととするなど，当座性企業を想定した説明を行っているのである[11]。

また，在庫商品の評価についてみれば，そこには「現在の価格」という表現が見出される。ただし，Stevin は，その意味に関して本文中で詳細な説明を与えておらず，それゆえに，在庫商品について時価評価が教示されるとも解されている[12]。

しかし，たとえば，取扱商品の1つである堅果に関する元帳勘定，および，仕訳帳の記帳例示から商品有高帳を再構成し検討した結果，在庫商品の評価は原価によるものと考えることができるのである（橋本 [1999], 106-107頁）。

そこで次に Stevin の決算手続について検討する。Stevin は帳簿の締切りをともなわない，したがって，決算を補うものとして，**第2-3表**のような状態表，および，状態証明表の作成を主張するのである。

第2-3表 Stevin の状態表

1600年12月末に作成された私, Dierick Roose の状態表

状態表, あるいは, 資本の借方		状態表, あるいは, 資本の貸方	
Aernout Iocobs 元丁14	51. 8. 0	堅果 元丁7 173ポンド5オンス	60.13. 2
		1ポンド当たり7ストイフェル	20. 0. 0
		胡椒 元丁7 120ポンド	
		1ポンド当たり40ペニング	
		Omaer de Swarte 元丁9	513.12. 0
		Adriaen de Winter 元丁11	150. 0. 0
		Pieter de Witte 元丁11	448. 0. 0
		Iacques de Sommer 元丁13	54.18. 6
差引貸方残高	3,140. 9. 1	現金 元丁19	1,944. 7. 5
合　　計	3,191.17. 1	合　　計	3,191.17. 1

Stevin はここで,貸借の差額1600年末の資本の金額として,(3,140.9.1)と計算する。また,期首にも同じような計算が行われ,資本の額は (2,153.7.8) となり,それゆえ次の式のようにその差額 (987. 5. 5) が当期の利益になるとするのである (Stevin [1607], ch. 9, p.35)。

3,140. 9. 1 (期末資本) －2,153. 3. 8 (期首資本) ＝987. 5. 5 (当期純利益)

このような計算が,正しいかどうかを確かめるために Stevin は,状態証明表が必要だとして状態証明表を**第2-4表**のように示す。

第2-4表 Stevin の状態証明表

損益, 借方			損益, 貸方		
商品経費	元丁16	57. 7. 0	丁香の利益	元丁5	75. 4. 7
家計費	元丁16	107. 7. 0	堅果の利益	元丁7	109. 7. 2
合　　計		164.17. 0	胡椒の利益	元丁7	18.19. 0
			生姜の利益	元丁9	41. 8. 4
ここで,計算によって導き出される利益としての貸方残高		987. 5. 5	生姜の利益 元丁9損益勘定にある期中の取引の差引残高		907. 3. 4
		1,152. 2. 5	合　　計		1,152. 2. 5

そして，損益法的な計算を状態証明表で以下のように行うのである。

1,152. 2. 5（収益）－164.17.0.（費用）＝987. 5. 5（当期純利益）

またこの他，注記の中で Stevin は，実地棚卸の必要性にふれており，注目すべき点であると思われる。

なお，これら2つの表をいかに見るべきかについては議論が存在する。すなわち，これらをもって，一方では貸借対照表と損益計算書の生成と論じられるが[13]，他方，比較的最近の文献では，これらを精算表の源流であるとする主張もなされている[14]。

そこで，Stevin の損益計算方法をまとめると次のようになろう。

① 商品売買取引は，口別商品勘定において総記法的に処理され，期末に損益勘定に集計される。

② 元帳は締め切らず，全体の損益は，期末に状態表を作成し，財産法的方法によって計算される。

③ 損益計算が，正しく行われている否かについては，状態証明表を作成しチェックする。

④ 補助的に実地棚卸しが行われ，損益修正が行われることもある（例示なし）。

ここから明らかなように，Stevin は，今日的な意味での期間損益計算の確立者とはいいがたいのである。

確かに彼は仕訳帳の例示において1年間を一会計期間としている。しかし，それは同書の後半にあって，かつ，主要な部分を構成する「領土簿記」に対してのものであって，継続企業のそれではない[15]。

つまり，「商人簿記」で解説される内容は，状態表および状態証明表などの作成，2帳簿制の採用など多少の工夫や変革は見られるものの，企業観の当座性や口別損益計算などが継承されており，期間損益計算を主要な目的とするといった会計観の大きな変革は見られないのである。

むしろ，Ympyn 簿記書とともに，これ以降の簿記書において，少なくとも棚卸資産に関しては，原価評価が採用されたことに注目すべきであろう[16]。

第4節　連合東インド会社の成立とその簿記実務

　17世紀ネーデルラントにおける社会経済上の大変革は，世界最初の株式会社とされる連合東インド会社の出現であった。そしてそのことが，当時の簿記書に影響を与えたのか否かが問題となるのである。

　この連合東インド会社の初期の帳簿，特にわが国にあった平戸商館時代（1609～1641年）の帳簿に関しては，近年その帳簿の翻訳・復刻など，研究が進みつつある。その特徴を行武［1998］をもとに抽出すれば次のようになる。

① 平戸の帳簿は，バタヴィアを本店とする支店帳簿として作成
② 仕訳帳と元帳の2帳簿制
③ 商品の損益は，総記法により処理
④ 集計勘定項目として，損益勘定と繰越勘定を設定
⑤ 1ヶ年を一会計期間とする原則が確立（1635年以降）
⑥ 決算手順
　　a．平戸商館における輸入商品の損益を損益勘定で算出する。
　　b．資産の期末残高を繰越勘定に振替える。
　　c．上記の純損益と資産の期末残高を，負債の次期繰越高や営業諸経費とともに，それぞれバタヴィア本店勘定に振替える[17]。

　このように，平戸およびバタヴィアなど在外商館における簿記処理を見る限り，17世紀前半にはすでに定期的な決算を伴った期間損益計算が確立し，決算の手続きも確立されているように思われるのである。

　一方，本論文で対象としているネーデルラント本国での会計処理はどうであったか。これにはまず，連合東インド会社の成り立ちと組織について知らねばならないであろう。

　よく知られているように連合東インド会社は，いくつかの先駆会社（voor-campagnien）が発展して成立したものである。これらの先駆会社は，すべて合併という完全な形式でもって統一されたのではなく，商品を独立に販売し配当さえも行うなど，部分企業ともいうべきカーメル制（kamer）という独立的な制

度として新会社に包括されたのである。

そして，このカーメルは，アムステルダム，ゼーラント（ミッデルブルフ），ロッテルダム，デルフト，ホールン，エンクハイゼンの6つに分かれる一方で，いわゆる「17人重役会」(Commissie van Heeren Zeventien) とよばれる最高機関を構成し，連合会社としての意思決定を行っていたのである[18]。

Gaastra [1989] は，ネーデルラント本国における簿記について次のように指摘している。

「ネーデルラントにおける簿記は，バタヴィアのそれとは異なった原理で行われていたのである。その地に恒久的な商館が設置されたのが1613年である

第2-5表　Gaastraによる連合東インド会社の状態表の例

Generale staat van de kamers der VOC, 15 mei 1683（gulden）

huizen en erven	586,852	obligaties ten laste van	6,010,856
onverkochte goederen	13,206,023	de Gen. Comp.	7,083,110
equipagegoederen	739,173	obligaties ten laste van	1,022,333
in cassa en banco	704,964	de kamers	
handelsvorderingen	523,704	anticipatiepenningen	115,325
overige vorderingen	112,137	crediteuren	
		nog te betalen div.	86,328
		nog te betalen wissels	33,754
		'saldo te boven'	1,521,147
	15,872,853		15,872,853

連合東インド会社総合状態表1683年5月15日

（単位：フルデン）

建　物	586,852	本社の負債	6,010,856
売残商品	13,206,023	各カーメルの負債	7,083,110
備　品	739,173	前受金	1,022,333
現金預金	704,964	借入金	115,325
売上債権	523,704	未払配当金	86,328
その他の債権	112,137	支払手形	33,754
		差引残高	1,521,147
	15,872,853		15,872,853

から，アジアにおける簿記はその状況に順応し，新しい形式に合わされたのであった。しかしながら，祖国のネーデルラントの簿記は，アジアの簿記とは対照的に何ら変化をみせなかったのである。各カーメルでは，すべて先駆会社で用いられた記帳方法を守っていたのであった。たとえば，収入・支出の管理は，何らの損益計算を行うことなしに，ただ各年度の残高のみによって行われたのであった。そして，それぞれのカーメルは独自の帳簿を持ち，4月，或いは，5月に残高表を作成し，この各残高が，『総合状態表』に記帳されたのであった。」(Gaastra [1989], p.92)

Gaastra また，ネーデルラント本国では，17世紀後半に入ってもまだ，次のような総合状態表が作成されていたとし，この状態表の特徴を「清算残高表」(liquidatie balance)であることだと指摘している。これも，当座企業性をもった先駆会社のなごりとみることができるであろう。

第5節 むすび

これまでの研究では，16世紀および17世紀の簿記書に対して，それぞれの社会経済的背景に対応する形で革新があったと論じられることが多かったように思われる。この点を整理してみれば**第2-6表**のようになろう。

第2-6表 社会経済背景の変化と簿記書の変革

年　　代	社会経済的変革	簿記書の変革	代表的論者
16世紀 アントウェルペン	・常設的取引所の開設	・売残商品の認識 ・期間損益計算の萌芽(?)	Ympyn
17世紀前半 アムステルダム	・継続企業としての株式会社の出現	・定期的な帳簿の締切 ・期間損益計算の確立(?)	Stevin

叙上のように，本論文の検討の結果からは，このような評価が一面的なものであることが明らかとなった。

すなわち，16世紀アントウェルペンを代表する Ympyn の簿記書は，売残商品の認識など，常設的な取引所の出現に伴う経常的な商取引に対応するものと

高く評価できる。

　しかし，この時点ではまだ取引の主体たる企業が継続企業化していないのであり，それゆえ，これをもって期間損益計算の萌芽とはいいがたいのである。今日的な期間損益計算は，株式会社に代表される継続企業の出現を待ってはじめて生じるものであろう。

　次に17世紀前半の Stevin についてはどうか。確かに彼は，1年間を一会計期間とする仕訳例を提示し，また，状態表および状態証明表の作成といった新しい試みも行っている。さらに社会経済的背景に目を向ければ，この時代には継続企業の嚆矢ともいうべき連合東インド会社の成立を見ている。

　しかし，これも検討の結果，彼が考えた「期間」は領土のそれであって継続企業のものではなかったのであり，この2つの表もまた今日の貸借対照表や損益計算書とは異質なものであった。

　つまり，Stevin 簿記書は，原著の表紙における記述や構成上からも明らかなように，期間損益計算を主たる目的とするものではなく，むしろ当時の商取引の一般的な関心事であった，債権・債務，および，現金や財産などの管理手段として使用されたとする考え方，すなわち，「財産管理目的簿記」であったとみた方がよいのではないかということである[19]。

　では現実の継続企業たる連合東インド会社の簿記はどうであったか。これもすでに見たように，17世紀後半に入ってもまだ，少なくともネーデルラント本国では前時代の慣習，すなわち当座性企業時代の慣行が維持されていたのである。

　要するにこの時代には，常設的な取引所の開設，継続企業の嚆矢たる連合東インド会社の設立など，たしかに期間損益計算思考を醸成する土壌はできつつあったが，それを簿記書に吸収させようとする社会経済的な要請はまだなかったといえるのである[20]。

　したがって，近代会計生成に向けてのこの時代の簿記書の位置づけについて考えた場合には，その評価はかなり限定的なものになるであろう。

　すなわち，叙上のように Ympyn, Stevin 簿記書以降，少なくとも棚卸資産

に関しては，取得原価による評価がなされたことを重視したい。ここに期間損益計算思考生成へのわずかな前進があったものと考えるのである。

なお，ネーデルラント簿記書の位置づけを確立するためには，17世紀後半，特に Van Gezel の簿記書に注目せねばならないであろうが，本章の対象とする時代ではなく，別原稿にゆずることとする[21]。

注

1) 本論文では，オランダ語版とともに de Waal[1977]による英訳の他，Kats[1927a]；[1927b]；Kojima, O., and B. S. Yamay (eds.) [1975] 参照した。
2) Ympyn [1543], ch.24, fol.19；Kats [1927b], p.292.
3) 小島 [1987], 117－119頁を参照。また，残高勘定を簿記書において説いたのは，Ympyn が最初であるといわれている。この点に関しては，小島 [1987], 120頁を参照。
4) Geijsbeek [1914], p.113を参照。
5) Ympyn [1543], ch.15, fol.11；Kats [1927b], p.290.
6) 岸 [1974], 78頁；[1975], 41頁を参照。ここでは，当時の他の論者もまた，ほぼ同期間を例示していることと指摘されている。
7) Yamey [1975], pp. 12－13を参照。ここでは Ympyn と対照的な論者として，Wolfgang Schweicker をあげている。
8) 大塚 [1969], 65頁。また最近では，アムステルダム商人とそれを支えた労働力に関して実証的な研究が進みつつある。これについては，杉浦 [1996] を参照。ここでは，1578年から1714年までの婚姻登録簿をもとにアムステルダム商人の出身地の検討がなされ，その労働力の中心は移民であったことを指摘している。また，アントウェルペン商人との比較では次のような構図が示される。

都　市　名	商業の中心階層	特　　質
アントウェルペン	外　国　商　人	受　動　的
アムステルダム	地　元　商　人	能　動　的

この他，杉浦 [1999] では，一連のネーデルラント移民史研究の動向が検討されており，ここでは次のような指摘がなされている。「オランダの移動システム解明は，17世紀のオランダの経済の繁栄と衰退を説明するのみならず，周辺地域経済発展，さらにヨーロッパ全体の労働力移動の解明につながる大きな鍵であるといえる。今後の課題としては，何よりも移民の受け入れ地域と出身地域とのより細かな検証が必要とされている」(124頁)
9) 原著の序章には次のように注記がなされている。「別のところでは，別の定義がな

されるであろう」
10) 中野 [1992], 32頁を参照。
11) Stevin [1607], ch. 8, pp. 32-33を参照。
12) たとえば，岸 [1975], 119頁を参照.
13) たとえば，Littleton [1933], p.134（片野訳 [1978] 212頁）にも "Balance Sheet" という表現がある。
14) 渡邉 [1993] では，次のような見解が示される。「スティーヴンの説く『状態表すなわち資本』とその状態表によって算出された企業損益の証明表としての『損益表』は，こんにちの貸借対照表や損益計算書とは，明らかにその機能を異にしている。すなわち，スティーヴンのこれら二つの表は，企業の財産状態や損益状態を外部の利害関係者に公表するために作成されたものではなく，あくまでも複式簿記の機構上，決算手続を誤りなく遂行するための運算表として作成されたとみなすのが妥当であろう。」（渡邉 [1993] 46頁）
15) 橋本 [2000], 104頁を参照。
16) 橋本 [2001], 46頁を参照。
17) 行武 [1998], 426頁。ここでは，この帳簿の評価として，「この会計帳簿は，平戸商館のみならず長崎商館時代を通して，近世日蘭貿易の取引実態を詳細に記載した唯一の計数史料である」とされている。なお，これ以降の長崎出島商館おける会計帳簿については，史料として東京大学史料編纂所編 [1989a]; [1989b] がある。また，その検討を行ったものとしては，行武 [1992] を参照。
18) 大塚 [1969], 372-376頁を参照。
19) 原著の表紙には，「領土および財政におけるイタリア式王侯簿記」とあり，Stevin の同書執筆の動機をうかがわせている。なお，この点に関しては，多くの反論が存在するであろう。最近の研究では，茂木 [1999]; [2001a]; [2001b] などが注目される。茂木 [1999] では，「『17世紀』のオランダにおいて，簿記・会計の両面で『15世紀』のイタリアで生成した複式簿記が口別計算の手段として，非期間計算の段階にあったものが，期間計算を内包して『近代化』した。当座性企業より永続的企業（継続的）企業へと展開する」(137頁) とされ，連合東インド会社に注目される。また，簿記文献史的には17世紀に期間損益計算が成立し，近代会計へとふみ出すとされ，その代表的論者としてSimon Stevinをとらえられている（同147頁）。茂木 [2001a]; [2001b] は，このような観点から，Stevinの「簿記論」を詳細に検討している。
20) 橋本 [2000], 105頁。
21) 橋本 [2003] を参照。

参考文献

Bywater, M.F. and B.S.Yamey[1982], *Historic Accounting Literature: a companion guide*, London.
Chatfield, M. and R.Vangermeersch (eds.) [1996], *The History of Accounting,*

New York & London.
Gaastra, F. [1989], *Bewind en Beleid bij de VOC 1672−1702*, Zutphen.
Geijsbeek, J.B. [1914], *Ancient Double−Entry Bookkeeping*, Denber.
Have, O.ten [1934], *De Leer van het Boekhoudeng in de Nedrlanden Tiedens de zeventiendeen achttiende eeuw*, Delft.
Kats, P. [1927a], "'The Nouuel Instruction' of Jehan Ympyn Christophle−Ⅰ," *The Accountant*, Vol.LXXⅦ, No.2750, pp.261−269.
─── [1927b], "'The Nouuel Instruction' of Jehan Ympyn Christophle−Ⅱ, "*The Accountant*, Vol. LXXⅦ, No.2751, pp.287−296.
Kojima, O. and B.S.Yamey (eds.) [1975], *Jan Ympyn, A Notable and Very Excellent Woorke*, Kyoto.
Littleton, A.C. [1933], *Accounting Evolution to 1900*, New York(片野一郎訳[1978]『リトルトン 会計発達史(増補版)』同文舘出版).
Stevin, S. [1607], *Vorstelicke bouckhouding op de Italiaensch wyse*, Leyden (ただし,本論文では1982年の復刻版を使用した).
Waal, P.G.A.de [1927a], *De Leer van het Boekhouden in de Nederlanden Tijdens de Zestiende eeuw*, Rotterdam.
─── [1927b], *Van Pacioli tot Stevin*, Roelmond (ただし,本論文では1975年の復刻版を使用した).
Yamey, B.S. [1975], "A Selection of Materials from Ympyn's 'Nouvelle Instruction' of 1543," in Kojima, O., and B.S.Yamey (eds.) [1975], pp. 1 −31.
Yamey, B.S. (ed.) [1990], *Historic Accounting Literature Ⅱ : supplementary Volume*, Tokyo, pp. 3 −17 (片岡泰彦訳[1990]「B.S.ヤーメイ 会計学文献概観(1449〜1800)」『會計』,第137巻第4号,569−586頁).
Ympyn, J.C. [1543], *Nieuwe Instructie…*, Antwerpen (ただし,本論文では1982年の復刻版を使用した).
石坂明雄・壽永欣三郎・諸田 實・山下幸夫編[1980],『商業史』(有斐閣双書)有斐閣。
今井登志喜[1950],『近世における繁栄中心の移動』誠文堂新光社。
大塚久雄[1969],『株式会社発生史論』(大塚久雄著作集第1巻)岩波書店。
───[1996],『近代欧州経済史入門』(講談社学術文庫)講談社。
岸 悦三[1973],「インピン簿記論の吟味(1)」『広島修大論集(広島修道大学)』,第14巻第1号,171−182頁。
───[1974],「インピン簿記論の吟味(2)」『広島修大論集(広島修道大学)』,第14巻第2号,63−82頁。
───[1975],『会計生成史』同文舘出版。
小島男佐夫[1987],『会計史入門』森山書店。
杉浦未樹[1996],「アムステルダムの商人達−十七世紀の商業世界の拡大と移民」(東京大学大学院経済学研究科博士論文),東京大学大学院経済学研究科。
───[1999],「近世オランダ移民史研究動向−ヤン・ルーカッセンの研究を中心に−」

『日蘭学会会誌』，第24巻，第1号，115−127頁。
白井佐敏［1978］，「イタリア簿記の展開−パチオリ，イムピン，シュヴァイカー−」『経営研究』（大阪市立大学），第29巻，第2号，1−24頁。
―――［1980］，『会計思想史序説』白桃書房。
高橋清徳　編訳［2000］，『図説　交易のヨーロッパ史−物・人・市場・ルート』（原著Plessis, A. and O. Feiertag［1991］, *Histoire du Grand Commerce en Europe,* Paris.）。
東京大学資料編纂所編［1989 a］，『日本海外関係史料　オランダ商館長日記訳文編之七』東京大学出版会。
―――［1989 b］，『日本海外関係史料　オランダ商館長日記原文編之七』東京大学出版会。
中野常男［1982］，「複式簿記の損益計算機能に関する一考察−16−18世紀の英国における冒険取引勘定の役割について−」『神戸大学経営学部年報』，第28号，1−32頁。
―――［1992］，『会計理論生成史』中央経済社。
―――［1998］，「複式簿記の機能的発展−財産計算システムとしての複式簿記の誕生と展開−」『国民経済雑誌』，第179巻第4号，1−18頁。
橋本武久［2000］，「一七世紀ネーデルラントの会計事情」『會計』第158巻第1号，95−108頁。
―――［2001］，「複式簿記と評価基準−その史的考察−」『日本簿記学会年報』，第16号，44−51頁。
―――［2003］，「17世紀後半ネーデルラント簿記書の歴史的意義について」『日本簿記学会年報』，第18号（近刊）。
茂木虎雄［1969］，『近代会計成立論』未来社。
―――［1999］，「オランダ17−18世紀会計史研究序説−オランダ東インド会社の会計史によせて」『経済論集』（大東文化大学），第75号，137−154頁。
―――［2001 a］，「シモン・スティヒンの簿記思考−17世紀初頭のオランダ簿記事情研究の一齣−」『経営論集』（大東文化大学），第1巻第1号，285−299頁。
―――［2001 b］，「スティヒン簿記論の研究−第三章例題に示された複式簿記の計算様式−」『経営論集』（大東文化大学），第1巻第2号，79−94頁。
行武和博［1992］，「出島オランダ商館の会計帳簿−その帳簿分析と日蘭貿易の実態把握−」社会経済史学，第11巻第22号，59−97頁。
―――［1998］，「平戸オランダ商館の会計帳簿−その記帳形態と簿記計算構造−」，平戸市史編さん委員会編［1998］401−427頁。
渡邉　泉［1983］，『損益計算史論』森山書店。
―――［1993］，『決算会計史論』森山書店。

第3章
17－19世紀イギリスにおける会計の展開

第1節　はじめに

　13世紀初頭のイタリア北方諸都市で債権債務の備忘録として発生した複式簿記は，遅くとも14世紀前半までには，いわゆる勘定間の閉ざされた組織的体系を形成し，損益勘定によって企業損益を計算する極めて洗練された合理的なシステムを創り上げるに至った。ここに複式簿記は，完成の域を迎えるのである。言うまでもなく，中世末葉ないしは近世初頭のイタリアで複式簿記が完成したというのは，企業損益を計算する記帳システムが体系的かつ組織的に形成されたにすぎず，今日の複式簿記の記帳システムと比較すれば多くの点で異なっているのは言うまでもない。

　本章では，13世紀初頭にイタリアで発生し14世紀の前半に完成した複式簿記が，その後経済社会の覇権の推移に伴い17世紀以降19世紀に至るまでの間，イギリスでどのように展開していったかを，それぞれの時代の一般的な特質と損益計算の進化のプロセスに焦点を絞って，追跡していくことにする。

第2節　17世紀イギリス簿記の特徴

　17世紀のイギリスの幕開けは，東インド会社の設立とともに始まった。16世紀後半以降のいわゆる重商主義は，エリザベスⅠ世治世の末期から初期スチュ

アート治世のもとで，世界貿易や植民地の争奪をめぐるヨーロッパ列強間との世界市場獲得の時代であった。とりわけ，17世紀後半からは，3度に及ぶオランダとの覇権争いに勝利し，イギリスの地位を揺るぎないものとすると同時に，来るべき産業革命へ展開していくイギリスの黄金時代への助走期であった[1]。このイギリスの経済的覇権への初期段階でその経済発展の一翼を担って共に発展していくのがイタリア式貸借記帳技法 (Italian Method by Debitor and Creditor) としての複式簿記である。それまでは，イタリアあるいはオランダの後塵を拝していたイギリスは，重商主義政策にもとづく海外貿易を含めた国内製造業を中心とする産業振興政策を積極的に展開し，経済発展にとって欠かすことのできない複式簿記の導入，伝播が精力的に行われきたものといえる。1つの証左として17世紀に入って数多くの簿記書がイギリスで出版されたことは，すでによく知られているところである。そのほとんどの簿記書は，L. Pacioli の『スンマ』(1494) で説かれた伝統的なイタリア式3帳簿制，すなわち日記帳，仕訳帳，元帳を主要簿とする記帳システムを継承し，複式簿記による記帳手続を解説したものであった。

　すでに多くの先行研究で明らかにされているように，イギリス人によりイギリスにおいて上梓された最初の簿記書は，1543年に Hugh Oldcatle (1510？－1543) によって出版されたかの幻の書と言われている『有益な論文』(A Profitable Treatyce) である[2]。英語で出版された第2の著書は，Oldcastle と同年にアントワープで出版され，1547年に英訳された Yan Ympyn Christofelles (1485？－1540) の英訳版『著名で非常に優れた著作』(A Notable and very excellente Woorke) である。前者は，現存を確認することができず，後者は，イギリス以外の国で出版された簿記書の英訳版である。したがって，厳密な意味での現存するイギリス人の手により出版された最初の簿記書は，1553年にロンドンで著わされた James Peele (？－1585) の第1の簿記書『借方・貸方を理解するための方法と様式』(The Maner and Fourme how to kepe a Perfect Reconyng) ということになる。16世紀は，いわばイタリア式貸借記帳技法，すなわち複式簿記が主としてオランダ経由でイギリスに導入される時期である。

16世紀の導入期を経て17世紀を迎えると，多くの簿記書が相次いで出版される。17世紀最初にロンドンで出版された簿記書は，1607年の John Browne の簿記書である。その他著名な簿記書としては，W.Colson（1612），J.Carpenter（1632），R.Handson（1633），R.Dafforne（1635），A.Liset（1660），T.Brown（1669），S.Monteage（1675），E.Hatton（1695）の簿記書，等があげられる（ICAEW［1975］，p.70）。

これらイギリスで上梓された多くの簿記書に共通して言えることは，イタリア式貸借記帳技法にいくつかの点で改良と創意工夫を加えながらも，基本的にはイタリア式簿記による記帳方法をそのままの形で継承していることである。17世紀前半の簿記書では，多くの場合，さまざまな取引を想定し，それらの想定された個々の取引に対して対話方式で仕訳を示したり，諸取引を類型化しその仕訳を一覧表で示す等，仕訳の方法，元帳への転記方法，損益勘定を締め切って期間損益を算出するため複式簿記の基本的な記帳システムを記帳例示によってわかりやすく解説する方法がとられている。

17世紀のイギリスは，複式簿記が多くの簿記書の出版を通してイギリス国内に広く普及していく時代でもある。すなわち，［日記帳→仕訳帳→元帳］という単一3帳簿制を基本に据え，16世紀に改良された特殊仕訳帳制を取り入れながら，損益計算が重視されとりわけ正確な損益計算への志向が高まる時代であった。換言すれば，17世紀のイギリスは，複式簿記の完成以前から利益分配の手段として用いられたビランチオ（利益処分結合財産目録）重視の損益計算ではなく，継続的な帳簿記録にもとづく損益勘定によって企業の期間損益を計算するシステムが確立していく時代なのである。

期間損益計算にとって最も重要な認識基準の歴史的な発展プロセスは，時として，現金主義から発生主義への進化として理解されていることがある。しかし，これは，誤りである。複式簿記は，主として財産の実地棚卸によるビランチオで算出された企業の期間損益を帳簿という文書証拠によって証明するための手段として発生し，完成した継続記録システムである。ビランチオによる企業利益を継続的な帳簿記録によって証明するために作成されたのが，損益勘定

であり，損益勘定の出現により勘定間の閉ざされた組織的体系が完結し，複式簿記が完成するのである。すなわち，複式簿記は，その発生当初からないしは完成と同時に，現金主義ではなく発生主義によって費用，収益を認識して，企業の期間損益を算出していたのである。時価による資産評価は，ビランチオによって利益を算出しそれによって組合員相互間で分配を行っていた時代に一般的に用いられた手法であり，複式簿記の完成以降は，取得原価による測定が一般的であったといえる。費用・収益の測定基準は，複式簿記の発生当初から時価による評価ではなく取得原価による評価が一般的であった。

第3節　教科書用簿記書から実用簿記書へ－18世紀の転換

(1) 理論簿記書の完成

18世紀のイギリスでは，さらに多くの簿記書が相次いで出版された。それらのほとんどは，主として，当時のアカデミーやグラマー・スクールの教授用として著わされたもので，複式簿記の基本原理を簡明に秩序立てて説いた複式簿記の教科書ないしは理論簿記書とでもいえるものが中心であった。したがって，18世紀は，17世紀までに見られたイタリア式貸借記帳技法の普及・定着期を経て，いわばその完熟期に入った時代であるといえる。そのため，多くの点で，Pacioli 以降の記帳技法を理論的に解説し，複式簿記の基本的な計算構造をわかりやすく説いた理論書とでもいえる簿記書が主流であった。その端的な例は，Pacioli 以降途絶えていた試算表の作成が18世紀に入って，多くの簿記書で詳細にその作成法が説明され始めたことである[3]。その典型的な例として，William Weston の『完全なる商人の会計係』(*The Complete Merchant's Clerk*, London, 1754) があげられる[4]。

これら18世紀イギリスにおける複式簿記完熟期の簿記書の頂点に立つものとして，われわれは，John Mair (1702,3－1769) の『組織的簿記』(*Book-keeping Methodiz'd*, Edinburgh, 1736) や Robert Hamilton (1743－1829) の『商業入門』(*An Introduction to Merchandise*, Edinburgh, 1777) をあげることができる。両

書は,15世紀の Luca Pacioli(1445？-1517)の『スンマ』や17世紀の Simon Stevin (1548-1620) の『数学的回想録』にも匹敵する,まさしく18世紀のイギリスを代表する簿記書であった。

Mair および Hamilton の簿記書では,複式簿記の原理が,学校教育の観点から極めて明快かつ正確に述べられ,簿記テキストとしての体系化は,ここにほぼ完成の域に達したということができる。これらのことは,Mair の簿記書がエディンバラで第8版(1765年),ダブリンで第9版(1772年)を数え,Hamilton の簿記書もまた第5版(1802年)にのぼり,1820年には Elias Johnston の手によって改訂版が上梓されていることからも容易に想像できる。

Mair の『組織的簿記』では,Pacioli の『スンマ』以降継承されてきた伝統的な単一3帳簿制〔日記帳→仕訳帳→元帳〕によるイタリア式貸借記帳技法,すなわち複式簿記の解説と記帳例示が中心であり,しかもその例示は,教育上の観点から,極めて簡明かつ簡単な基本的説明に限定されていた[5]。もちろん,その付録では,現金出納帳(Cash-book),送り状控え帳(Factory or Invoice Book),売上帳(Book of Sales－売上計算書控え帳),手形記入帳(Bill-books)等,合計9冊の補助簿(Subsidiary Books)の説明もなされており,日記帳,仕訳帳,元帳の単純な記帳説明にとどまるものではない。しかし,これら補助簿の説明は,単なる個別的な例示にすぎず,これらの例示のみでは,それぞれの取引を各帳簿にどのように具体的に記帳していくかを体系的に理解するには,必ずしも十分なものであったとはいえない(Mair [1736], Appendix pp. 1-13)。

Hamilton の『商業入門』に関しても,同様のことが言える(渡邉 [1983],第Ⅱ部第5章)。本書は,簿記に関する論述ばかりではないが,簿記に関する説明は,第Ⅳ部「イタリア式簿記」と第Ⅴ部「実用簿記」でなされ,多くの紙面は前者にさかれている(渡邉 [1983], 226頁)。

第Ⅳ部では,当時の多くの簿記書がそうであったように,〔日記帳→仕訳帳→元帳〕の単一3帳簿制を中心に説明している。そこでは,Mair 同様,現金出納帳(Cash-Book),手形記入帳(Bill-Books),補助元帳(Subsidiary Ledger),予備元帳(Progressive Ledger),交互計算帳(Books of Accompts-Current),送り状

控え帳（Invoice）および売上帳（Accompts Sales），等合計10冊の補助簿の説明をしている（Hamilton [1788], pp.458-465）。しかし，これらの解説は，初学者が補助簿を加えた複式簿記の体系を理解する上で必ずしも十分なものであるとはいえない。この点では，先のMairと異なるものではない。しかし，Hamiltonは，続く第Ⅴ部で「実用簿記」(Practical Book-keeping)なる項目を設けて，単なる教科書用としての理論簿記書からの脱皮を意図しているようにも思え，来るBoothの登場を予感させるものでもあった。

『商業入門』の第Ⅴ部「実用簿記」は第1章イタリア式簿記法の変形，第2章現金出納帳と元帳だけによる方法，第3章利子を考慮する方法，第4章小売店主の勘定，第5章小売商人の勘定，第6章地所管理人の勘定，第7章農場主の勘定の合計7章から成っている（Hamilton [1788], pp.467-495）。この冒頭で，Hamiltonは，「第Ⅳ部で，われわれは，厳密な方法，あるいは一般的な実務に最も従っている簿記の形式を説明してきた。しかしながら，ここで主張してきた諸規則は，決まりきったものではなく，不都合なしに変えられうるので，会計責任者のうち幾人かの者は，同じ方法に厳密に従わない場合が必ずや生じてくるであろう。そして，仕事の性質がそのような多様な対応を妥当なものにするであろう」(Hamilton [1788], p.467)と述べ，現実の取引の記帳にあたっては，業種や規模等によっていろいろな方法が採られていた当時の簿記事情を推測させてくれる。これらの説明から判断すれば，Patrick Kelly (1756-1842)の説くように (Kelly [1801], p.viii)，Hamiltonを単純にMairの継承者とのみ位置づけるわけにはいかない。しかし，彼の論述の中心が第Ⅳ部「イタリア式簿記」であることから判断すれば，Hamiltonの簿記書は，実用簿記書としてよりもむしろ教育用としての理論簿記書として位置づけるのが妥当であろう。18世紀のイギリスでは，MairやHamiltonに代表される教科書用としての理論簿記書が数多く登場し，両者によって簿記テキストとしての体系化は，ここに完全なる完成をみたのである。しかし，もう一方では，これら教科書用理論簿記書に飽き足らず，実務に直接に通用できる商人用実用簿記書の出版を目指す著者が出現してくる。その嚆矢をなしたのが，Benjamin Boothである。

(2) 実用簿記への改良

19世紀の幕開けを直前に1つの新たな潮流が生じてきた。従来の Mair や Hamilton 等によって代表される教科書用簿記書で説明された記帳例示にもとづくだけでは，現実の海外貿易を複式簿記で記録することが困難であることに気がついた。そのため，現実の海外貿易取引に適用できる実用的な簿記書に対する要求が高まり，それに対応できる簿記書の出現が望まれた。

われわれは，当時の取引の主流になってきた外国貿易にも直接適用できる簿記法を説いた実用的な簿記書の嚆矢を Booth［1789］に求めることができる。19世紀に入って相次いで登場する実用簿記書台頭の新しい潮流の源をなしたのが，この Benjamin Booth（?-1807）である。彼は，ロンドンのマーチャント・ハウスのニューヨーク在住の組合員として活躍し，アメリカ独立戦争（1775-1781）では，ニューヨーク在住の王党派（loyalist）の反独立運動に積極的な役割を果たした。その結果，独立後には彼の財産は没収され，1779年11月にニューヨーク商業会議所（New York Chamber of Commerce）を辞任し，ロンドンに立ち帰った（Bywater and Yamey［1982］, pp.190-191）。Booth が『完全簿記体系』(*A Complete System of Book-keeping, by an improved Mode of Double-Entry, London*) を出版したのは，帰国10年後の1789年のことであった[6]。

Booth は，この『完全簿記体系』のなかで，Mair や Hamilton をその頂点に抱く従来の伝統的ないわゆる教科書用簿記書に対し激しく批判した。すなわち，彼は，驚いたことには，従来までの多くの簿記書にもとづいて大規模な経営に複式簿記を適用してみようとしたとき，その実務に対応できる簿記書はほとんどなかった。私がこれまでみてきた簿記書は，それを引き受けるには全く能力を欠いているか，または彼らの理論を経験によって試してみる機会を持ち合わせていなかった人々によって著されたように思えると述べ（Booth［1789］, p.5），従来の教科書用簿記書に対する批判と同時に，自らの著書上梓の意義を強調している。

しかし，Booth の掲げる例示は，実用性を重視したあまりに必要以上に複雑となり，かえってその実用性が損なわれてしまったという批判が，W. Tate に

よってなされたといわれている (Bywater and Yamey [1982], p.194)。

このような批判に応えるために,従来の教科書用簿記書の利点と Booth の説く実用簿記の利点とを互いに取り入れると同時に,両者のもつ欠点を取り除いて著わされたのが,Patrick Kelly の『簿記の初歩』(1801) である。Kelly は,日記帳→仕訳帳→元帳の伝統的な3帳簿制を踏襲しながら,現金出納帳,手形記入帳,送り状控え帳や売上〔計算書控え〕帳等の補助簿からの月次仕訳(この点は Booth と同様であるが,必ずしもすべての取引について月次仕訳がなされているわけではない)による記帳業務の簡略化等を重視している。

その他,Booth の流れを組むものとして,J. Wicks, John Shires 等の簿記書があげられる。19世紀を迎えると,これらの系譜に属する簿記書として John Sedger, James Morrison あるいは Frederick William Cronhelm 等の著作が相次いで出版されてくる[7]。

James Morrison から直接的な影響を受け,Booth の実用簿記法を継承したのが Clerk Morrison であり[8],その他にも Benjamin Franklin Foster 等の簿記書があげられる[9]。

アメリカ人による最初の簿記書といわれる William Michell (1763−1854) の『新完全簿記体系』(*A New and Complete System of Book-keeping, by an improved Method of Double Entry,* Philadelphia, 1796) も,同一系譜に属する簿記書として位置づけることができよう。

19世紀は,実用簿記 (Practical Book-Keeping) とか改良簿記 (Improved or Reformed Method of Book-Keeping) とかいう名のもとに,従来の教科書用簿記書とは異なった,新しくそしてより実用的な手法を説いた簿記書が登場してくる時代であり,それは,まさしく1つの時代的要求の産物でもあった。そのことはまた同時に,新興国家アメリカの登場を意味し,来たるべき時代をわれわれに予感させる出来事でもあった。

第4節　企業損益算定方法の転換――ストックからフロー――へ

　18世紀後半から19世紀の前半にかけてのイギリスにおける損益計算システムの主流は，19世紀前半以降，貸借対照表や損益計算書の作成が一般的に行われるに至るまでは，いわゆる資産・負債の実際在高にもとづき財産法的に算出された期間利益を帳簿記録にもとづき損益勘定で損益法的に算出された損益によって証明するという考え方にあった。この基本構造は，両者に内在する要因によって，複式簿記の発生と同時にア・プリオリに規定されていたということができる。すなわち，複式簿記は，その完成と同時に，帳簿記録にもとづく損益計算が主流であり，したがってそこでの測定基準は，必然的に，取得原価にもとづいていたのである。

　しかし，複式簿記の発生当初からその完成に至るまで，イタリアから継承されてきたビランチオ重視による利益分配思考は，その後も長く商人たちの意識の中では支配的であったものと推測される。費用・収益の対応によるいわば原因の側面からの抽象的な損益計算よりも，結果の側面からの具体的な損益計算が信頼に足るとする傾向は，少なくとも一般的には，18世紀の後半まで続いたものと思われる。たとえば，17世紀冒頭に上梓された Simon Stevin の簿記論では，残高勘定を誤りなく締め切るために，今日の精算表の役割を果たしていた「[財産の] 状態表」(資産・負債・資本の一覧表) で算出された企業損益を「[損益による] 証明表」(費用・収益の一覧表) によって保証させる簿記手続が説明されているが，費用・収益による損益を正味資本の比較による損益の証明手段として利用しているということは，まさしく，この原因の側面からの抽象的な損益計算が副次的な計算方法であったことを示しているということができるであろう (Stevin [1605], p.35)。

　これらのストック中心の損益計算思考に大きな転換を要求したのは，次の2つの要因が影響したものと思われる。すなわち，1つは，18世紀の後半から19世紀にかけて，アメリカとの海外貿易が盛んになり，委託販売・受託販売あるいは代理商取引が拡大してきたことに起因している (渡邉 [1993]，第6章参照)。

代理商のもとでの利益の発生原因の中心は，手数料収入であった。このような状況下では，正味財産の比較による財産法的損益計算は，ほとんど意味を持たなくなる。費用・収益の比較によるいわゆる原因の側面からの抽象的な損益計算がより重要になってきたのである。

いま1つの要因は，運河会社や鉄道会社あるいは製鉄会社や石炭会社の出現により，巨額の資本を調達する必要性が強調されるに至ったことである。かつて大塚久雄教授は，「『株式会社』は個別資本が集中の過程において，しかも特に『結合』なる仕方によって，より高き個別性の中に自己を止揚し，もって諸個人資本が社会化された一個別資本に転化する過程においてとるところの形態である。一言にして表示すれば，それは個別資本の集中形態であることがあきらかである」(大塚久雄 [1969]，17頁) と規定された。個別資本の集中形態としての株式会社で最も重要なことは，どれだけ多くの株主達からどれだけ多くの投資を引き出すことができるかである。

そのためには，まず第1に，自社に投資することがいかに有利であるか，次いで，自社に投資することがいかに安全であるかを広く知らしめる必要に迫られた。財務内容を将来株主ないしは潜在的株主に知らせるためには，帳簿を公開しなければならない。しかし，いかに自社への投資の有利性や安全性を主張するためとはいえ，自社の財務内容や業務内容のすべてを公開するには，多くの問題が残される。なぜなら，商品の仕入原価や利益率・回転率あるいは得意先や仕入先の名前等，多くの企業秘密に属する情報が帳簿に含まれているのは言うまでもないからである。しかも，物理的にも，1年間の全取引を記録した全帳簿をディスクロージャーすることは，その対象が多くなればなるほど困難というよりもむしろ不可能に近くなってくる (渡邉 [1993]，81頁)。そのため，多くの資本を要する当時の大企業は，とりわけ運河業や鉄道業あるいは製鉄業や石炭業を中心に，当該企業に投資するか否かの判断材料，すなわち企業の財務内容を知るために必要最低限の企業内容を要約した概要表を帳簿とは別の紙葉に作成して，将来株主に提供する方法をとるに至ったのである。これが貸借対照表や損益計算書が登場してくる直接の要因であるのは，言うまでもない

(渡邉 [1994])。

このようにして，19世紀前半のイギリスにおける株式会社の損益計算システムは，残高勘定や損益勘定に代わって，貸借対照表や損益計算書によって遂行され，企業利益や業務状態は，両者を介して，株主や債権者等の利害関係者にディスクロージャーされるに至った。

第5節　資金計算書の出現－19世紀の特徴

19世紀前半以降，従来のストック重視の損益計算思考は，アメリカ貿易に従事した代理商や鉄道業ないしは製鉄業を中心に，フローの側面からの損益計算へとその重点を移していった。とりわけ鉄道業では，株主から資本を調達するためには，なによりもまず，当該企業への投資がいかに有利であるかを証明する必要があった。そのためには，単にフローの側面からの損益計算をヨリ重視するだけにとどまらず，たとえフローの側面から利益が算出されたとしても，その利益に相当する実際の配当資金，すなわち現金ないしはその同等物による裏づけが保証されているか否かが極めて重要になってくる。株主の最大の関心事は，紙の上での配当可能利益がいくらあるかではなく，実際に現金で配当を受け取ることができるかどうかである。多くの株主が資金計算書に関心を寄せた理由の1つに，フローによる損益計算で求められた企業利益が，現実に，現金で裏付けされているか否かの保証にあったと言うことができる。それと同時に，特に大企業では，単に損益計算だけではなく，支払能力や資金繰りの関係上，現金の流動性に関する関心が急増してくるのもまた当然のことであろう。

この資金計算書の嚆矢は，一般的には，1897年に Greene [1987] で提示されたグレート・イースタン鉄道における2年間の貸借対照表の増減を比較し，その変動状態を要約した一覧表であるといわれていた (Greene [1897], p.110)。しかしながら，資金計算書が，アメリカで広く一般に普及し始めるのは1900年以降のことであり，当時の実務界には，大別して比較貸借対照表ないしは財政状態変動表としての資金計算書，運転資金計算書としての資金計算書，の2つの

タイプが存在していたといわれている。前者の事例として W. M. Cole の財政状態変動表が，後者の事例として，U. S. スティール社の1903年の年次報告書があげられている（佐藤倫正 [1993], 38頁）。

　比較貸借対照表が資金計算書の源流になるという根拠は，Cole によれば，資産と負債の2時点間の比較によって資金ないしは資源の動きを掴むことができるからであり，資産の増加と負債の減少は資金の運用（where-gone）を，その逆の資産の減少と負債の増加は資金の源泉（where-got）を示すからである。すなわち，Cole は，ある期間と他の期間における貸借対照表項目の変化を"where-gone"と"where-got"に分類し，資金の流れを表示したのである。この表が，比較貸借対照表から作成された取引の要約表なのである（Cole [1908], p.101）。

　すでに述べたように，この資金計算書の嚆矢は，一般的には，1897年に Greene によって説かれた比較貸借対照表であるといわれていた。しかし，われわれは，この貸借対照表比較分析の初期の事例を，アメリカにおいてではなく，すでにイギリスの会計実務の中に見出すことができるのである。Greene に先立つこと，3分の1世紀前のことである。すなわち，われわれは，1759年9月19日に8人の仲間とともに Thomas Lewis によって，総額4,000ポンドの出資額で組合として設立されたダウライス製鉄会社（Dowlais Iron Company）の1852年と1863年との資産・負債を比較した財務表を資金計算書の嚆矢の一例としてあげることができる。19世紀の半ばには，単に企業損益の計算だけではなく，企業資金の計算にも多くの関心を払う実務がすでに生成していたことをうかがわせる。その後同社は，1782年に出資額を20,000ポンドに増額し，1787年には資本金38,000ポンドをもって株式会社に改組し，1789年に61,000ポンドに増資した（Jones [1987], p.3 & p.13, Edwards, J.R. & Baber, C. [1979]）。

　言うまでもなく，伝統的な資金計算書は，一定期間における企業資金の流れを明らかにし，損益計算によって求められた企業損益とそれを処分するための企業資金の関係を明らかにし，調達源泉とその使途について明示した計算書類である。したがって，正味運転資本の増加分すなわち資金の源泉と正味運転資本の減少分すなわち資金の使途が示され，それによって資金の流れが計算され

ることになる。原則的には，資金の源泉としては負債の増加と資本の増加が，資金の使途としては資産の増加があげられる。したがって，ダウラィス製鉄会社の比較貸借対照表には，まず最初に，1852年11月と1863年3月における諸資産の増減を算出している。すなわち，資産の増加分と減少分との差額は，132,504ポンド7シリング4ペンスとなっている。それに対して負債の増加額は，6,097ポンド9シリング8ペンスとなっている。したがって，両者の差額126,406ポンド17シリング8ペンスが，1852年11月から1863年3月までの10年4ヶ月間にわたる純財産の増加分を示していることになる[10]。

　ダウラィス製鉄会社の比較貸借対照表は，資産の増減と負債の増減を単に資金の源泉とその使途に分類しただけの，極めて単純な資金計算書であった。減価償却費をどうするか等多くの問題は残されているが，この比較貸借対照表は，原初的な形態ではあるが，明らかに，今日の資金計算書の前身ということができる。Esquerréが1898年のニューヨーク州公認会計士試験問題の解答として作成した「比較貸借対照表」(Comparative General Balance Sheet) は[11]，まさしくダウラィス製鉄会社の比較貸借対照表と同一の系譜に属する純財産変動表として位置づけることができる。19世紀後半のアメリカにまで待つことなく，18世紀半ばのイギリスの会計実務において，2期間の貸借対照表項目の変動を比較し，資金の源泉や使途を表示しようとした純財産の変動計算書，すなわち資金計算書の原初的な形態がすでに登場していたのである。

第6節　むすび

　13世紀初頭，イタリア北方諸都市を中心に文書証拠として発生した複式簿記は，14世紀の半ばまでにその第一義的機能を損益計算へと転換させていった。その当時における損益計算は，主としてビランチオ（利益処分結合財産目録）にもとづくストックの側面からの損益計算が中心であった。このストック重視による損益計算思考は，ビランチオが消滅した後も，18世紀後半まで継承される。しかし，18世紀末から19世紀の前半にかけて，それまでのストック中心の損益

計算思考をフロー中心の損益計算思考に転換させる事態が生じてきた。19世紀前半以降，アメリカ貿易を中心にした代理商，あるいは鉄道業や製鉄業等の出現により，それまでのストック中心の損益計算思考はフロー重視の損益計算思考へと変貌させられるに至ったのである。なぜなら，代理商の利益発生の主たる源泉は，手数料収入であり，ストック計算ではなくフロー計算によって生じるのは言うまでもないからである。また，鉄道業や製鉄業等では，株主から巨額の資本を調達するために，何よりもまず，当該企業への投資が市場の一般金利よりもいかに有利であるかを証明する必要に迫られたからでもある。すなわち，企業の財産価値よりもむしろ収益性を重視する必要性があったからである。

しかし，南海泡沫事件（1720）を経験したイギリスの投資家達は，その廃止法（1825）後も損益計算書や貸借対照表で表示された企業利益，すなわち配当可能利益の根拠となる紙と鉛筆による計算上の利益が実際に現金で裏付け保証されているのかどうかに大きな関心を寄せた。

他方，経営者は，たとえばダウライス製鉄会社に見られるように，投資のための資金を，単に増資によって調達するのではなく売上の増大を通して増収を図り，その利益によってまかなったのである。しかしながら他方では，このような販売促進政策は，19世紀後半に企業活動の持続的な成長を反映して，棚卸商品などの流動資産の保有を著しく増加させた[12]。すなわち，現実には，獲得した利益によって新たな設備投資を行おうとしたとき，帳簿上では利益があるにもかかわらず，その利益に見合う実際の投資資金が不足ないしは存在しないという事態が生じたものと思われる。この在庫の増加は，企業利益に大きな影響を及ぼしたのは言うまでもないが，それと同時に，運転資金の総額にも多大な影響を及ぼしたものと思われる。その結果，「いったい利益はどこに行ってしまったのか？」という疑問を生じさせた。換言すれば，たとえ貸借対照表や損益計算書上で巨額の利益が計上されたとしても，その利益額を設備投資に使用しようとしたとき，それに相当する現実の現金資金が不足ないしは存在しないといった状況が生じ，その結果，「利益とはいったい何なのか？」という素朴な疑問が生じたものと思われる。すなわち，利益の質が問い直されたのであ

る[13)]。その答えを求めるために,比較貸借対照表を作成し,利益の行く先を解明しようとしたのである。われわれは,資金計算書の源流をここに見出すことができる。

注

1) 16世紀の後半から始まったイギリス重商主義政策は,1776年のアメリカ独立宣言および1783年のその独立によって崩壊するまでの2世紀間のことを指している(大野真弓編 [1973], 485-511頁)。
2) Kats [1926a], p.483. なお, Kats [1926a] は,オールドカースルに関する論述であり,メリスに関する論及は, Kats [1926b] に掲載されている。Mellis は,その序文において,彼の簿記書がオールドカースルに依拠して執筆されたと述べている (Mellis [1588] 'To the reader')。
3) 試算表の生成に関しては,渡邉 [1983] 第Ⅰ部第5章および渡邉 [1993] 第2章を参照。
4) Westonの簿記書に関しては,渡邉 [1983] 第Ⅱ部第3章を参照。
5) これらの点については,渡邉 [1983] 第Ⅱ部第2章および第3章を参照。
6) Booth の簿記書については,渡邉 [1993],第Ⅱ部第7章を参照。
7) Booth の流れを汲む実用簿記書の出現に関しては,渡邉 [1993], 128-129頁を参照されたい。Shiresのタイトルにある "The Result of Thirty Years Practical Experience" という表現は, Booth [1789] の副題のような形で表わされている "……, being the Result of Thirty Years Observation and Experience" という表現と同様である。伝統的な教科書用簿記書に対抗する1つのトレードマークが,この実務経験にもとづいて著わしたということであったのであろう (Bywater and Yamey [1982], pp.192-193.)。
8) Clerk Morrison の『完全実務簿記体系』の著者名および出版年度は,イギリス勅許会計士協会ICAEW [1975] によっているが,スコットランド勅許会計士協会 (Institute of Chartered Accountants in Scotland) の文献目録 (*An Accountants' Book Collection 1494-1930,* Edinburgh, 3 rd ed., 1976) によると, Morrisonの名前は Clerkではなく Charles となっている。

　さらにそこでは,第2の簿記書『簿記入門』第3版の出版年度も1822年となっており,1年のくい違いが見られる。
9) 久野秀男教授は,その他にも,「この流れをくむ人々として,セジャー (J.Sedger, 1807),モリソン (J.Morison, 1808),パプス (T.Papps, 1818),コリー (I.P.Cory, 1839),フォスター (B.F.Foster, 1843) とつづくのである」と述べ, T.Papps と I.P.Coryの2人の名もあげておられる (久野秀男 [1979], 32頁)。
10) Glamorgan Record Office, D/DG, E 8. なお,紙面の関係で本章では割愛するが,ダウライス製鉄会社の比較貸借対照表については,渡邉 [1996], 157頁を参照。

11) 佐藤倫正 [1986], 99頁。なお, Esquerré の比較貸借対照表については, Esquerré [1921], pp.41-46を参照。
12) Edwards, J. R. & Baber, C. [1979], p.139. なお, ダウライス製鉄会社の比較貸借対照表については, 渡邉 [1996] を参照されたい。
13) 利益の質という考え方については, 佐藤倫正 [1995] を参照。

参考文献

Booth, B. [1789], *A Complete System of Book-keeping, by an improved Mode of Double-Entry,* London.
Bywater, M. F. and Yamey, B. S. [1982], *Historic Accounting Literature: A Companion Guide,* London & Tokyo.
Cole, E. M. [1908], *Accounts: Their Construction and Interpretation,* Boston, New York and Chicago.
Edwards, J. R. & Baber, C. [1979], "Dowlais Iron Company: Accounting Policies and Procedures for Profit Measurement and Reporting Purposes,", *Accounting and Business Research,* Vol. 9 No.34, pp.139-151.
Esquerré, P.-J. [1921], *The Applied Theory of Accounts,* 11th printing, New York.
Greene, T. L. [1897], *Corporation Finance,* New York.
Hamilton, R. [1788], *An Introduction to Merchandise,* 2 nd ed, Edinburgh,.
ICAEW [1975], *Historical Accounting Literature,* London.
Jones, E. [1987], *A History of GKN, (Vol. 1 : Innovation and Enterprise, 1759-1918),* Houndmills.
Kats, P. [1926a], "Hugh Oldcastle and John Mellis- I", *The Accountant,* Vol. 74 No. 2677, pp.483-487.
―――― [1926b] "Hugh Oldcastle and John Mellis- II", *The Accountant,* Vol. 74 No. 2682, pp.641-648,
Kelly, P. [1801], *The Elements of Book-keeping,* London.
Mair, J. [1736], *Book-keeping Methodiz'd,* Edinburgh.
Mellis, J. [1588], *A Briefe Instruction and haw to keep bookes of Accoounts,* London.
Stevin, S. [1605], *Vierde Stvck Der Wisconstighe Ghedachtnissen Vande Weeghconst,* Leyden.
大塚久雄 [1969],『大塚久雄著作集（第1巻）』, 岩波書店。
大野真弓編 [1973],『イギリス史（新版）』（第4刷）, 山川出版社。
佐藤倫正 [1986],「黎明期の資金計算書－1898年ニューヨークＣＰＡ試験への出題とエスケレによる解答－」,『産業経理』, 第46巻第1号, 96-103頁。
―――― [1993],『資金会計論』, 白桃書房。
―――― [1995],「利質分析と資金計算書」,『企業会計』VOL.47 No.12, 82-87頁。
久野秀男 [1979],『英米（加）古典簿記書の発展史的研究』, 学習院。

渡邉　泉 [1983],『損益計算史論』, 森山書店。
―――― [1993],『決算会計史論』, 森山書店。
―――― [1994],「ディスクロージャー機能の形成とその背景」,『大阪経大論集』, 第45巻第1号, 157−188頁。
―――― [1996],「ダウライス製鉄会社の資金計算書」,『大阪経大論集』, 第47巻第3号, 147−162頁。

第4章
アメリカへの複式簿記の伝播と近代会計学の生成

第1節　はじめに

　本章の目的は，アメリカ合衆国（以下，アメリカと表記）で1830年代以降に出版されたテキストに史料を求めながら，簿記ないし会計を説明する最初の本格的理論といえる資本主（主体）理論（proprietorship theory）について，その歴史的展開の過程を素描することにある。

　植民地時代から建国初期のアメリカでは，経済発展の程度と比べて金融・貨幣制度の整備が遅れていた。したがって，初期のアメリカの流通機構を支配していたニューヨークやボストン，フィラデルフィアといった海港都市の大商人から，彼らに従属しつつ都市の周辺や農村での末端の商品流通を担ったジェネラル・ストアキーパー（general storekeeper）やペドラー（peddler）と呼ばれる小商人に至るまで，不安定な貨幣による取引を敬遠し，商取引の多くを物々交換に依存することになった（豊原［1971］，157, 181, 190-191, 198頁）。

　しかも，当時の物々交換は，単純な財と財との直接的・即時的な交換（truck）というよりは，主として簿記を媒介とした信用取引の一形態としての物々交換（credit barter），いわゆるブックキーピング・バーター（book-keeping barter）と呼称される種類のものであった。すなわち，貨幣を交換手段として用いずに，取引の表示手段としてのみ用い，決済については，引き渡した財と同一の貨幣価値を有すると考えられる別の財を一定のタイム・ラグを隔てた将来時点で受

け取るという意味での物々交換であった。したがって，取引の備忘と証明のために，簿記の知識は，当時のアメリカの商人たちにとって不可欠の要素になっていた (Baxter [1956], pp.272-278 ; Kreiser [1976], p.77)[1]。

かかる簿記の知識，特に複式簿記のそれをアメリカに伝播・普及させる主要な媒体の1つとなった解説書は，たとえば，独立革命の指導者であるとともに，自身は奴隷主的プランターでもあった George Washington が蔵書の中でもっとも熟読した書籍の一冊が *Book-keeping Moderniz'd* (18世紀イギリスの代表的複式簿記解説書である John Mair の *Book-keeping Methodiz'd* (1736) の改訂版 (1773)) であったことからも示されるように (Previts and Merino [1998], p.45)，その経済的・文化的絆のゆえに，他の文物や知識とともにイギリス本国から北アメリカ植民地に移入されていた。このような傾向が独立革命後も続いたことは，イギリスの簿記書，たとえば, Edward T. Jones の *Jones's English System of Book-keeping* (1796) や, Patrick Kelly の *Elements of Book-keeping* (1801) のアメリカ版が主要海港都市で出版されていたことからも裏づけられる (Mc-Mickle and Jensen (eds.) [1988], pp.97-98, 139)。

他方，アメリカ人による簿記書の出版も試みられるようになり，独立革命後には, Thomas Sarjeant の *Introduction to the Counting House* (1789) や, William Mitchell の *New and Complete System of Book-keeping* (1796) がフィラデルフィアで出版されている (Sheldahl [1985], pp. 8-17)。そして，アメリカ人により著述された簿記書の中で最初に広汎な評判と販売を獲得したものとされる James Bennett の *American System of Practical Book-keeping* (1820) の登場以後, 特に1830年代以降アメリカにおける複式簿記解説書の出版は徐々に本格化していったのである (McMickle and Jensen (eds.) [1988], p.225; 久野 [1985], 123頁 ; see Bentley and Leonard [1934], Part One)。

第2節　資本主理論的思考の出現

　19世紀末までに大西洋の両岸で出版された簿記書のほとんどは，その簿記教授法からみる限り，基本的に，多数の信仰的規則と無数の実践例に依存していた（Littleton [1933], p.181（片野（訳）[1978], 277-278頁））。すなわち，複式簿記を資本主のためにする管理計算と価値計算の統合された勘定体系，つまり，資本主簿記（proprietorship bookkeeping）と規定するとき（小島 [1965], 第2章-Ⅲ；see 茂木 [1985]），資本主関係（proprietorship）はその誕生にあたり当然に認識されていたはずであるが，しかし，明確にかかる関係を手がかりとして複式簿記の理論を打ち立てようとする動きは容易には現れなかった。

　複式簿記をイタリア式貸借簿記（＝ヴェネツィア式簿記）という形で受容したイギリスにおいては，これを解説した最初期の簿記書の1つである James Peele の *Maner and Fourme*（1553）以来，物の受渡しに人的関係を絡めた擬人的受渡説に基づく仕訳規則を取引例や帳簿の記載例とともに提示し，その機械的な暗誦・暗記を通じて各種取引の仕訳パターンを経験的に学習させることに重きを置いた手法，いわゆる仕訳帳アプローチ（journal approach）が長きにわたって簿記教授法上の支配的地位を占める中で，資本主関係を機軸にした理論化の試みは久しくその背後に追いやられる結果に陥った（Littleton [1931], p.33; Jackson [1956], pp.288, 293; Yamey [1974], p.153; Edwards [1989], p.71）[2]。

　ただし，19世紀末までに現れた簿記書のすべてが上記の仕訳帳アプローチに依拠していたわけではない。個々の取引に対応して次第に細分化・取引例化されてゆく仕訳規則の機械的な暗誦・暗記に依存するアプローチの限界が認識される中で，これに代わる新たなアプローチとして，元帳アプローチ（ledger approach）が，Alexander Malcolm らによって提唱された。

　Malcolm の *New Treatise of Arithmetick and Book-keeping*（1718）においては，仕訳帳を主要簿の系列から排除した日記帳――元帳という二帳簿制が採られる中で，簿記法教示の重点が元帳に移され，そこに収容される諸勘定は，以下の三種類に大きく分けられた（Malcolm [1718], pp.121-122, 126）。

① 人名勘定（Personal Accompts）
② 実在勘定（Real Accompts：物財勘定）
③ 仮想勘定（Imaginary Accompts：名目勘定）

しかも，かかる三勘定分類の体系のもとで，資本勘定（Accompt of Stock）は人名勘定ではなく仮想勘定に分類され，他のすべての勘定の根基（Root），そして，損益の勘定は資本勘定の明細勘定として位置づけるという見解が提示されたのであり，このような資本勘定をめぐる Malcolm の教示の中に，資本主理論的思考の萌芽を見出すことができる（Malcolm [1718]，p.132）。

Malcolm の簿記書に萌芽的に見出される資本主理論的思考にもとづき，複式簿記が本格的に解説されたのは，彼の簿記書から1世紀の時を隔てて出版された Frederick W. Cronhelm の *Double Entry by Single*（1818）においてである。Cronhelm は，資本主関係に着目して複式簿記の解説を展開し，簿記をもって資本主に対する財産の管理・報告の手段と規定するとともに，このように規定された簿記が，財産の全体はその構成部分の総和に等しいという「均衡の原理」（Principle of Equilibrium）にもとづくものであること，そして，かかる関係を，今日，われわれが資本等式と呼ぶ以下の代数式を用いて明解に教示したのである（Cronhelm [1818]，pp.ⅵ－ⅴⅶ，8－10）。

$$a + b + c, \& c. - l - m - n, \& c. = \pm s.$$

さらに，Cronhelm は，「均衡の原理」にもとづき，先に述べた元帳勘定三分類の体系を批判し，次ページの**第4-1表**に掲げるように，①財産の構成部分と，②全体財産（＝資本）という，相対立する2つの勘定群からなる新たな二勘定分類の体系を提示している（Cronhelm [1818]，p.27）。

ただし，Cronhelm により提示された複式簿記の資本主理論的解説は，その後のイギリスにおいてほとんど追随者を得ることがなく（Yamey [1978]，pp. 1，4－5；Holmes [1985]，p.130），むしろ，それはすでにイギリスからの独立を達成していたアメリカに移植され，同地において本格的な開花と結実をみることになる。

第4-1表　Cronhelm の二勘定分類の体系

```
（分　　類）　　　（分　　割）　　　（細　分　割）
                ┌ 1  人        名
                │                   ┌ 1  現        金
 1  財産の部分 ─┤ 2  貨        幣 ─┤ 2  支 払 手 形
                │                   └ 3  受 取 手 形
                │                   ┌ 1  商        品
                └ 3  物        財 ─┤ 2  不  動  産
                                    └ 3  約 定 公 債

 2  全 体 財 産   （分　　岐）　　　（分　　枝）
                ┌ 1  利       益 ┐ ┌ 1  手  数  料
    資      本 ─┤ 2  損       失 ┘ └ 2  利  息  等
                └ 3  個  人  勘  定
```

第3節　資本主理論的思考の移植

　南北戦争（Civil War:1861～1865）に至る，いわゆるアンティ・ベラム期（ante-bellum period）と呼ばれる時期のうち，特にアメリカが工業社会への歩みを開始しつつもなお商業資本主義の段階にあった1830～1840年代に，その当時を代表する2つの複式簿記解説書が出版されている。すなわち，Benjamin F. Foster の *Concise Treatise on Commercial Book-keeping*（1836）と，Thomas Jones の *Principles and Practice of Book-keeping*（1841）である。

　このうち，Foster の簿記書では，特に複式簿記の基本原理の解説部分において，前節で取り上げた Cronhelm のそれとほとんど同一といっても差し支えないような教示が行われていた。すなわち，Foster もまた，Cronhelm と同様に，簿記を資本主に対する財産の管理・報告の手段と規定した上で，複式簿記の本質は，資本の全体はその構成部分の総和に等しいとする「均衡の原理」に根拠づけられるものであることを明らかにするとともに (Foster [1836], p. 3 − 4, 23 − 24, 60 − 61)，かかる「均衡の原理」にもとづき，三勘定分類の体系を斥け，もし Cronhelm の様式に準拠するとすれば，次ページの**第4-2表**のように描け

第4-2表 Foster の二勘定分類の体系

```
（分　類）　　　　（分　割）　　　　　（細　分　割）
                  ┌ 1 人　　　名
                  │                  ┌ 1 現　　　　　金
 1 財産の部分 ┤ 2 貨　　　幣 ┤ 2 支　払　手　形
                  │                  └ 3 受　取　手　形
                  │                  ┌ 1 商　　　　　品
                  └ 3 物　　　財 ┤
                                     └ 2 船舶・家屋・土地

 2 全体財産     （分　岐）　　　　（分　枝）
                  ┌                  ┌ 1 経　　　　　費
 資　　　本 ┤ 1 損　　　益 ┤ 2 利　　　　　息
                  │                  └ 3 手　数　料　等
                  └ 2 私用（勘定）
```

るような，元帳勘定を，①全体としての財産を表す資本勘定と，②その構成部分を表す人名勘定・貨幣勘定・物財勘定という相対立する2つの系統に大別する，資本主理論的な二勘定分類の体系を提示していたのである（Foster [1836], pp. 25-26, 34-36）。

他方，Jones の簿記書では，Cronhelm——Foster 的思考から独立した，独自性ある資本主理論的思考が展開されている。すなわち，Jones にあっては，複式簿記の目的は，資本主である商人に対して，その資産や負債，損益，資本に関する報告書を提供することにあると規定され（Jones [1841], p. 1），かかる目的を果たすべき複式簿記の構造は，以下に掲げる2つの等式によりそれぞれ表される2つの命題に基礎を置くものとされる（Jones [1841], pp. 21-22）。

　　命題Ⅰ……（期末）**資産** －（期末）**負債** ＝（期末）**資本**
　　命題Ⅱ……（期首）**資本** ±（期間）**損益** ＝（期末）**資本**

しかも，Jones は，上記の財産計算（＝資本計算）にかかわる2つの命題に即して勘定を大きく2つの系統に分類する。すなわち，①現金勘定や手形勘定，人名勘定など，＜命題Ⅰ＞にかかわる条件を充足するための第一次勘定（Primary Accounts）と，②資本勘定や損益勘定，商品勘定など，＜命題Ⅱ＞を充た

す第二次勘定（Secondary Accounts）である（Jones[1841], p.xⅲ, 22-24）。そして，Jones は，記録・計算に誤りがない限り，最終的に計算結果が一致するこれら2つの勘定系統が内包されている点に，複式簿記の本質的特徴があると指摘し，従来，複式簿記の顕著な特徴とされてきた貸借の均衡も，かかる第一次勘定と第二次勘定という2つの勘定系統の存在から生じる必然的結果にすぎない。端的にいえば，名目勘定の存在こそが複式簿記を特徴づけると主張するのである（Jones[1841], p.46）。

　Foster や Jones らによってアメリカの土壌に根づかせられた資本主理論的思考は，その後，南北戦争後における簿記・会計教育の中心的機関であった実業専門学校などで用いられる教科書の中でより詳細な展開が図られてゆく。

　たとえば，Ezekiel G.Folsom の *Logic of Accounts*（1873）においては，きわめてユニークな価値論の提示にもとづく複式簿記の理論的教示が試みられている。Folsom によれば，複式簿記とは，価値の等価的収支（coequal receipt and disbursement of values）を跡づけ，価値交換の二面的結果を表示することにあるとされる（Folsom[1873], p.318）。すなわち，科学としての簿記は価値に基礎を置くものであり，取引を構成する価値は，大きく2つのクラス，つまり，①商業価値（Commercial Value）と，②観念価値（Ideal Value）とに分類される。このうち，商業価値とは，われわれの外部にあるあらゆる価値を集約し代表する用語，他方，観念価値とは，労働や用益という非物質的なもの，つまり，われわれの内部にあるあらゆる価値を集約し代表する用語と定義され，これら2種類の価値は，次ページの**第4-3表**にみられるように，さらに下位に向かって細分類されている（Folsom[1873], pp.1-14）。

　第4-3表に掲げる Folsom の価値分類の体系を，これらの価値を記録すべき勘定分類のそれに投影してみるとき，そこには，まさに，先の**第4-1表**や**第4-2表**に示されるような，資本主理論的な二勘定分類の体系が浮かび上がってくる。すなわち，①商業価値，つまり，現金や商品，不動産，有価証券などから構成される実際価値（Actual Value）と，受取手形，支払手形，人名勘定などからなる証拠価値（Evidential Value）とを併せて財産の構成部分を表す勘定群と読み替

第4-3表　Folsom の価値分類の体系

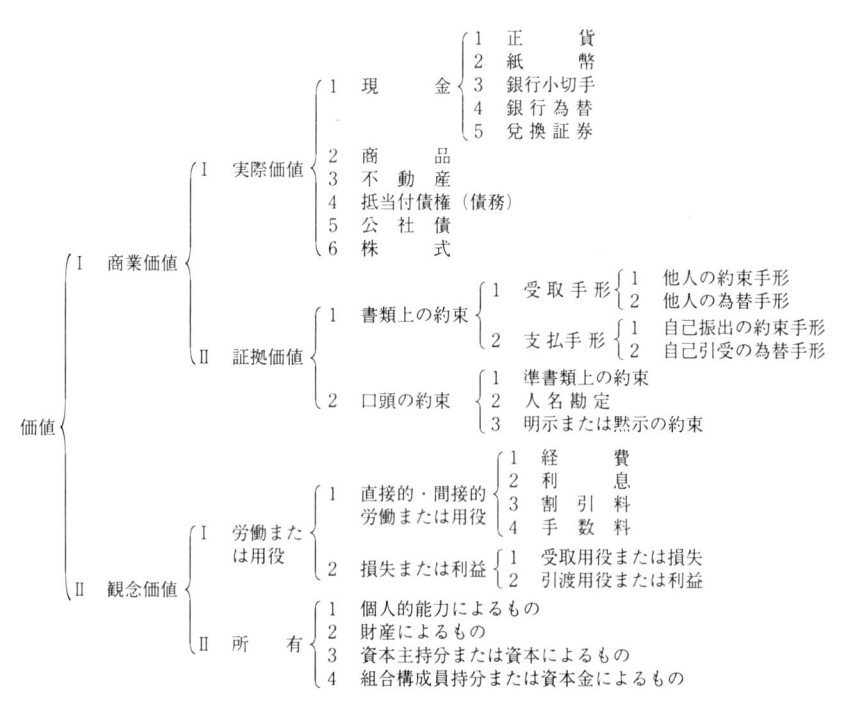

```
                                          ┌ 1 正　　　貨
                                          │ 2 紙　　　幣
                              ┌ 1 現　　金 ┤ 3 銀行小切手
                              │           │ 4 銀行為替
                              │           └ 5 兌換証券
                  ┌ Ⅰ 実際価値┤ 2 商　　品
                  │           │ 3 不 動 産
                  │           │ 4 抵当付債権（債務）
                  │           │ 5 公 社 債
        ┌ Ⅰ 商業価値           └ 6 株　　式
        │         │                          ┌ 1 受取手形 ┌ 1 他人の約束手形
        │         │           ┌ 1 書類上の約束┤           └ 2 他人の為替手形
        │         │           │               └ 2 支払手形 ┌ 1 自己振出の約束手形
        │         └ Ⅱ 証拠価値┤                           └ 2 自己引受の為替手形
        │                     │               ┌ 1 準書類上の約束
        │                     └ 2 口頭の約束 ┤ 2 人 名 勘 定
価値 ┤                                        └ 3 明示または黙示の約束
        │                                        ┌ 1 経　　費
        │                        ┌ 1 直接的・間接的│ 2 利　　息
        │         ┌ Ⅰ 労働また   │   労働または用役┤ 3 割 引 料
        │         │   は用役     │                └ 4 手 数 料
        └ Ⅱ 観念価値             └ 2 損失または利益 ┌ 1 受取用役または損失
                  │                                └ 2 引渡用役または利益
                  │         ┌ 1 個人的能力によるもの
                  │         │ 2 財産によるもの
                  └ Ⅱ 所 有┤ 3 資本主持分または資本によるもの
                            └ 4 組合構成員持分または資本金によるもの
```

え，他方，②商業価値に対置される観念価値のうち，所有を表す勘定を資本勘定，直接・間接の労働または用役にかかわる勘定を名目勘定と読み替えれば，Folsom による勘定分類の体系は，表現の形式こそ異なるが，資本主理論的な二勘定分類の体系そのものであることが理解されるであろう。

しかも，彼は，これら2つの勘定群から，次ページの**第4-4表**に示すような，商業勘定分析表（Analysis of Commercial Accounts）と観念勘定分析表（Analysis of Ideal Accounts）という2つの計算表を導き出している（Folsom [1873], pp. 342, 345, 372-374）。

第4-4表　Folsomの2つの価値勘定分析表

ANALYSIS OF COMMERCIAL ACCOUNTS.

			RESOURCES.		LIABILITIES.	
3	Mdse. ············	Amount on hand, pre inventory ······	2520	36		
2	Cash ············	Dr.—For money received ······8620.24				
		Cr. " " given ········5420.35				
		Difference.—Amount on hand ······	3199	89		
4	Bills Rec. ······	Dr.—For others' written promises received ····················1500.00				
		Cr.—For others' written promises given ················1000.00				
		Difference.—Amount on hand······	500	00		
6	Bills Pay. ······	Cr.—For our written promisess given ····························800.00				
		Dr.—For our written promises received ··················· 400.00				
		Difference.—Amount outstanding···			400	00
8	J. Bonsall ······	Dr.—For verbal promises received ·····················300.00				
		Cr.—For verbal prom's given ·····················200.00				
		Difference.—Amount our favor······	100	00		
10	J.F. Curtis······	Cr.—For verbal prom's given ·····················350.00				
		Dr.— " " " rec'd ··· 240.00				
		Difference.—Amount his favor······			110	00
		Total resouses and liabilities·········	6320	25	510	00
		Deduct liabilities······················	510	00		
		Net capital from commercial values	5810	25		

ANALYSIS OF IDEAL ACCOUNTS.

				LOSSES.		GAINS.	
3	Mdse.	Cr.—For returns 3240.75					
		" " inventory 2520.36					
		" " total returns 5761.11					
		Dr.—For outlay 4524.50					
		Differ'ce.—Net service given, or gain				1236	61
5	Expense.	Dr.—For outlay 140.25					
		Cr. " returns 24.24					
		Differ'ce.—Net service rec'd, or loss	116	01			
7	Interest	Cr.—For service given 75.00					
		Dr. " " received 38.65					
		Differ'ce.—Net service given, or gain				36	35
9	Discount	Dr.—For service received 84.00					
		Cr. " " given 54.30					
		Differ'ce.—Net service rec'd, or loss	29	70			
		Total losses and gains	145	71		1272	96
		Deduct the losses				145	71
		Net gain, at closing.................				1127	25
1	Stock	Cr.—For investment 4808.00					
		Dr. " withdrawal............ 125.00					
		Net investment 4683.00					
		Add net gain 1127.25					
		Net capital from the ideal values ...				5810	25

第4-4表に掲げた2つの計算表で行われる計算の内容を，第3節で掲げた Jones の等式にならって等式関係で書き表せば，以下のように示される。

商業勘定分析表……（期末）資産 － （期末）負債 ＝ （期末）資本
観念勘定分析表……（期間）損益 ＋ （期首）資本 ＝ （期末）資本

すなわち，商業勘定分析表と観念勘定分析表で計算・報告される内容からは，Folsom が複式簿記の目的と規定していた価値交換の二面的結果の表示が，実は，先に言及した Jones が複式簿記の基本命題として提示していた期末財産（期末資本）の二重計算の表示に他ならないことが明らかにされるのである。

第4節　資本主理論的思考の簿記理論的確立

19世紀中葉から後半にかけてのアメリカで展開されてきた資本主理論の簿記の説明理論としての体系化は，19世紀末から20世紀初頭に著された Charles E. Sprague の一連の論稿，つまり，彼自身による簿記理論体系化の最初の試みとみなされる"Algebra of Accounts"(1880)，ニューヨーク大学で担当した会計学の講義に基づく"General Principles of the Science of Accounts"(1901)，さらに，これらの論文を含む彼の簿記・会計に関する業績の集大成的存在である *Philosophy of Accounts* (1908) を通じてほぼ完成の域に達する。

すなわち，Sprague は，会計（accountancy）を数学および分類科学の一部門と位置づけ，その原理を，慣習的・伝統的な擬制的方法によるのではなく，先験的な推論，具体的には，代数学的な等式関係から演繹的に説明しようとする（Sprague [1908], p.ⅲ）。

Sprague によれば，企業活動のすべての目的は富（wealth）の増加，つまり，資本主持分の増加にあり，簿記の諸過程の最終的アウトプットである財務諸表，特に貸借対照表は個人もしくは集団の富を構成するすべての要素を特定時点で要約したものであるがゆえに，貸借対照表こそがすべての会計の基礎であり，あらゆる勘定の出発点かつ帰着点とされる（Sprague [1908], p.26, 59）。

彼は，このような貸借対照表を論理展開の機軸にすえた，いわゆる貸借対照表アプローチ（balance sheet approach）に依拠しつつ，これを構成する三種類の価値，つまり，資産，負債，および，資産から負債を控除した残余価値たる資本主持分（資本）から，以下の基本的会計等式を導出する。

資　産　＝　負　債　＋　資本主持分

そして，かかる会計等式——ただし，この等式のもつ実質的意味は，＜資産－負債＝資本＞という形式で表される資本等式に等しい——にもとづき，いかなる取引もかかる会計等式を構成する三種類の価値の増加または減少という6つの要素から系統的に分析できることを論証することにより，複式簿記の基本原理を統一的に説明している（Sprague [1908], pp.20-26, 43, 46-47）。

さらに，Sprague は，三勘定分類の体系を斥け，勘定を，以下の**第4-5表**に示すように，①資本主持分の構成要素である資産・負債に関する外部勘定（exterior accounts）と，②資本主持分それ自体にかかわる内部勘定（interior accounts）——資本主勘定と経済勘定（economic accounts：名目勘定）——とに大きく二分し，これら2つの勘定系統からなる二勘定分類の体系を明示している（Sprague [1908], p.60 ; cf. Sprague [1901], pp.16, 18-19）。

第4-5表　Sprague の二勘定分類の体系

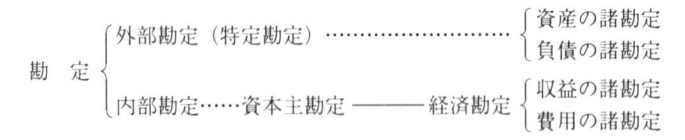

```
            ┌ 外部勘定（特定勘定）………………………  ┌ 資産の諸勘定
            │                                          └ 負債の諸勘定
   勘　定 ─┤
            │                                          ┌ 収益の諸勘定
            └ 内部勘定……資本主勘定 ─── 経済勘定 ┤
                                                        └ 費用の諸勘定
```

ここにおいて，イギリスの Cronhelm を嚆矢とし，アメリカの Foster や Jones，さらに，Folsom らによって継承・展開されてきた資本主理論的思考にもとづく複式簿記の理論的体系化，つまり，従来，もっぱら擬人的受渡説にもとづく多数の仕訳規則と記帳例題を機械的に暗誦・暗記させることにより，取引の貸借仕訳を中心に教示されてきた複式簿記が，資本主主体の理論的視角から，資本主持分の確定計算（＝財産計算）という企業会計全体の計算目的に関連

づけられながら統一的に整理し体系化されるに至ったのである。

第5節　むすび：資本主理論の会計理論への転換

　上述してきた資本主主体の理論的視角から複式簿記の基本構造を説明しようとする手法は，Sprague の *Philosophy of Accounts* の翌年に出版された Henry R. Hatfield の *Modern Accounting*（1909）においても，その継承を認めることができる。

　たとえば，Hatfield は，複式簿記とは，以下に掲げるような代数学的な等式関係，つまり，

財　産 ＝ 資本主持分

により表される原初等式（original equation）をもってはじまると説き，元帳を構成する諸勘定は，上に示した等式からも明らかなように，①財産を表す勘定群と，②資本主持分を表す勘定群とに分割され，かかる分割こそがまさに複式簿記の本質を特徴づけるものであると指摘している（Hatfield [1909], pp. 1, 9 -10（松尾訳 [1971], 1-2, 7-8頁））。

　ただし，Hatfield にあっては，資本主理論的思考は，Sprague や彼以前の簿記書の著者達の場合と異なり，単なる簿記の説明理論としてではなく，企業会計全体を支える理論的フレームワークへと転換されている。すなわち，19世紀から20世紀への転換期頃のアメリカに生じた経済情勢の著しい変化のもとで，資本主理論はその適用の場が大きく変容したのである。

　それまで資本主理論的思考は，もっぱら個人企業ないし少数の資本主からなる組合企業（partnership）の簿記として生成・発展してきた複式簿記の説明理論として展開されてきたのであり，このことは，19世紀中葉から後半にかけてアメリカで出版された Foster や Jones, Folsom らの簿記書においても同様であった。彼らの簿記書では，あくまでも資本主のための簿記——資本主簿記としての複式簿記が解説対象とされていたのであり，複式簿記はもっぱら資本主

のための管理計算と損益計算の手段として位置づけられていた。

しかしながら，20世紀初頭に登場した Hatfield の *Modern Accounting* において対象とされたのは，先に述べたような個人企業や組合企業ではない株式会社企業，それも United States Steel 社に代表されるような巨大株式会社企業（ビッグ・ビジネス）であった。そして，かかる巨大株式会社企業における貸借対照表や株式資本金等にかかわる会計問題の解決こそが，Hatfield の念頭にあったのであり，まさに彼のこのような問題意識の中に，その書名に象徴されるような「近代会計学」の生成が認められるのである (Hatfield [1909], p.356 (松尾訳 [1971], 333頁))。

ただし，資本主理論は，当時の簿記の説明理論としてもっとも精緻で体系的ではあったが，その生成の経緯からも明らかなように，巨大株式会社企業の会計を説明するというには余りにも制約が大きく，Hatfield が当時の会計問題に取り組むための理論的フレームワークとしてこれを借用・導入したことが，かえってそこに示された彼自身の問題意識とは別に，*Modern Accounting* に対して，「……極めて現代的な会計問題を古めかしい用具を用いて語らしめる……」(山地 [1994], 242頁脚注(58)) という評価を与える結果になった。

Hatfield 自身も，*Modern Accounting* の改訂版にあたる *Accounting* (1927) においては，資本主理論に拠った複式簿記の解説を削除するのであるが (Hatfield [1927], p.vii)，しかし，近代的な株式会社企業を前提とした企業会計を説明するための本格的な理論構築は，たとえば，William A. Paton と Russell R. Stevenson の *Principles of Accounting* (1918) にみられるような，資本主主体の立場を脱却した企業主体の観点を採る，いわゆる企業主体理論 (entity theory) の出現を待たねばならなかったのである[3]。

注

1) William T. Baxter の研究によれば，アメリカ合衆国建国後の18世紀末から19世紀初頭においても，たとえば，コネティカットのクリントンでジェネラル・ストアを営んでいた Adam Stanton の会計記録 (1796〜1801) をみる限り，現金販売は30％未満，即時的な物々交換によるものが10％超，そして，残りの60％超が信用販売によってい

た。しかも，信用販売のうち，現金で決済されたのは1／3で，残る2／3はブックキーピング・バーターのような間接的な形態で決済されていたと推測されている (Baxter [1956], p. 274)。

なお，Gary J. Previts と Barbara D. Merino は，植民地時代から合衆国初期にみられるこのような会計の特徴を捉えて，「バーター会計」（barter accounting）の時代と名づけている (Previts and Merino [1998], p. 26)。

2) Ananias C. Littleton によるならば，簿記教授法の発展は，①仕訳帳アプローチ→②元帳アプローチ→③貸借対照表アプローチへの変遷として捉えられる (Littleton [1931], pp. 33-34 ; cf. Jackson [1956], pp. 303-306)。

3) Paton は，Stevenson との共著である *Principles of Accounting* の序文において，Sprague や Hatfield といった彼以前の論者の主張がいずれも資本主関係の原理により支配されていることを指摘するとともに，かかる会計の理論はきわめて単純な状況を処理するには不都合ではないが，現代の企業組織の複雑な事態に適用される場合には支持されないとしてこれを批判し，資本主という特定の利害関係者でない，彼らから明確に区別される独立した存在としての企業を会計的判断の主体とみる，いわゆる企業主体理論を主唱するのである (Paton and Stevenson [1918], pp. vi-vii ; cf. Paton [1922], pp. iii-iv)。

参考文献

Baxter, W. T. [1956], "Accounting in Colonial America," in A. C. Littleton and B. S. Yamey (eds.) [1956], pp. 272-287.

Bentley, H. C. and R. S. Leonard [1934], *Bibliography of Works on Accounting by American Authors,* Vol. I , Boston.

Bryant, H. B., H. D. Stratton and S. S. Packard [1860], *Bryant and Stratton's National Book-keeping : An Analytical and Progressive Treatise on the Science of Accounts,* ……, New York.

Cronhelm, F. W. [1818], *Double Entry by Single : A New Method of Book-keeping, Applicable to All Kinds of Business ;* ……, London.

Edwards, J. R. [1989], *A History of Financial Accounting,* London.

Folsom, E. G. [1873], *The Logic of Accounts ; A New Exposition of the Theory and Practice of Double-Entry Bookkeeping,* ……, New York.

Foster, B. F. [1836], *A Concise Treatise on Commercial Book-keeping, Elucidating the Principles and Practice of Double Entry and the Modern Methods of Arranging Merchants' Accounts,* Boston.

Hatfield, H. R. [1909], *Modern Accounting : Its Principles and Some of Its Problems,* New York (松尾憲橘（訳）[1971]『ハットフィールド 近代会計学』雄松堂書店).

——— [1927], *Accounting,* New York.

Holmes, R. T., Jr. [1985], Book Review of : *Double Entry by Single,* by F. W. Cronhelm,

The Accounting Historians Journal, Vol. XII, No. 2, pp. 129−131.
Jackson, J. G. C. [1956], "The History of Methods of Expositions of Double-entry Bookkeeping in England," in A. C. Littleton and B. S. Yamey (eds.) [1956], pp. 288−312.
Jones, T. [1841], *The Principles and Practice of Book-keeping, Embracing an Entirely New and Improved Method of Imparting the Science* ; ……, New York.
Kreiser, L. [1976], "Early American Accounting," *The Journal of Accountancy*, Vol. CXLII, No. 1, pp. 77−80.
Littleton, A. C. [1931], "A Cost Approach to Elementary Bookkeeping," *The Accounting Review*, Vol. VI, No. 1 (1931), pp. 33−37.
─── [1933], *Accounting Evolution to 1900*, New York (片野一郎 (訳) [1978]『リトルトン 会計発達史 [増補版]』同文舘出版).
───and B. S. Yamey (eds.) [1956], *Studies in the History of Accounting*, London.
McMickle, P. J. and P. H. Jensen (eds.) [1988], *The Birth of American Accountancy*, New York.
Malcolm, A. [1718], *A New Treatise of Arithmetick and Book-keeping*, ……, Edinburgh.
─── [1731], *A Treatise of Book-keeping, or, Merchants Accounts* ; *in the Italian Method of Debtor and Creditor*, ……, London.
Parker, R. H. [2002], "Henry Rand Hatfield (1866−1945) : the triumphs and travails of an academic accounting pioneer," *Accounting History*, Vo. VII, No. 2, pp. 125−135.
Paton, W. A. [1922], *Accounting Theory*, New York.
───and R. A. Stevenson [1918], *Principles of Accounting*, New York.
Previts, G. J. and B. D. Merino [1998], *A History of Accounting in the United States: The Cultural Significance of Accounting*, Columbus, Ohio.
Sheldahl, T. K. [1985], "America's Earliest Recorded Text in Accounting : Sarjeant's 1789 Book," *The Accounting Historians Journal*, Vol. XII, No. 2, pp. 1−42.
Sprague, C. E. [1880], "The Algebra of Accounts," *The Book-Keeper*, Vol. I, No. 1, pp. 2−4 ; Vol. I, No. 2, pp. 19−22 ; Vol. I, No. 3, pp. 34−35, 44−48 ; Vol. I, No. 4, pp. 51−53.
─── [1901], "The General Principles of the Science of Accounts," *Commerce, Accounts & Finance* (1901) (reprinted in C. E. Sprague, *The General Principles of the Science of Accounts* ; *and, The Accountancy of Investment*, reprinted ed., New York, 1984).
─── [1908], *The Philosophy of Accounts*, New York.
Yamey, B. S. [1974], "Pious Inscriptions Confused Accounts ; Classification of Accounts: Three Historical Notes," in H. C. Edey. and B. S. Yamey (eds.), *Debits, Credits, Finance and Profits*, London, 1974, pp. 143−160.
─── [1978], "Introduction," in F. W. Cronhelm, *Double Entry by Single:* ……,

reprinted ed., New York, 1978, pp. 1 −6.

Zeff, S. [2000], *Henry Rand Hatfield : Humanist, Scholar, and Accounting Educator*, Stamford, Connecticut.

久野光朗 [1985],『アメリカ簿記史』同文舘出版。

小島男佐夫 [1965],『複式簿記発生史の研究（改訂版)』森山書店。

豊原治郎 [1971],『アメリカ商品流通史論』未來社。

中野常男 [1992a],『会計理論生成史』中央経済社。

─── [1992b],「簿記教授法の変遷と資本主理論の形成・確立過程─英米簿記書の点描を通じて─」会計史学会年報，第10号，13−27頁。

─── [1992c],「アメリカにおける資本主理論の展開過程について」会計，第142巻第2号，179−193頁。

─── [1999],「企業計算システムとしての複式簿記の機能─財産計算と損益計算：その歴史的考察─」，興津裕康（編著）『財務会計システムの研究』（第1部第3章）税務経理協会，1999年，23−38頁。

───・山地秀俊・高須教夫 [1993],『アメリカ現代会計成立史論』神戸大学経済経営研究所（特に第1章〜第3章）。

茂木虎雄 [1985],「複式簿記の起源論─会計史方法論によせて─」立教經濟學研究，第39巻第1号，43−84頁。

山地秀俊 [1994],『情報公開制度としての現代会計』同文舘出版。

第Ⅱ部
近代会計の理論形成

第5章
Hatfield 会計学の現代性
―― クリーン・サープラス問題をめぐって ――

第1節 はじめに

　会計学に限らず学問は絶えず進歩しているという前提の下に，われわれは研究活動を行っている。しかしアメリカ会計学の嚆矢とされる今から約100年前の Henry Rand Hatfield の所説を紐解くとき，彼の所説の「現代性」に改めて驚かされる。この「現代性に対する驚き」は，今から数十年前にすでに黒澤教授も指摘されていたことである。「Hatfield 会計学においては，現代のアメリカ会計が問題としている諸問題が，すべて当初からとり上げられている」(黒澤[1956]，247頁) と述懐されている。黒澤教授の述懐は，Hatfield の卓越性に対する素直な驚嘆と受け止めたいが，黒澤教授の述懐からさらに数十年経たわれわれが，また同じ感慨に耽るとはどういうことであろうか。そこから新たな疑問が湧いてくることになる。それは，会計学は，われわれが素朴に「学問的進歩」という時に想起するような意味では，進歩していないのではないかという疑問である。むしろ100年前のアメリカにおける寡占企業体制と大衆民主主義社会の確立期に誕生した会計学（経済学や社会学のアプライド・バージョンとしての会計学ではない）は，学問それ自体としての機能（使命）は，以後100年間不変だったのではないかという疑念にとらわれるのである。さらには，学問の進展は螺旋（スパイラル）的だという人もいるが，スパイラルではなく，同一軌道を自転しているのではないかとの疑念すら出てくる。無論，着色・味付けは多少

異なっているのではあるが。そこにわれわれが Hatfield を読んだときに抱く驚きの根拠があるのではないかと思われる。

以下本章では，Hatfield 学説の現代性を改めて[1] 指摘することによって，逆に，会計学の「進歩」の特徴を描き出そうとする。

第2節　Hatfield 会計学の体系

本節では具体的に Hatfield の所説の特徴的な点を3点ほど指摘して，それと現代会計学での対応する議論を検討していくこととする。

Hatfield は，アメリカの大学において最初に会計学担当の教授になった学者である。1894年にワシントン大学において研究活動を開始し，1898年にはシカゴ大学に移っている。さらに，1904年にカリフォルニア大学に移り，1909年から会計学教授として教鞭を取っている。その道程は取りも直さず，アメリカ会計学誕生の里程標といってよい。事実，彼の1909年の著書『近代会計学』(Hatfield [1909]) は，今日では，アメリカ会計学誕生を画する著書としての評価を一般に受けている。こうした Hatfield であってみれば，新たな世紀への転換期たる今日に，会計学の発展の質を考察する出発点として，十分に検討対象とするに値すると思われる。

(1) 基本的立場

まず予備的考察として Hatfield の計算構造論をまとめておこう。

すでに周知のように，今日の会計実務の計算構造は，発生主義－取得原価主義会計に時価評価を加味した体系として特徴づけられうるが，その大略的なメルクマールについて付言すると，以下のとおりである。まず取得原価主義を基礎として，発生主義・実現主義を適用することにより，費用・収益の金額確定と期間限定を行い，期間損益を計算確定すること，さらにこれらの諸手続と並行して，財政状態およびその変動の計算確定によって同じく期間損益を確定し，その結果を損益計算書と貸借対照表という両財務表によって公開する。こうし

た発生主義－取得原価主義会計に対して,まずは Hatfield は果たしてどのような認識・説明を行っているであろうか。

結論を先に素描しておくならば,Hatfield の主張する主たる計算構造論は,その当初より,上に素描した発生主義－取得原価主義会計に他ならないのである[2]。このことを念頭に置いて,Hatfield の会計計算構造論を検討していくことにする。具体的に彼は,会計に関する2つの基本的立場から規定されているとみられる。1つは,彼が,簿記理論としていわゆる物的二勘定学説を採用していることである[3]。いま1つは,彼が,会計機能観に関してはほぼ現代と共通する次元にまで到達していたということである。すなわち,会計機能観についていえば,彼が一方では企業自体の立場から株主・経営者・債権者・一般株主等へ有用で真実な情報を提供するという機能と,他方では利害関係者の利害(具体的には名目資本の維持)を考慮した配当可能利益を算定するという機能を認識していたということである。したがって,このような会計機能観からすれば,当然に,経営者あるいは株主が企業活動の効率把握をするには損益計算書(損益勘定)が有用であり,債権者(場合によっては株主)にとっては貸借対照表が有用であるという現代的理解を示すことになる。つまり双方の財務表に重要性の優劣を付さないのである。Hatfield はいう,「損益計算書の目的は,経営者に対して浪費を節約させ,不利益な投資を防ぐことを可能にする目的で企業の経営活動によりよき洞察を加えることである」(松尾憲橘訳[1971],269頁)と。また,「貸借対照表の目的は,……会社の支払能力に関する情報を与えて,その会社の財政状態を表示する」(松尾憲橘訳[1971],51頁)ことにあると。結局のところ,「債権者も資本取引に際して望まれる情報を得るために,貸借対照表及び損益勘定(損益計算書)の両方を必要とする」(松尾憲橘訳[1971],189頁)と。ところがここに,第1の基本的立場として既述した彼の簿記理論である物的二勘定学説が介入して,貸借対照表と損益計算書の構造理解を,上にみたその当時の実際的課題が要求する両財務表の平等な機能理解から大きく乖離せしめることになる[4]。物的二勘定学説では,複式簿記の勘定体系は,2つの勘定群に分類される。その1つの勘定群は資産を示すそれであり,いま1つは資本を示す

それである。したがって、このような簿記理論からすると、2つの勘定群の双方を包摂・表示している貸借対照表こそが中心視点に据えられる。そして、損益勘定群——それらを示す財務表としては損益計算書——は、損益勘定の変動を示す下位の明細（書）にすぎないという位置づけがなされるのである。以上、基本的な2つの立場の混在により、会計上の機能観・問題意識としては現代的次元にまで到達しつつも、したがって、貸借対照表と損益計算書の各々のもつ実際的意義については十分な理解を示しつつも、簿記理論が制約となって、彼の会計計算構造論はまずもって貸借対照表評価論を中心として語られることになる5)。

(2) 資産評価論

次に、Hatfield の評価論、わけても資産評価論の内容の検討に移るが、ここでは彼が取得原価主義をいかなる観点から説明しているかという点に議論を絞ることとする。上述した彼の大略的立場からもわかるように、取得原価主義は、彼にあっては、直接には貸借対照表の各資産項目の評価問題に関わらせて議論されることになる (Hatfield [1909], chapters Ⅳ-Ⅵ)。彼の評価論において形式的基礎となっている思考の源流は、ドイツ会計学にいう主観的使用価値説と主観的営業価値説である。しかし、Hatfield にあっては、H.U.Simon のように、一定の人格ないし貸借対照表主体を前提としてその上で財がもつべき個別価値を評価の基準とするか、あるいは H.Rehm のように、人格から離れた営業あるいは会社を主体とした評価を問題とするのか (山下勝治 [1967], 129-134頁) については、明確ではない。彼の表現によれば、「継続企業 (going concern) としての現在の所有主に対する資産の価値」(松尾憲橘訳 [1971], 78頁)、あるいは、「資産がそのときに存在しているものとしての会社に対して有する価値」(松尾憲橘訳 [1971], 78頁) こそが、評価の基準になるというのである。これら2つの引用句の言葉はドイツの価値説を重要視する限り峻別されるはずのものであるが、Hatfield の記述には区別なく並行して出てくる。より具体的に「継続企業にとっての価値」とは、再度売却される見込みのない固定資産については、企

業がその資産の取得のために投下した貨幣額，すなわち取得原価主義であるとされる。無論，適切な減価償却も彼の力説するところである。ただ注意を要するのは，ここにいう取得原価評価とは，ある固定資産を取得したときの原始記入に取得原価を用いることはもちろん，期末の資産再評価にも当初は，取得原価を用いるということである。

　流動資産についても，また，原則として取得原価評価が貫かれている。しかし，市場性ある有価証券のような一部の流動資産については，時価評価，特に取得原価よりもその時価が下落した場合の時価評価を認めている（松尾憲橘訳［1971］，87-101頁）。このような低価主義については，Hatfield は論理一貫性に欠けるとして理論的には反対するのであるが，保守主義という一般に認められた思考から要求される実務であるとしてこれを一応承認するのである（Hatfield［1927］，p.99）。

　このように検討を進めてくると，形式的には主観的価値説に立脚して会計計算構造論の一部である評価論を展開する Hatfield 学説は，アメリカのその当時の時代的背景と断絶しているかのようにみえるかもしれない。しかし実は，そうではないのである。われわれがそう主張する理由は以下の点にある。Hatfield は各資産項目について原則的に取得原価評価を適用すべきことを主張する際に，必ずといっていいほど，「一般に (generally)」という表現を付している。その記述を読む限りでは，アメリカのその当時の会計実務がほぼ一般に取得原価主義として統一されていたかのような感をもってしまう。ところが，現実には，取得原価評価が主義と称されるほどには一般化していなかったことについては，種々の事例を引くまでもなく，Hatfield 自身の論述そのものの中にも散見されるのである。彼はいう，「(再評価によって発生した) 増価が，商品あるいは一般に流動資産と呼ばれているものについてである場合は，その計上には，殆ど統一性は与えられていない」（松尾憲橘訳［1971］，214頁）。また，「(固定資産の再評価による増価を計上することも) アメリカの実務において未知というものではない」（Hatfield［1911］, p.117）と。以上のように，その当時のアメリカの会計実務では，あるときは時価，あるときは取得原価が用いられており，

確立された主義と呼びうるような評価原則はなかったといったほうがより正確であろう。そのような状況下では，配当可能利益の算定実務が混乱していたことは容易に想像されうるところである。

さて，ここまで議論を展開してくると，Hatfield の資産評価論としての取得原価主義が，実は利益決定問題（損益計算問題）と関わりをもっているのではないかという方向性がみえてくる。いみじくも彼はいう，「資産の評価（棚卸の問題）は損益に関する問題であることは明らかである」（松尾憲橘訳［1971］，190頁）と。すなわち，彼は資産評価論として議論を開始するが，そしてそれは彼の簿記理論からして当然のことであるが，さらにその評価論を規定するのは表面的・形式的にはドイツ会計学からの消化しきれていない主観価値説であるが，しかし，本来的には利益決定の問題こそが彼の評価論を規定しているのである。かくして彼は，資産再評価における取得原価評価と利益決定（損益計算）という問題関係にたどり着くのである。こうなると最早明らかなように，未実現利益，基本的には資産再評価益の配当可能利益への算入排除ということが，大きく関わってくる。上述したように，アメリカの会計実務では，配当可能利益の算定に対して，たとえば経営者の立場から種々の操作が可能であったし，また，法律上も整備が十分にはなされていなかった（松尾憲橘訳［1971］，213-221頁）。それに対して，20世紀に入ってようやく株式所有の分散が本格化し始め，そのような混乱した配当可能利益の算定実務では株主の利害や要求を満たしうるものではないという見解の下に，混乱した配当可能利益算定実務を，客観的な事実に依拠した，そして，資本侵食を招く恐れのある未実現利益計上を阻止しうる取得原価主義によって統一・整備しようとする，分配の公正・客観性を企図した思考こそ，Hatfield の取得原価主義評価主張の意図に他ならない。したがって，「一般に」という表現で始まる彼の論述は，一般にこうあるべきであるという Hatfield の主張と解すべきである。このように理解すると，彼の評価論は，その当時の経済状況，特に配当に絡む会計問題と密接に関わっていたといえるであろう。

(3) 損益計算論

　上で Hatfield の計算構造論の規定要因に対して，資産評価を中心に検討してきて得られた我々の理解は，さらに彼の損益計算論の分析によって裏づけられることとなる。つまり，彼の評価論と呼応するかのように，Hatfield は現代的な損益計算論を展開しているのである。彼は，その当時の会計に課せられた重要課題としての健全な配当可能利益算定義務を意識し，他方，配当可能利益算定に際して介入してくるイギリス会計からの伝統的思考としての保守主義思考を考慮する。その結果として，彼は費用を発生主義によって，収益を実現主義によって計上すべきことを説くのである（Hatfield [1927], p.255）。しかも，当然，そうした費用・収益の金額確定の基礎には取得原価主義が作用している以上，それは発生主義－取得原価主義会計の主張に他ならない。

　Hatfield の損益計算論の現代的特徴は，さらに展開される。それは減価償却論（Hatfield [1909], Chapter Ⅶ, Hatfield [1927], chapters Ⅴ－Ⅵ, Hatfield [1936], 255）と繰延資産の認識（松尾憲橘訳 [1971], 113－115頁）に求められる。減価償却は形式的には，資産の評価と関わらせて取り扱われているが，彼の一連の減価償却に関する論述では，利益決定上不可欠の一費用項目として減価償却を認識すべきことが主張されている。そして会計上の減価償却手続きは，固定資産の取得原価が費用として配分される（be spread as a cost）（松尾憲橘訳 [1971], 118頁）過程であるとまで主張されているのである。繰延資産は本来の資産性を有するものではないが，それを一会計期間に一度に費用計上することは，各期の株主間の配当に関する利害を歪めることになるとして，それの貸借対照表計上を主張し，数期間にわたっての償却を認めるのである。たとえば，創立費や建設利息については，理論的にはその会社の全存続期間にわたって償却（amortization）されるべきものとしながら，実際には速やかに償却すべきことを提唱する。このように，Hatfield の減価償却論と繰延資産の議論から，今日の支配的原理である費用配分原理がすでに十分に認められるのである。

第3節　Hatfield会計学の現代性

(1)　時価評価情報提供機能と配当計算機能

　前節で見たHatfield学説の計算構造論において，2つの会計機能観，すなわち配当可能利益算定と有用な情報提供という2つの機能が，時価評価を加味したときに計算構造的にいかに調整されているかについてみることにする。そうすることによって，Hatfieldの会計機能認識の現代性が垣間見られることになるであろう。2つの機能の調整過程は，典型的には，Hatfield [1927] で展開されている資産の時価評価と減価償却問題の関係についての論述の中で，読み取ることができる。Hatfield [1909] の改訂版であるHatfield [1927] では，「第一次世界大戦に起因する強力な物価の上昇 (mighty upswing of prices)」(Cf. Hatfield [1927], p.101) を考慮して，資産再評価に時価評価を認めているのである (Hatfield [1927], pp.85, 101)。これは，固定資産についても，また以下で言及する流動資産についても該当する。しかし，この資産の時価評価は，あくまでも，企業の保有する資産価値についての真実で有用な情報の提供を企図したものである。しかし問題は，時価評価処理に続く増価分の会計処理にある。まず再評価によって得られた増価は，これを未実現利益であるとして，再評価剰余金という特別項目に区分・計上することを提唱する。次に，たとえば有形固定資産が再評価されたとして，減価償却を，取得原価を基準として算定するか，あるいは再評価時価を基準として算定するかという問題が生ずるが，そこで彼は以下のような処理を提唱している。第1に，減価償却は再評価時価を基準として行うものとする。ところがそうすると，もし取得原価によって減価償却を算定したならば計上されたであろう費用分と再評価時価を基準とした減価償却費（インフレ時では後者が大）の差額分は，厳密な取得原価主義会計を実施していたならば導出されたであろう利益を，それだけ減少せしめることになるであろう。そこで第2に，減価償却を時価によって計上するとともに，他方，未実現利益として留保されていた資産再評価剰余金を，その差額分だけ損益勘定へ実現利益として振り替えるという手続を並行して行うことを提唱するのである。

彼はいう,「(増価した)財産 (real estate) が,減価償却処理される場合には,各年度に,財産の帳簿価値(この場合は時価)が減少せしめられて,それと同時に,再評価剰余金 (Surplus Arising from Marking up the Value of the Real Estate) から一般損益勘定へと振替が行われることになる」(Hatfield [1927], p.285. 括弧内は筆者)[6]と。ここに,Hatfield の時価評価論に対するわれわれの解釈,つまり上述したように彼にあっては,時価評価は資産価値情報に関わることであり,損益計算への影響はない,というよりも影響が遮断されているという解釈の妥当性が見出されることになる[7]。

以上の議論は,別の視点からも評価することができる。それは,利益数値項目を時系列的に合算すればいわゆる全体利益に合致するという「非割引利益保存の法則」(Law of Conservation of Undiscounted Accounting Income)(シャム・サンダー著・山地秀俊他訳 [1998], 92頁) あるいは「一致の原則」とでも言うべきものが,たとえ時価主義評価を導入しても守る,あるいは守ろうとしているといえる点である。何ゆえこの原則を Hatfield が執拗なまでに守ろうとしたかは,「投下貨幣資本の維持計算思考」という整理以外に思いつかなかったが,この原則の重要性は以後ドイツ会計学の研究者によっても語り継がれ100年間言われつづけており,今日ではクリーン・サープラス制約との関係で議論されていることは周知の事実である(山田 [2002])。この点については,節を改めて議論する。

Hatfield の計算構造論を,その構成要素である資産再評価論・損益計算論を中心に整理してくると,それを規定する要因として,その当時の混沌とした資産評価とそれに絡まる配当可能利益算定実務を,まずもって発生主義(実現主義)－取得原価主義会計によって客観的なものとして整理するとともに,未実現利益の分配を阻止するという意図が存在していたと思われる。そして,その意図の限界内で,時価による資産価値情報の提供ということが考慮されていたのである。このことは,期間損益計算上の発生主義－取得原価主義会計と貸借対照表上の時価による資産再評価問題とを峻別することによって達成された。すなわち,損益計算論としての発生主義－取得原価主義会計は,配当可能利益

算定という会計機能観によって規定され，時価による資産再評価論は，有用な情報提供という会計機能観によって規定され展開されていたということができる。

蛇足ながら，会計計算構造論を主眼としてアメリカ会計学の展開をみるとき，以上のような内容をもつ Hatfield 学説に続いては，当然，まず彼の物的二勘定学説を捨象した新しい簿記解釈をもつ学説が登場してくることが予想される。それとともに，会計理論としては，物的二勘定学説が資本主理論に立脚しているのに対して，企業体理論の立場から Hatfield のもっていた問題意識を再整理する学説が登場してくることも予想されるのである。さらに，Hatfield が2つに区分した問題領域のうち，資産再評価問題は，現実経済におけるインフレ傾向あるいは場合によっては個別物価変動と相俟って，会計学上何度となく議論されることになるわけであるが，いま1つの領域である期間損益計算の領域についても，さらに詳細な検討が展開されざるを得ないことがわかる。これらの計算構造論的課題をもって登場してくるのが，ペイトン(W.A.Paton)，リトルトンであることは周知のことに属する[8)9)]。

(2) クリーン・サープラス問題－オールソン・モデルとの関連で－

会計情報による企業価値評価の定式化であるオールソン・モデル (Ohlson [1995]) とは，配当割引モデルとクリーン・サープラス条件にもとづく企業評価（株価形成）モデルである。以下のように定式化できる[10)]。

$$P_0 = \sum_{t=1}^{\infty} \frac{D_t}{(1+r)^t}$$

ただし P_0 は時点 o の株価，D_t は t 期の配当額を示す。また BV_t は時点 t の企業純資産簿価，Π_t は t 期の利益，r は割引率（資本コスト）を示す。するとクリーン・サープラス制約は，

$$BV_t = BV_{t-1} + \Pi_t - D_t$$

と書ける。企業純資産簿価変動分は，配当か当期利益として留保されるかのどちらかである。当該式を D_t について整理し，上式に代入し，整理すると，

$$P_0 = BV_0 + \sum_{t=1}^{\infty} \frac{\Pi_t - rBV_{t-1}}{(1+r)^t}$$

となる。すなわち，当期の株価は，当該企業の期首貸借対照表簿価BV_0（時価・原価は問わない）と無限大の超過利益の現在割引価値を加えたものであることがわかる。このことを成立させる条件に，クリーン・サープラス条件がある。財産法的な純資産価値の期間差が，必ず利益か配当として認識されなければならないという条件である。あるいは，動態論的には収支は1度いずれかの期間で費用・収益として認識されるとする，ドイツ会計学にいう「一致の原則」のようにも当該原則は理解されてきた。

ここに議論の余地が残される。すなわち，収支計算にもとづく計算構造をとる限りは，資本取引のことを考えなければ，一致の原則でクリーン・サープラス制約は守られることになる。問題は，時価評価的要素を考慮した場合の発生・未実現利益の処理にある。未実現をそのまま貸借対照表の持分にチャージした後で一致の原則を守る工夫の1つを Hatfield の計算構造論に見たわけであるが，ここでは，Hatfield 的計算構造論でも，オールソン・モデルの修正解釈しだいで，「財産法的な純資産価値の期間差が，必ず利益か配当として認識されなければならないという条件」は守られうることを示したいと考える。未実現利益の帰属期間を厳密に考慮しないならば，Hatfield 的な一致の原則を満たした未実現利益の計上は，十分にオールソン・モデルに反映さすことができると思われるのである。

クリーン・サープラス制約は，取得原価主義と部分時価評価を考慮して書くと，

$$BV_t + S_t = BV_{t-1} + S_{t-1} + \Pi_t - D_t$$

となる。

S_t は t 期末の未実現剰余金を示し，BV_t は，取得原価主義にもとづく t 期末の純資産評価額を示す。先と同様に整理すると，

$$P_0 = BV_0 + \sum_{t=1}^{\infty} \frac{\Pi_t - \Delta S_t - rBV_{t-1}}{(1+r)}$$

ΔS_t は t 期の未実現剰余金変動額を示す。すると前節での説明からも，Hatfield の未実現利益への配慮を施した後の実現利益概念（ΠH_t）は，

$$\Pi_t - \Delta S_t + R S_t = \Pi H_t$$

と表現できる。$R S_t$ は t 期における実現剰余金を示す。Hatfield の主張をオールソン・モデルに当てはめれば，本来的に財産法的に計算される利益（Π_t）ではなく，それに未実現剰余金変動額を調整した利益（$\Pi_t - \Delta S_t + R S_t$）こそが，Hatfield の実現利益である。上式で ΠH_t の部分は，Hatfield の計算構造では正式に情報として取り出すことができるし，各々，Π_t の部分も ΔS_t の部分も $R S_t$ の部分も容易に抽出することが可能である。

さらに，一致の原則が働いて

$$\sum_{t=1}^{\infty} \Pi_t = \sum_{t=1}^{\infty} \Pi H_t \quad (\because \sum_{t=1}^{\infty} \Delta S_t = \sum_{t=1}^{\infty} R S_t)$$

すなわち，各期において $\Pi_t = \Pi H_t$ が，成立していなくても，全体期間で，あるいは物価変動で数期間のうちに成立するならば，当然，

$$P_0 = B V_0 + \sum_{t=1}^{\infty} \frac{\Pi H_t - r B V_{t-1}}{(1+r)}$$

と書くこともできる。ただし，P_0 の値は，利益構成要素の期間帰属の相違に起因する割引期間の長短によって，純粋に財産法的計算構造下の P_0 と，Hatfield の計算構造下の P_0 では異なる。問題は（$\Pi H_t - r B V_{t-1}$）をどのように理解するかという点にある。$r B V_{t-1}$ は，これだけの配当を支払わなければ，当該企業が行うリスクを伴った事業に対して株主が資金を提供してくれない金額（資本コスト）である。ΠH_t は，Hatfield 学説の理解でも触れたように，当該企業の t 期における客観的配当可能利益を取得原価主義―実現主義会計にもとづいてフロー計算（損益法計算）した金額である。したがって（$\Pi H_t - r B V_{t-1}$）は，当該企業の超過配当可能利益であり，$\Sigma (\Pi H_t - r B V_{t-1}) / (1+r)$ は，超過配当力の現在割引価値とでもいうべき数値である。

以上のように，Hatfield は，時価評価問題と配当問題を切り離し，それを再度損益計算で考慮することによって，会計の重要な特徴である一致の原則を守ろうとし，結果，クリーン・サープラス条件も，未実現利益を再評価剰余金で

受け止めて，資本に直接算入せずに再度実現時に損益計算にチャージさせるという意味で，期間帰属には違いがあるが，修正・限定つきで満たしている，あるいは当該企業評価情報をうかがい知ることができたといえよう。ここにも会計計算構造の重要な特徴をその初期から Hatfield が認識していたことを指摘でき，彼の理論体系の現代性を改めて指摘できよう。

第4節 む す び

本章では，Hatfield 会計学の現代性を，情報提供機能と配当利益計算機能という複数の会計機能観から検討するとともに，時価評価を考慮しつつそれらを総合的に遵守しようとする，未実現利益の再評価剰余金への計上と実現剰余金の損益計算への再計上という計算的工夫の中に今日的問題が含まれ，解決されていたことを指摘した。

注

1) 筆者はかつて，Hatfield 会計学の現代性について，以下の稿を公けにしている（山地［1980］）。
2) 通常，Hatfield は時価主義論者に近い立場にあり静態論者である（黒澤［1956］，273〜287頁）とか，一歩退いて静態論から動態論への過渡期に位置する学者（若杉［1959］）であるとかいう把握がなされているが，われわれの理解からすると，決してそのような観点から評価されるべきではない。静態論から動態論へという会計理論発展把握のシェーマ，そして静態論下では時価主義評価による財産法的損益計算が，動態論下では取得原価主義評価による損益法的損益計算が中心であるという視角からHatfield学説を評価するがゆえに，彼の主張がある点では混乱したものとして映るという点は以下でより明確になろう。
3) Hatfieldは1899年にドイツに留学し，そこでF.Scharと知己を深め，その勘定学説に共鳴して帰国後彼の著書にそれを取り入れたのである。この間の事情については，*Journal of Accounting Research*, Vol, 4. No. 2，(Autumn, 1966) に再録されているHatfieldの論文に対するS. A. Zeffのコメントを参照。
4) 物的二勘定学説は，F.Hugliによって提唱され，Scharによってその代数学的整備を受けて完成されるに至った。この勘定学説は会計主体論の観点からは資本主説に立ち，資本主に帰属する財産の確定を目的とするものであるから，前期資本主義的な小企業を前提にしたものであるという批判を受けることになる（畠中福一［1932］，317

頁)。その限界は，Hatfieldにおいても如実に現れている。すなわち，Hatfield [1909] の論述全体の検討からわかるように，彼の問題意識には，鉄道会社や世紀転換期頃の企業合同運動によって成立した巨大個別企業にからむ会計問題——特に配当可能利益の確定——への対処という点が実際的中心として据えられている。だが形式的には物的二勘定学説が採用される。したがって，一方では物的二勘定学説を標榜しつつも，他方ではこの学説からすると資産性のない繰延資産を肯定する議論を展開するというジレンマに陥っている。Hatfield の理論体系は，極めて現代的な会計問題を古めかしい用語を用いて語らしめるという結果になっているといえる。

　ちなみに，それでは何故に，Hatfield はそれほど制約となる物的二勘定学説を採用したのかという疑問が生ずる。それについて確固とした解答は求められないが，1つの推測は可能である。それには，彼の論文「複式簿記の歴史的防衛」(Hatfield [1924])の中で語られている彼の複式簿記史観が手がかりとなる。すなわち，簿記学は Luca Pacioli によるその成立以来，代数学者の研究の大きな一領域であったことを彼は記している。そうしたことから簿記学は代数学の一領域であり，当然代数学的整備を受けて然るべきだとする考え方があったと想像される。そのような思考に対しては，Schar の勘定学説は，当時としては最も合致する形態をもっていたと考えられる。

5) Hatfield 自身，自らの会計学上の問題意識の展開に，物的二勘定学説はそぐわないと考えたのか，Hatfield [1909] の改訂版であるHatfield [1927] では，簿記に関する章を省略している。しかし，Hatfield [1927] においても，あるいは T. H. Sanders らとの共著である Hatfield, Sanders and Burton [1940] においても，物的二勘定学説の名残りは依然として認められる。

6) なお商品についても同様の処理を求めている (Hatfield [1927], p. 103.)。

7) いみじくも，Hatfield は以下のような主旨を記している。すなわち，未実現利益は配当から除外されるべきだということについては賛成であるが，しかし，C. Couchman の主張のように，それを貸借対照表で表示することは，無益であるということには賛成できない。それは，やはり事実として表示すべきであると (Hatfield [1927], pp. 282-283)。

8) たとえば，Littleton には以下のような簿記論がある。(Littleton [1931]。また企業体理論の展開の嚆矢としては，Paton の著書がある。(Paton [1922])。さらに期間損益計算を中心とした会計理論としては，(Paton and Littleton [1940]) がある。

9) Hatfieldは，以下でも再論するように，損益計算書による有用な情報の提供機能遂行の手段として，製造企業の損益計算書は，製造部門と販売部門の各々の効率を伝達するために，利益を部門ごとに分割表示したほうがよいとして，その具体的方法を記している (松尾憲橘訳[1971]，271〜272頁)。これは現代会計学の E. O. Edwards and P. W. Bell や N. M. Bedford の業績を想起させる特徴を含んでいる。

10) 以下，オールソン・モデルの記述は，齋藤 [1999] を参照する。

参考文献

Hatfield, H. R. [1909], *Modern Accounting, －Its Principles and Some of Its Problems －,* New York, 1909. 邦訳は2種類ある。部分訳は海老原竹之助訳 [1910], 『最近会計学』, 博文舘。全訳は松尾憲橘訳 [1971], 『近代会計学』, 雄松堂。

―――[1911], "Some Variations in Accounting Practice in England, France, Germany and the U. S.," (originally published in 1911), contained in *Journal of Accounting Research,* Vol. 4, No. 2, pp. 169－182.

―――[1924], "An Historical Defence of Bookkeeping," *The Journal of Accountancy,* Vol. 37, No. 4, pp. 241－253.

―――[1927], *Accounting－Its Principles and Problems－,* New York, 1927.

―――[1936], "What They say about Depreciation," *The Accounting Review,* Vol. XI, No. 1, pp. 18－26.

―――[1940], T. H. Sanders and N. L. Burton, *Accounting－Principles and Practices －,* Boston, 1940.

Littleton, A. C. [1931], "Cost Approach to Elementary Bookkeeping," *The Accounting Review,* Vol. VI, No. 1, pp. 33－37.

Ohlson, J. A. [1995], "Earnings, Book Values, and Dividends in Security Valuation," *Contemporary Accounting Research,* Vol. 11, No. 2, pp. 661－687.

Paton, W. A. [1922], *Accounting Theory,* New York, 1922

Paton, W. A. and Littleton, A. C. [1940], *An Introduction to Corporate Accounting Standards,* Chicago, A. A. A., (A. A. A. Monograph, No. 3), 1940.

青柳文司 [1986], 『アメリカ会計学』, 中央経済社。

黒澤 清 [1956], 「米国会計学発展史序説」, 『米国経営学』(上), (経営学全集第3巻), 東洋経済新報社, 237－306頁。

齋藤静樹 [1998], 「利益概念と資産評価」, 中野勲・山地秀俊編著, 『21世紀の会計評価論』, 勁草書房, 23－44頁。

―――[1999], 『企業会計とディスクロージャー』, 東京大学出版会。

シャム・サンダー著・山地秀俊他訳 [1998], 『会計とコントロールの理論』, 勁草書房。

畠中福一 [1932], 『勘定学説研究』, 森山書店。

山下勝治 [1967], 『貸借対照表論』, 中央経済社。

山地秀俊 [1980], 「アメリカ会計理論にみられる基礎的理念の検討－H. R. Hatfieldの所説を中心として－」, 『国民経済雑誌』第141巻第6号, 58－77頁。

―――[2002], 「社会科学（会計学）と主体形成－アメリカ会計学説の展開－」, 『会計理論学会年報』, No. 16, 2002年。

山田康裕 [2002], 「財務諸表の連結問題」, 『彦根論叢』, 第336号, 99－114頁。

若杉 明 [1959], 「米国における動的会計論の生成過程」, 『商学論集』, 第28巻第2号, 28－57頁。

第6章
簿記論から会計理論への展開
――Patonの簿記論と持分概念――

第1節 はじめに

　W. A. Patonは，20世紀初頭においてHatfieldと並んでアメリカ近代会計学を支えてきた学者である。晩年である1991年に至るまでに100を超える論文・著書を執筆していたことからもわかるように，アメリカだけでなくわが国の会計学においても多大な影響をもたらした人物であるといえよう。本章はこのPatonの簿記会計理論を紹介するが，その前に次の2点についてはあらかじめふれておきたい。まず第1の点は，Patonは膨大な論文・著書を長期にわたって公表しているために，われわれ研究者が彼のどの時代の文献を研究したかによって解釈は当然ながら異なってくる。そのために，本章は彼の初期の業績であるStevensonとの共著である *Principles of Accounting* (1918)（以下引用ではPaton [1918] とする）と *Accounting Theory* (1922) に焦点を当て，当時の社会経済的背景を踏まえながら論じている点である。第2の点は，これらの著書が出版されていた1920年前後は，銀行をはじめとする債権者保護を中心とする貸借対照表中心の時代であるとこれまで考えられてきた点である。確かに，20世紀初頭においては株式の水割り問題，公益会社の料金決定問題に関わる資産評価問題等，貸借対照表に関する問題が生じていたし，Paton自身の理論的特徴も＜資産＝持分＞という貸借対照表等式，時価評価（取替原価）というように貸借対照表面が主にあげられていた。われわれのアメリカ会計学研究において

も当然ながら資産評価や貸借対照表に焦点を当ててきたが、一方で損益面については この貸借対照表に比べるとそれほど論じられることはなかったのである。本章はこの損益面について議論を行っている。

まず第2節では、Patonにおける複式簿記論を紹介し、損益に対する関心が高かったことを示している。そして第3節では、彼の主張する持分概念が貸借対照表面のみで考察されるならば、それは形式的意義しか有さないことを示唆している。そして第4節では、利益概念に関するPatonの複式簿記の説明は、それ以前の論者と比べて会計理論との整合性が高かったことについて示している。

第2節　Paton簿記論における利益概念－営業利益の重視－

20世紀初頭のアメリカにおいて、当時普及し始めていた複式簿記に関する議論展開は、Hatfieldなどに見られるように物的二勘定系統説にもとづく＜資産－負債＝資本主持分＞という資本等式によるものであった。そこでは、資本主の正味財産の計算が第1目的とされ、正味財産は積極財産である資産と消極財産である負債の差額として認識されていた。したがって、利益は資本主持分の増減として、言い換えれば損益勘定は資本主持分の従属的勘定として示されていたのである。つまり、当時のアメリカの著者の大半が複式簿記の説明を資本主の原理から行い、簿記の基本的領域は財貨と資本主持分という2つの領域であると考えていたのである。Patonはこの資本主という原理が、当時の株式会社組織の巨大化という状況においてはもはや適合する理論ではないと判断した（Paton [1918], p. 7 ; [1922], p. ⅲ）。つまり、実務上の会計処理は株式会社の発達に適合するように改良されているにもかかわらず、会計理論（複式簿記の説明）は、いまだにその目標が資本主持分の決定であり、勘定は資本主（持分）の観点から分類され、手続きもそのような観点からほとんど形成されていて、実務に対してかなり遅れていると考えたのである（Paton [1922], p.52）。そこで、Patonは簿記の説明上これまで資本主の観点を反映する典型的な資本主持分と

いう用語を用いず，企業の財政状態の最も論理的な表示を＜資産＝持分＞として，従来の資本等式とは異なる貸借対照表等式を用いるに至ったのである（Paton [1922], p.53）。

Patonによれば，「持分」とは所有権（ownership）の事実を示すものであり，この持分勘定の機能としては企業に資金を提供するそれぞれの持分の実際の投資を示すこと，資産価値の変動による持分の変化を示すことがあげられている（Paton [1918], p.132）。そして，すべての会計上の取引を①資産どうしの取引，②資産と持分の両方に影響を与える取引，③持分のみに影響を与える取引，④これら3つが結合する取引，というように資産および持分の増減取引として説明している（Paton [1917], pp.22-23, 26；[1918], pp.29-31；[1922], pp.116-138）。

Patonの複式簿記における最大の特徴点は，費用勘定や収益勘定といった損益に関する点である。彼は費用勘定と収益勘定は従属的な持分勘定であり，これらの一時的分類（temporary divisions）は，経営者の観点からは本来非常に重要なものであると説明している（Paton [1922], p.145）。さらに，会計理論の点からは収益はこれら2つの分類の支配的なもので，費用項目は本質的には収益からの控除を表しているという。費用勘定は，厳密にいえば収益勘定の単なる借方を構成しているにすぎず，そのように理解されるべきであると述べて，次の**第6-1図**のような関係を示している（Paton [1922], p.155）。

第6-1図　費用と収益の関係

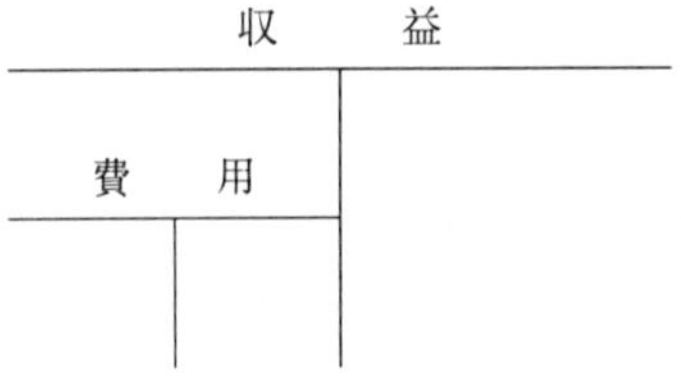

費用が収益からの控除とされている点で，より費用と収益という対応関係を強く認識している概念といえる[1]。従来の資本等式による説明では，この費用・収益勘定は資本主持分の下位区分として認識されており，そこでの収益は，

営業収益・営業外収益や特別損益といった説明は見られない。しかしながら、Patonの挙げる収益・費用とは営業損益に該当するものだけなのである。彼は、次の**第6-2図**のように費用・収益勘定、純利益勘定、剰余金勘定という勘定を使い分けることによって損益の性質をより詳細に分類している。

第6-2図　Patonにおける勘定間の関係[2]

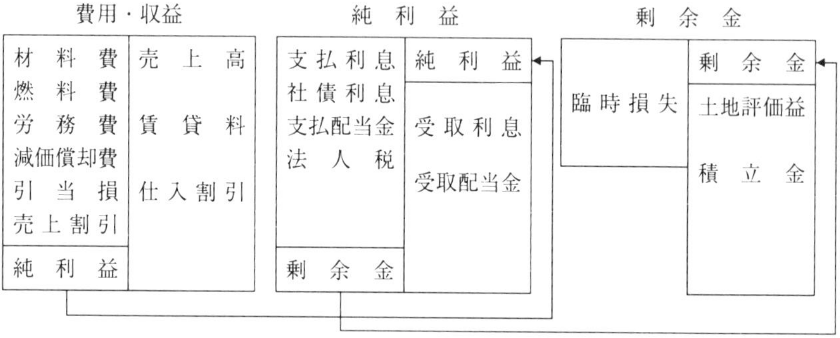

費用・収益		純利益		剰余金	
材料費 燃料費 労務費 減価償却費 引当損 売上割引	売上高 賃貸料 仕入割引	支払利息 社債利息 支払配当金 法人税	純利益 受取利息 受取配当金	臨時損失	剰余金 土地評価益 積立金
純利益		剰余金			

　この**第6-2図**は、営業損益に該当するものを費用・収益勘定に計上し、この差額を純利益 (net revenue) 勘定に振替え、純利益勘定で持分の報酬である利息等を控除した残高が剰余金勘定に振り替えられるということを示している。さらに、経営管理者や取締役会が重要な営業決定や財務政策を行うのは費用・収益計算書にもとづいており、経営者の意思決定のための損益分類をPatonが強調したいという理由から、純利益勘定と剰余金勘定との間の区別よりも、費用・収益勘定と純利益勘定との間を区別することが重要であると述べている (Paton [1922], p.182)。したがって、費用・収益勘定と純利益勘定を結びつけて損益計算書として取り扱っているのが実務上一般的であるが、この傾向を彼は批判するのである。また、費用とは経営者によって購入され一期間の収益を生み出すために使われた、財貨および用役の費消を表すものであり、利益とは営業活動の結果を示すものであるという彼の営業利益概念から、実務上費用処理されている支払利息や社債利息の性質を、費用項目ではなく純利益の分配と主張している[3]。

　しかしながら、費用・収益勘定は従属的な持分勘定であり、最終的には資産

と持分という勘定に含まれるという Paton の説明は，確かに従来の資本主持分の増減としての損益という見解とは異なるが，次のような論理的限界も有しているのである。費用と収益の差額である純利益が純粋な持分勘定とされているのに対して (Paton [1922], p.159)，営業外損益や剰余金は持分勘定に対する直接の純増加あるいは純減少と説明している。しかし他方では，剰余金勘定における剰余金は特別の資本主持分勘定であるとも示されている。すべての損益を持分勘定に関する増減として定義しているが，剰余金の説明では，その増加には貸借対照表貸方側全体としての持分勘定の増加と，資本主持分勘定の増加という両方の意味が含まれてしまうのである[4]。つまり，持分という場合に，特別損益に相当する貸方側全体としての持分，いわゆる損益計算書面と資本主持分という貸借対照表面の2つの解釈ができてしまい，両者が混同されかねないという点で持分概念の曖昧さを示しているといえる。

第3節　持分概念の形式的意義と限界－負債と資本の同一視に対する問題－

　1920年頃までのアメリカにおける複式簿記では，貸借対照表貸方側の説明は次の2種類のどちらか一方が採用されていた。すなわち，①「負債と資本を区別する」説明と②「負債と資本を区別しない」説明の2通りである。さらに両者を区別しないという説明にも「負債を資本と見る」説明と「資本を負債と見る」説明の2種類が存在した[5]。「負債を資本と見る」という説明は，今日においても貸借対照表貸方側を資金調達源泉と説明して他人資本と自己資本に分類する説明に通ずるものである。Paton は第2節でも示したように，＜資産＝持分＞という貸借対照表等式という構造で議論展開を行っており，貸方側を同一のものと認識しているという点では＜資産＝負債＞という会計等式と異ならない。

　彼が持分概念を主張した根拠は，大別して貸借対照表的側面と損益計算書的側面という2つの側面に分けられる。後者は，資本主への報酬 (return) は必ずしも企業の最終的な目標ではないということ，すなわち配当可能利益以外の利

益が重要であるという認識によるものである。

一方,貸借対照表的側面においては,Paton は「財産総額から負債の金額を控除することで,いかなる時も総資本主持分を十分に確かめることはできない」(Paton [1918], p.276) と述べて,法的には負債ではあるが株主持分の一部を表しているという未払配当金を負債と資本の性質を明確に区分することはできない例としてあげている。この他にも,転換社債を株式に転換した際の利息の処理をあげている (Paton [1918], pp.199-200, 302; [1922], pp.77-78)。このように,担保付社債・転換社債といった有価証券の多様化によって,資産と負債の差額としての概念が不明確となっているという貸借対照表的側面から持分概念を主張しているのである。

しかしながら,持分概念はこの貸借対照表的側面に関して2つの問題点がある。それは,

(1) 用語の違いという単なる形式上の問題にすぎないという点,
(2) 概念そのものが明確ではない (剰余金や持分の説明) という点である。

(1)についてであるが,持分会計の特徴としてこれまで負債と資本を同一視しているということがあげられてきたが,Paton の見解はこれらを完全に同一視しているわけではない。すなわち,単なる形式上の,あるいは用語上の問題にすぎないのではないのかという疑問が生じるのである。たとえば,Cole は貸借対照表貸方側を企業の財産に対する「資本主の統制する所有請求権 (controlling-ownership claims)」と「資本主の統制しない所有請求権 (non-controlling-ownership claims)」と示しているように,資本と負債を区別している。しかしながら,貸借対照表には2つの主要な種類の勘定があるとして資産と所有請求権だけをあげている (Cole [1921], p.33)。つまり,貸方を所有請求権という単一の概念で説明しており,これは用語が異なるだけであって,Paton の述べる持分と形式的には何ら異ならないのである。持分という統一的概念を用いているにもかかわらず,厳密に考察していくと,Paton もやはり負債と資本を区別していたのである。

Paton は,実際の企業の多くが貸借対照表の貸方側を「負債」として表示し

ているということから，会計理論上非常に強調されている資本主持分の要素には実務上それほど注目されてはいないと考えていた (Paton [1922], p.54注記)。そこで，負債という用語では資本主の持分にあてはまらないし，債務あるいは外部への義務という含蓄を有してしまうために，所有権のすべての要素を含む持分という用語を利用するほうが誤解を招く危険性が少ないと考えたのである (Paton [1918], p.23注記)。さらに，持分という用語が負債と同義語で表されている箇所もあり，単なる用語の置き換えにすぎないようにも思われるのである (Paton [1922], pp.481, 487-488)。

(2)の問題点は，第2節でも説明したように概念自体の不明確さである。また，彼の持分概念が結局のところ浸透しなかったのは所得税法との関連もあるだろう。所得税法との関連とは，当時の1918年の超過利得税や資本税のような課税制度における「投下資本」という概念が，「正味財産」と類似していたことによる[6]。また，当時の税に関する規定が，企業の規則的な会計処理（帳簿）に依存していたために，税務上，社債利息等を費用として計上しないことは，それだけ納税額も増加してしまい，企業にとっては受け入れることができなかったのではないだろうか[7]。また，資金調達源泉を無視して利息（利子）と配当を利益分配とすることはできないという理由から，彼の「企業利益」概念はほとんどの会計人に拒否されたようである (Previts and Merino [1998], pp.260-261)。

このような持分概念の限界や欠点があるにもかかわらず，これまでわれわれがPatonを解釈する場合，貸借対照表重視という極めてシンプルな結論しか出てこなかったのである。なぜなら，この持分概念を貸借対照表と関連させ，貸借対照表における負債と資本の同質性という点をこれまで過度に強調してきたからであり，さらに，当時の彼の時価（取替原価）評価論とも結びつけていたからである。しかしながら，この貸借対照表面のみの考察だけであるならば彼の持分概念は形式的意義しか存在しないといわざるを得ないのである。

つまり，持分概念における実質的意義は，先に述べたように損益計算書面，あるいは利益概念にあるのである。すなわち，「営業単位 (an operating unit) としての企業の成功は，株主への報酬によって直接に決定および測定することは

できない。営業純利益が契約的報酬と残余の報酬との間に分配される割合は、単なる財務構成上の問題であって、決して営業の成功を反映しない」(Paton [1922], p.89) と説明しているように、会計の目標は資本主持分あるいは配当可能利益の決定ではなく、経営者の意思決定のための、経営効率の尺度としての利益にあるということを意図して持分概念が主張されたのである。この点は非常に重要であり、次節においてもさらに説明することにしたい。

第4節　会計理論としての利益概念－複式簿記との理論的整合性－

Patonは、損益計算書で示されるフローとしての利益概念を複式簿記の理論展開においても強調したという点で、複式簿記と会計の整合化を図ったと解釈することができる。*Principles of Accounting*（1918）では損益計算書の例として次の**第6-3図**があげられていた（Paton [1918], p.550）。

第6-3図　Patonにおける損益計算書の概要

項目	金額1	金額2	区分
売上高（総収益）		$ 5,500,000	費用・収益勘定
費用		4,600,000	
営業による純利益		$ 900,000	
所有する有価証券における配当金		350,000	
純利益合計		$ 1,250,000	
法人税		50,000	
すべての個別持分にとっての純利益		$ 1,200,000	
固定費（社債利息）		700,000	純利益勘定
株主にとっての純利益		$ 500,000	
優先株式における配当金	$ 300,000		
普通株式における配当金	150,000		
配当金割当の合計		450,000	
剰余金に振り替える残高		$ 50,000	
1月1日の剰余金額		580,000	
前年度の土地の増価（appreciation）		15,000	
剰余金総額		$ 645,000	剰余金勘定
剰余金に負担される臨時損失		35,000	
12月31日の剰余金残高		$ 610,000	

この損益計算書の例示は大きく3つに分類されており，第2節であげた**第6-2図**の勘定例と対応している。つまり，ここでも費用・収益勘定，純利益勘定および剰余金勘定に該当する項目が計上されているのである。Hatfield の *Modern Accounting* (1909) や Paton と同時代の Kester や Gilman の文献においても，財務諸表における損益計算書の説明では，収益マイナス費用によって求められるフローとしての利益概念，さらには，営業損益や営業外損益といった損益の性質による区分が当然ながら示されていた。しかしながら，彼らの＜資産－負債＝資本主持分＞という等式にもとづく複式簿記の議論展開は，損益を資本主持分の一要素として説明し，期首と期末の正味財産の差額としての利益概念を認識させるものであった。これに対して，Paton は資本主持分ではなく持分という用語を用いることによって，資本主持分の付属物としての利益概念を否定し，利益そのものの重要性を強調したのである。したがって，Paton の見解は実務上の会計処理と教育上の議論展開における乖離を減少させ，会計上の利益概念と整合化された複式簿記の理論展開が行われたと理解することができる[8]。これが Paton の総体的な特徴である。そして，より詳細な特徴点は彼の持分概念における実質的意義として表される。つまり，営業利益というフローとしての利益概念の強調である。

　フローとしての利益概念とは，収益と費用を資本主持分の増減とは説明しないことによって，Hatfield などで見られるストックとしての利益概念，言い換えれば，貸借対照表的利益概念というものを極力認識させないようにしたことである。先にも説明したように，従来の資本等式による説明では，利益には簿記レベルでのストックと損益計算書レベルでのフローという2つの側面が混在していたのである。たとえば，Hatfield における簿記論の特徴としては，売上高と売上原価という典型的な費用収益の対応計算が，期末棚卸高と勘定残高との差額として損益が求められているように，貸借対照表的利益計算の思考が見られたのである（Cf. 白井 [1975]，878頁）。Paton はフロー概念を複式簿記において説明するために，資本主持分の増減という表現を使用しなかったといえる[9]。ただし，フローとしての利益概念を簿記上強調するためには，資本等式

で説明することはできないし、ましてや彼の説く貸借対照表等式だけでも不可能である。彼は**第6-1図**と**第6-2図**でフローあるいは費用収益対応という概念と営業利益を強調したのである。営業利益の強調とは、資金提供者に対する支払いを費用ではなく利益処分とすることによって、経営者の経営管理目的から、企業の当該年度における主要業績としての営業利益（操業利益）だけを利益として認識するということである。Patonは、これまで資本主の観点が強いために最終的な配当可能利益のみが強調され、その利益に至るまでのすべての控除が費用として理解され（Paton [1922], p.169）、実務上の損益計算書において営業損益や営業外損益といった区別が明確に行われてはいないと考えたのである。ただし、Patonのこの見解は、先にも述べたようにその他の著者も損益計算書を示していたことから、複式簿記の説明に限定されるものといえよう。

　また、損失・利益に対する彼の関心の高さは、1921年の"Methods of Measuring Business Income"という論文でも見受けられる。*Accounting Theory*（1922）の第19章とまったく同じであるこの論文は、収益の認識基準について最も早く言及した論文の1つであり、損益計算の重要性の要因として法人税の出現をあげていた。そこでは、「収益の適切な基準とは何であるのか？収益の満足いくテストあるいは証拠は何であるのか？企業の収益はいつ実現するのか？会計人の点からより専門的に問題を設定すると、損益勘定における貸方記入に対する"シグナル"は何であるべきか？」という問題提起をPatonは行っていた。そして、収益の最も一般に認識されている基準が販売基準であることを説明し、この他にも、農産物や石炭鉱山といった実務上では限定された適用である「技術的完了（technical completion）」、いわゆる生産基準が収益実現の重要な基準であると述べ、さらに、航空産業を例として「完了の割合（percentage of completion）」、いわゆる工事進行基準も説明している（Paton [1922], pp.443-464）。

　Patonがこのような議論を行った背景を当時の社会経済的状況の変化に求めることも可能である。Patonの両著書が出版された時期（1918～1922年）は、好況期であった第一次世界大戦が終結し、その後の1920年恐慌を迎えて、企業が

従来の経営方針の転換を余儀なくされる転換期であった。また，第一次世界大戦を契機に，大株主だけでなく金融資本家も生産，流通，賃金，雇用といった企業の政策に関与することがなくなり，大規模企業の成立による所有と経営の分離という認識が広く浸透するようになっていた。1920年恐慌は経営者に経営効率の改善を目標とさせるようになり，実際の企業の経営指標として営業利益率や資本利益率が使用されていたことなど，企業内部における会計の役割，すなわち経営者にとっての会計というものが注目され始めていたのである。この経営者という観点を財務会計上明確に示したのが Paton であった[10]。

第5節 むすび

20世紀初頭においては，複式簿記は Hatfield などに見られるように資本等式にもとづく議論展開が一般的であった。そこでは，損益勘定は資本主持分の従属的勘定（下位区分）と位置づけられ，損益は資本主持分の増減であると定義されていた。したがって，資本等式がもたらす利益概念とは，利益は期首資本と期末資本の差額によるストックとしての利益概念であり，そして資本主にとってのいわば最終的な配当可能利益を意味するものであった。

これに対して，Paton は持分という概念を用いて従来の資本主の原理とは異なる利益概念を考えたのである。すなわち，経営者にとっての営業利益という利益概念である。Paton は，企業あるいは経営者にとっては，企業の資金調達によっては影響されない経営成績を示すことが重要であると考えた。そこで，企業の資本構成に関係なく，すなわち会計上商業利息・社債利息・配当等は企業に資金を提供するすべての持分に対する報酬と考え，費用とは認識せずに純利益勘定で同質的に扱い，純営業利益（net operating revenue）を強調したのである。

資本等式では，損益勘定をより詳細に示すとしても，資本主持分の減少をもたらす費用勘定と資本主持分の増加をもたらす収益勘定の説明までが限界で，損益の性質による区分は行われない。もちろん Paton においても，営業利益を

ストックとして表すことは不可能であり,貸借対照表等式でも示すことはできない。そのために,**第6-2図**のように勘定を損益の性質によって分類し,その中の特定の勘定,すなわち営業利益を強調したのである。これが彼の複式簿記の特徴である。

このようなことから,Paton 理論の意義は,複式簿記においても損益計算の重要性を強調し,いわゆる簿記と会計を結びつけたことにある。この後1920年以降は,もはや簿記書という独立した一冊の本としてはほとんど出版されず,会計の技術的フレームワークとして簿記が扱われており,Hatfield の *Accounting*（1927）でももはや簿記の解説は削除されている。本来,簿記と会計は相互補完的で明確に区別することはできないのであるが,このことは,Paton の *Principles of Accounting* や *Accounting Theory* において最も明確に示されている。

しかしながら,費用・収益勘定の残高を（純）利益と定義することは大いに意義があるが,**第6-2図**において,純利益勘定を利益処分項目ではなく,費用・収益勘定とともに損益計算書項目であると考えるならば,その他の論者との違いはほとんどない。そうなると,単に損益計算書上の形式の問題にすぎなかったといえるし,実際,彼の持分概念はその後複式簿記に関していえばほとんど影響を与えてはいないのである。しかしながら,Paton の複式簿記論はいわゆる会計理論上の損益計算書から導き出されたものであり,損益分類を強調するために,従来の資本等式とは異なる貸借対照表等式を主張したといえるだろう。

注

1）Paton [1918] では,収益を「持分に対する総付加（gross additions）」,費用を「持分からの総控除（gross subtractions）」とする説明も一部で見られるが,一般的には先に説明したように,両者を1つの混合勘定として,その差額である純利益だけが持分の増加であるという解釈ができる（Cf. Paton [1918], p.41;[1922], p.155;白井 [1976], 8－9頁;若杉 [1966], 86－87頁)。

2）Paton は,これらの勘定間の関係を包括的に示しているわけではなく,具体的な勘定例を参考にしてまとめたものである（Paton [1918], pp.137, 144, 147)。

3）Paton は次のように述べている。「持分における純減少を構成するいかなる実際の

損失も，純利益項目あるいは剰余金項目であって，費用ではない。……重大な損失が費用として処理されるならば，純利益数値を曖昧にし，部分的には経営管理目的にとって費用・収益勘定の価値を損なうのである」(Cf. Paton [1918], pp. 190, 198-200；[1922], p. 169)。

4) このような持分における不明確さの他に，白井 [1983] はPaton簿記論の損益概念に関する限界を次のように指摘している。「ここでの費用収益の概念が，いぜんとして，単純に『従属的持分勘定』，『持分への総追加』，『持分からの総控除』の規定に止められているという側面の限界をも看過すべきではないであろう。……『資本主資本への総追加』，『資本主資本からの総控除』とされていたのに対して，より広い持分概念の強調の点で，確かに企業実体的立場との整合性を高めることとなっているとしても，その記入法則がいぜんとして持分勘定に従属するものとして説明される限りでは，客観的には，第1版の場合と同様に，費用収益概念の独自的展開は，なお望むべくもなかったといわざるを得ないのである」(Cf. 白井 [1983], 12頁)。

5) ①の見解には，＜財産＝資本主持分＞という Sprague や Hatfield，あるいは＜資産－負債＝資本主持分＞という式を主張した Kester がいる。Kester は＜財産＝資本主持分＞という式では内容を混乱させ，正味財産が資本主持分を表すことだけを意味していると誤解されるためにこのような等式を主張した。また，「資本を負債（債務）と見なす」説明は Esquerré や Gilman に見られる (Cf. Previts [1980], pp. 117-120)。

6) Paton [1918] では，次のようなことが述べられている。「すべての株主の持分の混合物としての『正味財産』の概念は，最近の超過利得税規制における議会で採用された『投下資本』の定義から最近強い支持を受けているということは認められなければならない。多くの規制の例外は除いて，税目的のための『投下資本』と会計人の『正味財産』はきわめて密接に関連している」。しかし，一方で，財務会計と税務会計の区別を主張している箇所もある (Cf. Paton [1918], p. 87；Paton [1922], pp. 187-188 注記)。

7) 1918年の歳入法においては，純所得の定義は明確でなく，Sec. 212. (b)では，「純所得は，納税者の帳簿を記録する上で規則的に採用される会計方法にしたがって，納税者の年次会計期間を基礎に計算されなければならない」とあるように，税法独自の計算規定が会計の利益計算を規定しているということはなかった (Cf. Brundage [1951], p. 74；Previts [1984], p. 5；宮上（編）[1979], 46-47頁)。

8) ただし，Paton においても損益を資本主持分の一要素と考えていた1917年の論文では，簿記を事実の記録とし，会計は分析と解釈をともなうものであるので，同一ではないと述べていた。しかし，*Accounting Theory* の第1章では，この区別はまったく実りがないと述べるようになり，Paton の *Accounting* (1924) においても，複式簿記を会計の機軸 (backbone) とし，会計の本質的な最初の段階と定義しているように，もはや簿記と会計を区別してはいない。

9) しかしながら，注意しなければならないことは，持分の純増加を広義の利益概念とする点では，Paton においてもストックとフローという2つの利益概念が混在しているということである。つまり，営業利益といったフロー概念と，資産再評価による評

価益というストック概念が存在しているわけである。けれども,Paton におけるこのようなストック概念は,議論展開として当初から示されていたわけではなく,資産再評価における評価益に限定されている。また,最も重要な会計目的は,純利益の決定であると述べているように,基本的にはフローとしての利益概念を示していると考えることができる。(Paton [1918], p.220 ; [1922], p.153 ; cf.青柳 [1963], 69頁 ; 井上 [1967], 394頁)

10) 貸借対照表に関してではあるが,経営者を強調する観点はその他の著書においても見られる。たとえば,Gilman は貸借対照表に対する3種類の利害関係者として,企業の資本主・債権者・経営者をあげているが,貸借対照表の提示が最も価値があるのは経営者であると述べている。彼によれば,貸借対照表は経営者に一定時点での企業の状態の鳥瞰図を与え,前年度の計算書との比較は成長性に関して非常に価値のある情報を与えているという (Gilman [1916], pp.114−115)。

参考文献

Brundage, P. F. [1951], "Milestones on the Path of Accounting," *Harvard Business Review,* Vol. XXIX, No. 4, pp.71−81.

Esquerré, P. −J. [1914], *The Applied Theory of Accounts,* New York.

Gilman, S. [1916], *Principles of Accounting,* Chicago.

Hatfield, H. R. [1909], *Modern Accounting : Its Principles and Some of Its Problems,* New York (松尾憲橘訳 [1971],『近代会計学−原理とその問題−』雄松堂書店).

Kahle, J. J. [1993], *American Accountants and Their Contributions to Accounting Thought, 1900−1930,* New York and London.

Kester, R. B. [1917], *Accounting Theory and Practice,* Volume I, New York.

―――― [1918], *Accounting Theory and Practice,* Volume II, New York.

Paton, W. A. [1917], "Theory of the Double-Entry System," *The Journal of Accountancy,* Vol. XXIII, No. 1, pp. 7 −26.

―――― [1921], "Methods of Measuring Business Income," *Administration,* Vol. I, pp.509−526.

―――― [1922], *Accounting Theory : With Special Reference to the Corporate Enterprise,* New York.

―――― and Stevenson, R. A. [1918], *Principles of Accounting,* New York.

Previts, G. J. [1980], *A Critical Evaluation of Comparative Financial Accounting Thought in America 1900 to 1920,* New York.

―――― [1984], "Frameworks of American Financial Accounting Thought," *The Accounting Historians Journal,* Vol. XI, No. 2, pp. 1 −17.

―――― and Merino, B. D. [1998] *A History of Accountancy in the United States : The Cultural Significance of Accounting,* Columbus.

青柳文司 [1963],「アメリカ会計学の系譜(その一)−静態論から動態論へ−」横浜市

立大学論叢,第15巻第3号,52-58頁。
井上良二[1967],「会計の中心理念と評価」商学論纂(中央大学),第9巻第3号,387-403頁。
白井佐敏[1975],「企業実体理論の生成-ハットフィールドとペイトン-」会計,第107巻第6号,873-885頁。
――――[1976],「企業実体理論の展開」経営研究(大阪市立大学),第26巻第5号,1-22頁。
――――[1983],「企業実体理論の生成過程」産業経理,第434巻第1号,8-16頁。
中野常男[1992],『会計理論生成史』中央経済社。
宮上一男(編著)[1979],『ペイトン研究』(会計学講座⑤)世界書院。
若杉 明[1966],『企業会計基準の構造』実務会計社。

第7章
Littletonの会計理論
—— 原価主義会計論の2つの潮流とA.C.Littleton ——

第1節 はじめに

　改めて指摘するまでもなく，A.C.Littletonは，「徹底した原価主義者の代表」(青柳[1962], 214頁) として今日広く知られている。原価主義に関するその学説を抜きにして，A.C.Littletonの会計理論は語りえないといっても決して過言ではなかろう。すなわち，この意味で，原価主義会計論は，A.C.Littletonの会計理論を特徴づける最も重要な要素となっているのである。

　しかし，これもまた改めて指摘するまでもなく，原価主義会計がどのような会計かについては依然として多種多様な解釈が存在し，その体系や機能をめぐって現在なお多くの理論研究が続けられている (たとえば森田[1992]；山形[1997]；田中[1998])。Ijiri[1967]によれば，慣習的会計たる原価主義会計は「多くの異なった基準や慣行の集まりであり，それらはある場合には互いに矛盾し合っている〔…ために，〕それらをすべて一貫した論理で説明することは不可能である」(p.88) とされる。原価主義会計の本質探求が現在に至るもなお，古くて新しい会計トピックであり続けているのは，主としてかかる事情によるものであろう。

　本章では，ごく大ざっぱに，「原始記録を基礎にして成果計算と財産計算を有機的に完成させる会計」を原価主義会計としたうえで，このような会計の合理性を説明する論拠の相違に着目し，原価主義会計論の類型化を試みる。かか

る類型化を通して，A.C. Littleton の原価主義会計論の理論的特徴と現代的意義を改めて考えてみたいと思う。

第2節　原価主義会計論の2つの潮流

　新井［1978］によれば，原価主義会計の合理的説明を試みた学説には，大きく2つの潮流が存在するとされる。第1は，原始記録（＝原価 cost）が会計計算の基礎として意味を持つのは，それが取引財貨の価値を表しているからであるとする考え方である。第2は，原始記録が会計計算の基礎として意味を持つのは，それが過去の確定した取引事実を表しているからであるとする考え方である。新井［1978］は，前者を「原価即価値説」と呼び，後者を「原価即事実説」と呼んでいる。そして，原価即価値説の代表的な提唱者として W.A. Paton を，原価即事実説の代表的な提唱者として A.C. Littleton を，それぞれあげている（344-345頁）。

　W.A. Paton と A.C. Littleton は，「米国の大恐慌期（the Great Depression）にあって原価主義会計を理論化」（村田［1997］57頁）すると同時に，「実現主義と費用収益対応原則を理論的に根拠づけた」（岡部［1996］，952頁）不朽の名著として知られる『会社会計基準序説』（Paton and Littleton [1940]）の共著者であるが，その依って立つ原価主義会計の説明原理には，実は，以上にみるような相違が観察されるのである。両者の学説上のかかる好対照は原価主義会計論の本質を洞察するうえで格好の素材となるので，以下では，『会社会計基準序説』に至るまでの彼らの代表的著作によりながら，本章での検討に必要な範囲内でその相違を概観し，新井［1978］で類型化された原価主義会計論の2つの潮流を筆者なりに整理・検討しておきたいと思う。

　Paton［1922］によれば，会計人は，「原初記入を行うさいに，原価は当該時点の価値を表すものと仮定している」（p.489）とされる。すなわち，「原価は，財貨が購入され，製造され，あるいは取得された時点において，確定した唯一の識別可能な事実」（p.489）であり，「入手された資産の原初価値は〔……〕

その原価に等しいと仮定される」（p.489）ので，「当該資産勘定にその原価額を付すことは，いずれの場合においてもまったく合理的」（p.489）な手続とされるのである。Paton [1922] は，上掲の仮定を，「原価即価値の仮定」(cost-gives-value assumption) と呼んでいる（p.490）。

これに対して，Littleton [1929] によれば，「会計がかかわるのは，事実すなわち『価格』だけである」（p.150）とされる。「原価価格」(cost price) は，「確定した事実であり，支出額であり，完結した取引を表すもの」（p.151）である。そして，利益計算を実施する際に，「〔原価価格の発生原因となった過去の〕事実が忘れ去られることのないように，〔会計人は〕原価価格を『暫定的』に記録しておくことが必要」(p.151)となる。つまり，「記録は，価値を表示することを目的としているのではなく，原価や支出額などの，いわゆる未決項目 (item in suspense) を明らかにすることを目的としている」（p.151）のである。「心理的な〔価値の〕見積りは，それが企業家にとってどんなに重要なことであっても，会計それ自体が持つ表現能力を超えている」（p.150）のである。

ちなみに，わが国における先行研究のうち，原価即価値説に立つ代表的事例として黒澤 [1958] および武田 [2001] を，原価即事実説に立つ代表的事例として井尻 [1968] および新井 [1982] を，それぞれあげることができる。

第3節　2つの潮流の融合と乖離

前節での整理・検討から明らかなように，原価即価値説は，原価＝価値という仮定が成立するときにのみ原価主義会計の説明原理となりうる学説であり，したがって，またそのときに限って，それは原価即事実説と融合可能となる。W. A. Paton の原価即価値説と A. C. Littleton の原価即事実説の融合の端緒を示す興味深い記述を，Littleton [1929], p.154に見出すことができる[1]。A. C. Littleton は，会計の機能が，事実の「記録」にあり，「評価」にはないことを力説したあとで，Paton [1929] を引用しつつ自説を以下の資料にみるように要約している。

資料　Littleton [1929], p.154における原価即事実説の要約

原文	From every standpoint other than credit granting, the function of accounting would seem to be "to register all *values [prices?]* coming into the particular business, to follow their course within the enterprise, and to note their final disappearance from the business" (Paton-Accounting Theory, p. 6).
訳文	信用供与以外のあらゆる観点からみて、会計の機能は、「特定の企業に流入したすべての**価値**[**価格？**]を記録し、当該企業の内部におけるその流れを追跡し、そして当該企業からのその最終的な流出を明らかにすること」(Paton-Accounting Theory, p. 6)にあるといえるであろう。

(注)　イタリック体および太字による強調は引用者による。

　ここで注目されるべきは、Paton [1929] の原文では"values"となっている部分に、A.C. Littleton がカッコ書きで"prices？"という語を挿入していることである。すなわち、Paton [1929] の上記引用にみる会計機能に関する記述は、A.C. Littleton にとって、「価値」を「価格」(Littleton [1929] における正確な用語法に従えば「原価価格」[2])に置き換えるだけで、自説の要約となしうるものであったということである。逆にいえば、Paton [1929] の上記引用にみる会計機能に関する記述を自説の要約において援用するためには、A.C. Littleton は、原文における「価値」を「価格」に置き換える必要があったということでもある。「確定した事実」である「原価価格」の継続的かつ組織的な記録にもとづいて「配当可能利益」(profits available for dividends)を誘導的に決定することを会計の主要な役割とみなす Littleton [1929] の主張に照らせば、それは容易に理解しうるところであろう。

　しかし、Paton [1929] で示された会計学説の本旨からすれば、上記引用にみる「価値」を「価格」に置き換えることは必ずしも適切なこととはいえない。というのは、Paton [1929] は、会計の役割を、原価記録にもとづく配当可能利益の誘導的決定にではなく、「経営方針の設定」や「経営判断」への貢献に求めた上で、上記引用にみるような会計機能の定式化を行っているからである (pp. 6-10)。それは、Paton and Littleton [1940] で提示されることになる

「原価凝着」(costs attach)（pp. 13-14）の議論につながるものである。原価凝着理論は，原価に体現された価値の財貨間移転を会計の認識対象として擬制する学説である。それは，原価即価値の仮定が成立する限りにおいて原価主義会計の説明原理となるが，原価即価値の仮定が成立基盤を失った場合には容易に時価会計に向かう可能性を秘めた学説である。W. A. Paton の原価即価値説の本質は，こうした文脈において理解されるべきものであろう。事実，周知のごとく，第二次大戦後の物価高騰期を経験した W. A. Paton は，Paton and Littleton [1940] で見せた原価主義擁護の立場を放棄し，時価会計指向を漸次強めていったのである。すなわち，原価即価値の仮定が成立しなくなったとき，原価主義会計論における2つの潮流は急速に乖離していくことになるのである[3]。

第4節　原価即事実説における原価の意味

　前節での検討から理解されるように，原価即価値説は，原価即価値の仮定が成立する限りにおいて原価主義会計の説明原理となるにすぎない。原価即価値の仮定がその成立基盤を失った場合，それは原価主義会計の説明原理としての機能を喪失することになるばかりか，あるべき会計としてはむしろ時価会計を指向していくことにもなる。これに対して，原価即事実説は，過去の事実たる原価の確定性に着目した学説であり，原価即価値の仮定が成立するか否かにかかわらず原価主義会計の説明原理となりうる。したがって，原価主義会計の説明原理としては，原価即事実説のほうが，原価即価値説よりもはるかに堅牢といえるであろう。すなわち，この点に，A. C. Littleton の原価主義会計論＝原価即事実説の（とりわけ原価即価値説と比較した場合の）理論的特徴を見出すことができるのである。A. C. Littleton が「徹底した原価主義者の代表」（青柳[1962], 214頁）と称されるのは，主として彼の学説のこうした理論的特徴に負うものであろう。

　ところが，ここで，われわれは1つの新たな問題に突き当たることになる。それは，原価即事実説の論理を支える過去の事実たる原価が，どのような規範

的意味を有しているかという問題である。それが単なる「過去の事実」というだけで、何ら規範的意味を有しないのであれば、原価即事実説は形式論理のみからなる空疎な学説となってしまうであろう。

この問題を考える上で示唆的なのは、「仕掛品や完成品の記録は、回収可能支出額（recoverable outlay）の記録である」（Littleton [1929], pp. 151-152）という、A.C. Littleton の指摘である。さらに、同様の理論的含意を有したものとして、「製造された財貨は、購入された財貨と同様に、最終的な払い出しまで未決（in suspense）のまま待機している〔……〕一種の投資である」（Littleton [1929], p. 152）という指摘も注目される。

企業が財貨を取得するのは当該財貨の利用（製造加工・販売を含む）によって収益（価値）を獲得するためであるが、その際当該財貨の取得対価たる原価は収益によって回収されるべき投資額（期待最低回収額）を表しているのである。企業経営者が財貨を取得するのは、将来収益による投資原価の回収が期待されるからであって、かかる期待を形成し得ない場合には、企業経営者は当該財貨の取得を見合わせるであろう。しかし、いったん取引を実施したならば、企業経営者は当該取引に伴う取得対価の回収責任を負うことになる。これが、取引の本質である。つまり、取引は、企業経営者の期待の責任ある表明と、当該責任の経済社会における確定を意味しているのである[4]。

そして、原価記録が取引実施後も維持されるのは、原価回収にかかわる取引時点の期待がその後も企業経営者によって維持されているからである。言い換えると、企業経営者は取引時点の期待にもとづいて後続期間の原価回収計算＝成果計算を実施しつづけているということである。取引時点の期待を覆すような不測の事態が生じない限り、当該期待は基本的に維持されることになる。すなわち、この点に、原価即事実説における原価の規範的意味を見出すことができるのである。つまり、原価が会計記録において維持されるのは、それが後続期間の成果計算の基礎として利用されるからであって、単に「過去の事実」だからというわけでは決してないのである。上掲の Littleton [1929] にみる「回収可能支出額」や「未決のまま待機している〔……〕一種の投資」といった表

現の理論的含意は，以上のように解釈されるべきであろう。

以上にみるような原価即事実説における原価概念は，棚卸資産の会計処理や有形固定資産の減価償却[5]といった伝統的会計実務はもちろん，長期性資産および無形資産の減損会計のような新しい会計実務の計算構造をより深く理解するうえでも，極めて有用な手がかりを提供するものとなっている（藤井[2002]）。A.C. Littleton の原価主義会計論の現代的意義は，当該学説における原価の規範的意味を明らかにすることによって，さらにいっそう的確かつ新鮮に捉えることができるのである。

第5節 むすび

以上によって，原価主義会計の合理性を説明する論拠の相違に着目して原価主義会計論の類型化を行い，その作業を通じて A.C. Littleton の原価主義会計論の理論的特徴と現代的意義を改めて考えるという本章の課題はおおむね達成されたものと思われる。

会計基準の国際的調和化や会計制度改革の大規模な進展のもとで時価会計の導入問題が世上広く喧伝されているが，支配的会計実務の基本的枠組みが現在なお依然として原価主義であることに何ら変わりはない。こうした現実を直視するならば，原価主義を徹底して擁護した A.C. Littleton の会計理論はむしろ今日，ますますその輝きを増しているとさえいうことができるであろう。A.C. Littleton の会計理論からわれわれが学ぶべきことは，依然として尽きないのである。

注

1) Paton [1929] からの同様の引用は，Littleton [1935] p.270にもみられる。
2) Littleton [1929] における「原価価格」という用語は，Paton and Littleton [1940] における「価格総計」(price-aggregate) という用語に連なるものである。
3) 原価即価値説が想定する会計モデルは，井上[1995a]で提示された財貨動態を認識・測定対象とする会計モデルと近似するかもしれない。もしそうであれば，井上

[1995b] で示されているように，それは理念的にはむしろ価値会計（時価会計）と整合する会計モデルとなる。後年の W. A. Paton が時価会計指向を強めていったのは，この点からも，当然の理論的帰結であったと評しうるであろう。
4） 完全完備な市場においては，取引時点の財貨の原価は，その価値と一致する。しかし，その後の企業活動を通じて，当該財貨は特殊的価値（のれん）を創出していくことになる。この特殊的価値の実現価額と原価の差額が利益として計算されることになるのである。この問題に関する筆者のより詳細な見解については，藤井［1997］第 8 章を参照されたい。
5） 有形固定資産の減価償却については，藤井［1997］第 8 章で，原価即事実説における原価概念に則した筆者なりの検討を行っている。

参考文献

Ijiri, Y. [1967], *The Foundations of Accounting Measurement : A Mathematical, Economic, and Behavioral Inquiry,* Prentice-Hall, 井尻雄士『会計測定の基礎―数学的・経済学的・行動学的探求―』東洋経済新報社，1968年。
――――[1981], *Historical Cost Accounting and Its Rationality,* CGA Research Monograph No. 1, The Canadian Certified General Accountants' Research Foundation.
Littleton, A. C. [1928], "What Is Profit?" *The Accounting Review,* Vol. 3, No. 3, pp. 278-288.
――――[1929], "Value and Price in Accounting," *The Accounting Review,* Vol. 4, No. 3, pp. 147-154.
――――[1935], "Value or Cost," *The Accounting Review,* Vol. 10, No. 3, pp. 269-273.
――――[1936], "Contrasting Theories of Profit," *The Accounting Review,* Vol. 11, No. 1, pp. 10-18.
――――[1941a], "A Genealogy for 'Cost or Market'," *The Accounting Review,* Vol. 16, No. 2, pp. 161-167.
――――[1941b], "Questions on Accounting Standards," *The Accounting Review,* Vol. 16, No. 4, pp. 330-340.
Paton, W. A. [1922], *Accounting Theory : With Special Reference to the Corporate Enterprise,* The Ronald Press Co., reprint ed., A. S. P. Accounting Studies Press, 1962.
Paton, W. A. and A. C. Littleton [1940], *An Introduction to Corporate Accounting Standards,* AAA Monograph No. 3, AAA（中島省吾訳『会社会計基準序説』改訳版，森山書店，1958年）。
青柳文司［1962］，『会計士会計学―ジョージ・オー・メイの足跡―』同文舘。
新井清光［1978］，『会計公準論』増補版，中央経済社。

―――― [1982]，『新版財務会計論』中央経済社。
井上良二 [1995 a]，『財務会計論』新世社。
―――― [1995 b]，「原価主義会計と価値会計の論理」『會計』第148巻第 2 号，16-27頁。
岡部孝好 [1996]，「ペイトン」森田哲彌，岡本清，中村忠編集代表『会計学大辞典』中央経済社，951-952頁。
黒澤　清 [1958]，「原価性について㈡」『産業経理』第18巻第 8 号，6 -10頁。
武田隆二 [2001]，『会計学一般教程』第 4 版，中央経済社。
田中　弘 [1998]『取得原価主義会計論』中央経済社。
中島省吾 [1952]，「ペイトン・リットルトンの原価基準をめぐって」『會計』第62巻第 2 号，29-43頁。
―――― [1979]，『「会社会計基準序説」研究』森山書店。
藤井秀樹 [1997]，『現代企業会計論―会計観の転換と取得原価主義会計の可能性―』森山書店。
―――― [1998]，「原価主義会計の論理―A.C.Littleton における価値と原価をめぐって―」中野勲，山地秀俊編著『21世紀の会計評価論』勁草書房，133-150頁。
―――― [2002]，「原価主義会計の現代的展開―減損会計―」『神戸学院経済学論集』第34巻第 1 ・ 2 号，157-169頁。
村田英治 [1997]，「リットルトン原価主義会計論の基底―原価主義会計の法的現実写像性―」『會計』第152巻第 3 号，57-67頁。
森田哲彌 [1992]，「原価主義会計と時価評価」『企業会計』第44巻第11号，73-80頁。
山形休司 [1997]，「原価主義会計再考」『税経セミナー』第42巻第 4 号，4 -10頁。

第8章
Schumalenbach の会計理論

第1節 はじめに

　20世紀を支配した会計理論が Schumalenbach の動的貸借対照表論であることに異論はないであろう。それゆえ、これまで実に多様な観点から Schumalenbach 研究が展開され、わが国でも数多くの貴重な業績が残されている。

　そのようななかだけに心憶しつつ、本章は、Schumalenbach 批判に終始した Rieger 学説の立場から、いわばディスコースとしての、小さな Schumalenbach 考察を試みるものである。Rieger の主著 *Einführung in die Privatwirtschaftslehre*（Rieger [1928]）は Schumalenbach に対する「反対者の書」（Walb [1928], S. 511）であり、それに続く *Schumalenbachs Dynamische Bilanz—Eine kritische Untersuchung—*（Rieger [1936]）は Schumalenbach に対する「破壊的な」（Musheid [1957], Vorwort）批判論といわれる。Schumalenbach 理論を「完膚なきまでに……微細に詮索し」（Rieger [1936], S. 8）批判した Rieger は、Schumalenbach が動的貸借対照表論の牙城を築くなかで、なかば等閑に付され埋もれてきたのである。

　本章では、そのような Rieger による Schumalenbach 批判を忠実に跡付けるというより、その批判の基底に潜む Rieger 学説を通して、それの対極にある Schumalenbach 理論の一端を特徴づけることを試みたい。Rieger 学説については、未だ明晰になり得ていないものがあるが、少なくとも鮮明な会計観（井

原［1970］［1999］）および成果計算観（井原［1972］［1995ｂ］）を視座に置いて，そう試みることにする。

第 2 節　　Rieger と Schumalenbach の会計観

Rieger の会計観とは何か。それは，何よりも貨幣思考といえるが，それに関する Rieger の見解を辿ろう。

Rieger の会計観の出発点は，「計算制度は全体経済の制度から規定されるのであって，個々の企業やその経営によって規定されるのではない」（Rieger［1928］, S.181）という思考である。それは，会計を全体経済の制度から規定されると捉える考え方である。そこで全体経済の制度を考えると，資本主義経済であり，その本質は市場・貨幣経済と捉える。

Rieger によると，資本主義経済は，それと本質的に異なる自給自足経済と対比して考察される。自給自足経済のもとでは，自己の欲求充足のための生産が目的とされ，自己消費を自己生産に適応させねばならない。しかし，人間の欲望の増大や多様化につれて，孤立的な自己生産だけではそれらを充足することができなくなった。そこで，各経済主体は，自己の欲望に応えるだけでなく，他の要求する特定財の生産に専念するようになる。ここに生産の専門化と分業の発達がみられ，さらに技術の改良や機械化による大量生産が行われるようになり，資本主義経済に至る。

このような資本主義経済のもとでは，消費と生産とは分離せざるを得なくなるので，自己の欲望充足のために，相互交換が行われなければならない。しかし，生産の専門化が高度化するに従い，財貨と財貨との直接的な交換は次第に困難になる。その困難を克服し，交換の必要性に応えるために，一般的な受領性を有する交換財の導入が要請される。その一般的な交換財として登場したのが貨幣にほかならない。そこでは，交換財としての貨幣さえ取得していれば，いつでも欲望充足が可能になる。各経済主体は，生産するにとどまらず，市場において販売し貨幣を獲得しなければならないことになり，もっぱら貨幣獲得

への努力を目的にするようになる。

　こうして，Riegerによると，自給自足経済のもとでは起こり得ない貨幣獲得への努力こそ資本主義経済の変革の決定点であり，資本主義経済の本質を市場・貨幣経済と捉えるのである。経済とは，本来人間の欲望充足のうちに存在するものであるが，自給自足経済にあっては，自ら財貨を生産することが，すなわち経済することであった。しかし，資本主義経済においては，経済することは「貨幣につらなるものでなければならず」(Rieger [1928]，S.34)，財貨の生産は，貨幣獲得の単なる手段でしかなくなる。

　そして，この生産を貨幣獲得のための手段とする組織体が登場するようになる。それが企業である。企業は，貨幣経済を本質とする資本主義経済とともに生まれたその最たる代表者であり，すべての企業にとって共通なことは，貨幣転換過程である。これに対して，経営は生産を直接的目的とするものであり，企業の技術的基盤ないし施設であって，本来の意味において経済を営まない。

　それゆえ，企業にとって，貨幣の孔を通らなければ何1つとして企業の計算，すなわち会計の問題とはなり得ない。貨幣計算以外の考量はすべて無縁であり，会計は貨幣計算の域に終始する。

　もはやRiegerの会計観は貨幣思考といえることが明らかだと思うのであるが，さらに，ここに貨幣とは，財貨に代わって獲得の対象となる実体としての貨幣であり，計算尺度としての貨幣ではないことを指摘したい。それゆえ，Riegerの貨幣思考の会計観では，計算対象となるのは財貨でないことはもとより，財貨の貨幣的側面でもなく，もっぱら貨幣それ自体ということになる。しかし，あえてそこでの計算尺度をいえば，貨幣以外ない。それゆえ，Riegerの会計観は，貨幣を計算対象とし，その計算尺度も貨幣による貨幣思考といえるであろう。

　以上のように，Riegerの会計観は，貨幣思考に特徴があるのに対し，Schumalenbachのそれはどのように特徴づけられるのだろうか。それは，Riegerの貨幣思考の対極にある財貨思考と特徴づけられると考えるのであるが，それに関するSchumalenbachの見解を尋ねることにする。

Schumalenbach の会計観の出発点は,「経営の会計制度は経営経済の, したがって, 一般に経済の諸用具である」(Schumalenbach [1926], S. 1) という思考である。それは, 会計を経済に求められ, 役立つものと捉える考え方であり, 会計を経済と関連づけて捉える意味において, Rieger と同じ脈略にあるといえるかもしれない。そこで Schumalenbach における経済の捉え方が問題になる。

Schumalenbach によると, 経済の本質について, あまねく有機体の維持のためには物材と力が必要であるとの主張にもとづき考察される。有機体はそれらを単なる消費ではなく, 他の給付に置きかえる, すなわち生産的消費をする。そうした使用のなされうる物材に注目すると, それらは利用性と稀少性を有しており, これら両者を有するものが価値という特質を有すること, そしてその価値を有する物材が財貨であると主張される。このように「物材・力が利用性を有するとともに稀少性を有するとき, すなわち価値を有し, したがって財貨としての適性を有するとき, これを消費するに際し節約的に処理されなければならず, その際, 財貨の使用目的の重要性について注意が払われねばならない。」(Schumalenbach [1926], S. 1)

Schumalenbach はこのような主張を踏まえ, 経済の本質を次のように指摘する。すなわち, 財貨の価値に関して, その消費の使用目的の比較ならびに生産的消費における財貨と財貨との比較が重要である。その比較過程を評価するというのであり, それによって財貨犠牲の手段が明らかになる。こうした考慮と処置の全体が経済すると称される。それゆえ, 経済することの大部分を占めるのは消費ならびに財貨交換の過程であるが, 会計で取り扱うのは,「その予備的部分たる評価に関するものである」(Schumalenbach [1926], S. 2) という。換言すると, 経済する者の任務は,「比較の操作を実行し, この比較行為に従って財貨の獲得と犠牲を行いうるようにすることであり」(Schumalenbach [1926], S. 7), この比較過程である評価の発展と会計制度の進展が対応するのである。

このように粗雑ではあるが, Schumalenbach の見解を尋ねると, 彼における経済の捉え方は財貨思考であり, そこで求められる会計観も財貨思考と特徴づけてよいであろう。しかし, その計算尺度を問えば, 貨幣にほかならない。そ

れゆえ，Schumalenbach の会計観は，財貨を計算対象とし，その計算尺度を貨幣による財貨思考といえるであろう。

第3節　Rieger と Schumalenbach の成果計算観

　前節において，Rieger の基本的な会計観が貨幣思考であるのに対し，Schumalenbach のそれは財貨思考と特徴づけられることを知見した。そのような基本的な会計観の違いは，会計の中心課題である成果計算観に違いをもたらすはずであり，次に Rieger と Schumalenbach の成果計算観に考察を進めたい。Rieger の成果計算観を特徴づけるのは，基本的な会計観にもとづく貨幣思考に加えて，全体思考であり，それゆえに導かれる成果計算の真実性に関する見解であると考える。その成果計算観は，以下のように展開される。

　前述のように，Rieger によれば，企業にとって，会計は貨幣計算の域に終始することから，その決定的な計算である成果計算も貨幣計算以外あり得ない。企業における成果とは貨幣余剰にほかならず，成果計算は投入貨幣と回収貨幣との比較による貨幣計算でなければならない。「企業の成果にとって決定的であるのは，常に，収入と支出の実際の成り行きであり，……収入・支出計算のみであって，決して収益・費用計算といったものではない。」(Rieger [1936], S. 114)

　このように Rieger の成果計算は貨幣思考の会計観にもとづき貨幣思考であるが，さらに全体思考であるといえる。企業の決定的な計算である成果計算は，企業の終末時にしか行い得ないというからである。継続企業を考えると，1つの取引が片づいても，また新しいものが始められ，絶えず取引が同時に相並んで行われる。それらは相互に依存し制約しあって，時間的にかかわり合う。たとえ，企業継続中のある時点において，たまたますべての取引が同時に終わったとしても，すぐ次の時点には企業は改めて駆け出し，取引が再開される。このような状況では，すでに終わった一連の取引では一定の成果に到達しているであろうが，新たな取引から新たな危険が生じ，以前の諸取引も脅かされるか

もしれないので，成果については語れない。このような継続企業にとっては，すべての取引が完了し活動が究極的に停止した終末時でなければ，成果計算は行い得ない。成果計算としての貨幣計算は，投入貨幣がすべて回収貨幣に立ち帰ったとき，換言すれば「全体的かつ確定的な貨幣形態」(Rieger [1928], S. 205) あるいは「最終的貨幣性のメルクマール」(Engel [1965], S.43) において行われねばならないのである。

このような成果計算観は，貨幣思考と全体思考と特徴づけられると考えるわけであるが，さらに，成果計算の真実性に関する彼独自の見解を導くことになる。その見解とは，成果計算は企業としての取引が完了し活動が究極的に停止した時でなければ行い得ないのだから，成果計算は期間計算ではあり得ず，企業の終末時における全体計算でなければならず，これのみが本来の成果計算 (eigentliche Erfolgsrechnung) であり，真実の成果計算 (wahre Erfolgsrechnung) と称されうるというものである。これに対して，期間計算は，決して真実なものではあり得ず，擬制の成果計算 (fingierte Erfolgsrechnung) として性格づけられることになるが，期間計算については次節で検討することとして，ここでは全体計算についていま少し考察を加える。

全体計算についての Rieger の所説は簡明である。次のような簡単なシェーマが，全体計算のすべてを明らかにするという。

全 体 計 算

現在の貨幣在高	1,000	当 初 の 払 込	700
		利　　　　益	300
	1,000		1,000

Rieger において全体計算は，前述のように，最初の貨幣投入と最終の貨幣在高とを比較することによって行われる。もちろん追加払込や引出は考慮されるが，その後の貨幣剰余が利益を意味し，不足分が損失を表示するというのである。

このような全体計算についての Rieger の所説で注目したいのは，何よりも

全体計算は本来の，真実の成果計算であり，その意味で，実際上の成果計算と位置づけられることである。いま1つは，その全体計算を示したシェーマは借方側に現金の期末在高，貸方側に資本金の期首在高と利益を表示することから，貸借対照表のそれにほかならず，それゆえ全体計算が行われるのは貸借対照表によってであることである。

　以上のように，Riegerの成果計算観が貨幣思考と全体思考であるとともに全体計算の真実性に特徴をもつのに対し，Schumalenbachのそれはどのように特徴づけられるのだろうか。それは，Riegerの貨幣思考と全体思考の対極にある財貨思考と期間思考であり，またSchumalenbach固有の全体計算の真実性に関する見解であるに思われる。Schumalenbachの成果計算観を紡いでみたい。言うまでもなく，Schumalenbachの成果計算観については，彼の動的貸借対照表論の全容から知見すべきところであるが，ここでは成果計算の中心概念である利益概念および全体利益概念についての彼の見解に依拠することにする。

　Schumalenbachの利益概念が直截に語られているのは，経済性の表現としての利益に関する見解においてであろう。そこには，次のような叙述がみられる。「財貨の生産が……いかなる程度に経済的に実現されたかということは，成果計算が決定すべきものである」(Schumalenbach [1926], S.93)，と。そして，この決定の目的は，不経済的であるとわかった企業を経済的な企業にするか，あるいは中止し，他方経済的な企業に対しては，さらに発展の可能性を与え，まっ先に国民経済の資本を使用できるようにしてやることである。また，この目的は，経済的に勤勉でない人に後退してもらい，他方経済的に有能な人に向上してもらうという正しい選択が行われるようにすることである。

　このように経済性の表現としての利益の決定の目的は，物と人との配分を正しく行わせることになるが，その利益とは共同経済的利益か私経済的利益かいずれを指すかが問題となる。これについて，Schumalenbachの立場は明確である。そもそも彼の学問の意図は「いかにすれば，かつまたいかなる方法で，経営が共同経済的生産性を示すかを研究すること」(Schumalenbach [1926], S. 94)だからである。したがって，Schumalenbachとすれば，本来，経済性の表

現としての利益を決定するためには,経営経済的収益の中で共同経済的給付にもとづくものだけを求め,他方,費用について国民経済的価値で計算しなければならないことになる。

ところが,実際には,成果計算において,共同経済的給付だけでなく全ての収益を包含し,他方,費用を価格で計算する。この矛盾に対して,次のような根拠があげられている。その1つは,計算の確実性のためであり,共同経済的生産性を測定することは実際的には貫徹し難いものであること,およびいま1つは,企業者は共同経済に奉仕するために働くのではなく,自己の利益を得ようと働くものであることである。Schumalenbach は,共同経済的生産性の測定の代わりに,私経済的利益の計算を採択するのである。しかし,付言すれば,彼はなお,自らの学問の意図とこのような実際の成り行きの間の自己矛盾を,「私経済的利益は共同経済的利益と一致する」(Schumalenbach [1926], S.95) という前提を導入することによって遮蔽しようとしている。だがこの前提の脆さは,Schumalenbach 自ら察知するところであり,彼は,この脆弱性に対する責任を彼自身の理論構成に求めず,経済状態に帰せしめ,経済政策上の問題と教育上の問題に転嫁して,経済道徳が発育不全であるために共同経済的利益を追求する経営が現れないとしている。

ともあれ,Schumalenbach は,現実に計算される表現としての利益とは,私経済的利益であることを次のように明言する。「われわれの立場は,私経済的利益が本来われわれの測定しようとする最終目的ではないが,私経済的利益のみが必要な確実性と計算人の善意をもつものであることを知って,これをわれわれの計算目的とするのである」(Schumalenbach [1926], S.95),と。こうして,Schumalenbach において成果計算は,本来の共同経済的利益ではなく私経済的利益を決定するものではあるが,財産の生産に関する経済的な実現の度合を照準にするということから,彼の財貨思考の会計観と整合して,財貨思考であるといえよう。

そして次に,その経済性の表現としての利益は物と人との配分を正しく行わせることを目的とするのであるが,この目的は,企業にあって経営が終わって

からではなく，経営進行の途中において果たされなければならないというSchumalenbachの主張に目を注がねばならない。彼は，長期にわたる企業では，全取引が終わってから始めて行う成果計算ではなく，別の方法の成果計算を必要とするという。経営進行の途中において成果を吟味して，経営が順調であるかどうかを知り，不経済的なものを除去し経済的なものを発展させることができなければならないからである。そのため，経営進行中に均一的期間ごとに成果計算を行い，これによって比較できる数値を得ようとする。そのような成果計算が期間計算と称されるというのである。

ここにSchumalenbachの成果計算観は，財貨思考に加えて期間思考と特徴づけられるのであるが，さらにRiegerとは異なる全体計算の真実性に関する見解につながると考える。

全体計算についてのSchumalenbachの所説もRiegerと同じく簡明である。「全体利益の計算は期間利益の計算よりもはるかに簡単である。……全体利益の計算は……損益計算のみならず原則として同時に収入支出計算たるものである。」(Schumalenbach [1926], S.97) 全体計算では，収入と収益の間および支出と費用の間の期間的交叉，ならびに期間損益に関係しない貸借対照表的収入・支出が解消，相殺されるからである。

このような所説から指摘したいのは，何よりも全体計算は収入支出計算によって行われることから，何人にも保証される絶対的な真実性をもちうることが明らかにされていることである。これに関し言及したいのは，それにもかかわらず全体計算は，実際上要請されるわけではなく理論上の意義をもつものと位置づけられていることである。Schumalenbachは，「全体利益の概念は長期継続の企業には実際上重要なものではない。……全体利益の概念の価値は1つの理論的なものであり，期間利益の本質を明白に認識する可能性を与えるものである」(Schumalenbach [1926], S.96) と明言している。さらに指摘したいのは，全体計算はまずは損益計算と示され，損益計算書によるものと捉えられていることである。これは，財貨思考の成果計算観に依拠するゆえといえよう。

第4節　Rieger と Schumalenbach にみる期間計算

　前節でみてきた Rieger および Schumalenbach の成果計算観について，期間計算に関する検討が残されていた。両者の期間計算に関する見解はどのような特徴をもつのだろうか。

　すでに明らかなように，Rieger において期間計算は真実なものではなく，擬制の成果計算と性格づけられる。彼によれば，真実の成果計算は全体計算しかあり得ないにもかかわらず，長期継続の企業ではそれは不可能である。企業は全体計算を待ち得ないし，もし待っていたとしても，それはいわば歴史的追憶以上の現実的意味はない。これに対して期間計算が，企業にあって現実に必要とされることは，Rieger 自ら次のように企業者の立場から説明している。すなわち，企業者は，生活のために企業から所得を引き出さなければならず，また税金を納付しなければならない。「そこで，生活においてそうした計算のために，年度が承認された基礎を形成するゆえに－賃金，税金，家賃，利子等は，通常年額により算定されるから－，企業においても，年度貸借対照表として知られるところの年度的中間決算ないし部分決算（jahrliche Zwichen－oder Teil-abrechnung）が一般に行われるようになった。」(Rieger [1928], S.208)

　こうして期間計算が要請され，現実に行われるようになったのであるが，それを真実の成果計算とみることはできないので，擬制と捉えたわけである。Rieger によれば，期間計算の慣行を「企業の存続中は成果計算は存在しえないという先ほど述べた見解と調和させることを試みなければならない。」(Rieger [1928], S.208) その調和として，期間計算を不可欠の擬制（unentbehrliche Fiktion）とみなしたことになる。

　それゆえ，Rieger の期間計算に関する見解は，それはどこまでも擬制の成果計算の域にとどまらねばならず，単なる蓋然計算にすぎないという性格づけに止まり，期間計算の実際上のあり方については，もっぱら実務慣行に委ねている。敷衍すれば，Rieger にあっては，期間計算を構成する要素である収益・費用という概念ならびにそれによる成果計算を全面的に否定する。「収益および

費用は，決して観察から決定されず，単に計算上の考慮を通してのみ，現実から離れて決定される」(Rieger [1936], S.117) と批判するのである。そして，彼自身が期間計算のあり方に踏み込まなかったのは，自らの成果計算観との論理矛盾を来たさないための当然の成り行きというべきかもしれない。

以上のように，Rieger の期間計算に関する見解が，期間計算の真実ならざる性格づけに止まり，実際上のあり方に言及していないのに対し，Schumalenbach のそれはどのような特徴がみられるのであろうか。それは，自らの期間計算のあり方を展開したところにあり，このことは彼の期間思考の成果計算観に依拠するとともに，Rieger がそのあり方にかかわらなかったことのまさに対極にあるといえる。

Schumalenbach の成果計算観が期間思考と特徴づけられることについてはすでにみたところであるが，彼による期間計算の必要性についてのさらなる説明を付け加えておく。その説明とは，次のようである。個々の期間を事物とみなさないで人と考え，たとえば1910年をひとりの人とし，1911年を他の人とみよ。あるいは，ある経営を想像し，この経営が父からその子供達に遺贈され，それぞれの子供がこの経営から1年ずつ交替で利益を得る資格が与えられることになったとして，その利益を公平に計算する役目を担う会計士を想定せよ。またあるいは，ある経営において，1年ごとに経営者を交替させることとして，利益にもとづく賞与を公平に分割することを考えてみよ。こうした具体的な状況を想えば，期間ごとの成果計算が不可欠であることが容易にわかるはずだというのである。

このような要請を認識し，Schumalenbach は期間計算の実際のあり方を展開するのであるが，それは彼の動的貸借対照表論の中核であるといえるであろう。その期間計算とは，一言でいえば，「支出および収入によって測られる費用および給付の計算としての成果計算」(Schumalenbach [1926], S.113) にほかならない。

Schumalenbach の期間計算では，利益は給付の価値から費用の価値を引き去ったものであり，その双方とも支出および収入によって測定される。ここで，

費用と給付は，支出および収入と同一ではない。期間計算上，費用と支出とは同じ期間に合致しないことは応々にある。同様に給付と収入ともまた合致しない。ある期間に経営においてある給付をなしたとき，あるいは消費をなしたとき，その収入と支出は他の期間に属する場合でも当該給付または費用の尺度となって，給付と費用による期間利益の計算が行われるのである。

したがって，そのような期間利益を計算するための損益勘定は，次のように示される。

借　方		貸　方	
1．今期の費用	今期の支出	7．今期の給付	今期の収入
2．今期の費用	前期の支出	8．今期の給付	前期の収入
3．今期の費用	後期の支出	9．今期の給付	後期の収入
4．今期の費用	今期の給付	10．今期の給付	今期の費用
5．今期の費用	前期の給付	11．今期の給付	前期の費用
6．今期の費用	後期の給付	12．今期の給付	後期の費用

損益勘定は「相対立する力の数値を収め，その残額が利益を表す」(Schumalenbach [1926], S.121) ことになっており，収入と支出とは計上されない。ここで展開されているのは，まさに財貨思考の成果計算に依拠する期間計算である。

そして，Schumalenbach は，貸借対照表をもって，このような期間計算を行うために，費用と支出，給付と収入との関係，加えて支出と収入，費用と給付との関係を期間的に調節する手段として論理形成し，これを動的貸借対照表と称したことはあまねく知られている。さらに，このような期間計算の真実性についていえば，期間利益の合計が絶対的な真実性の保証される全体利益と一致するという意味で相対的な真実性が保証されるというのが，彼の見解とみなされていることも周知のところである。

第5節　む　す　び

以上，われわれは，透徹した Schumalenbach 批判の立場にある Rieger の会計観および成果計算観を視座に置いて，Schumalenbach の会計理論の一端を

特徴づけることを試みた。その結果，Rieger が貨幣思考の会計観を基本的な考え方として，貨幣思考と全体思考の成果計算観になり，全体計算のみを真実の成果計算と捉え期間計算を擬制のものとみなさざるを得ないことになったのに対し，Schumalenbach は財貨思考の会計観を根幹に置き，財貨思考と期間思考の成果計算観になり，給付と費用に基づく期間計算を相対的な真実性の保証されるものとして展開することになったことが明らかになった。両者は，まさに対極にある会計理論であることを知見するのである。

そして，このような小さな知見を通して Schumalenbach の会計理論を意義づけるとすれば，次のように考えることは許されないだろうか。それは会計の基本命題である期間計算を実際に存在せしめる理論構築をはかったことである。これは，あまりにも基本的で当然に過ぎ，いまさらの感を否めないかもしれないが，Rieger にとって期間計算は擬制の存在でしかあり得なかったことであり，だからこそ Schumalenbach 理論のたしかな意義とみたいのである。

改めて，Schumalenbach における期間計算を存在せしめた論理構造をまとめ，むすびとしたい。その会計理論では，財貨思考の会計観に立脚して，財貨思考と期間思考の成果計算観にもとづき，費用と給付による期間の成果計算が構想されたのである。これに関し付言すれば，一般に期間計算を構成する費用と収益という概念は，その計算尺度が収入・支出，すなわち貨幣によるというだけであって，本来財貨概念であると捉えられるように思うのである。さらに最後に論理構造として指摘したいのは，期間計算の真実性概念として構成説の真理概念が採り入れられ，構成的真実性と特徴づけられるものになっているのではないかということである。ここに構成説の真理概念とは，模写説のそれに対立し，後者は真理が第一次的には存在の性格であり，第二次的に認識の性格であるのに対して，前者は真理が何らかの意味で存在的根拠をもちながらも認識の性格として命題の真理のみを考えるものである（井原[1995a]，296-305頁）。このような構成説の真理概念にもとづくことによって，期間計算の相対的真実性が計算上とともに概念上保証され，したがってまた期間計算の存在自体が保証されているといえるであろう。

参考文献

Engel, D. [1965], *Wilhelm Riegers Theorie des 'heutigen Wertes' und sein System der Privatwirtschaftslehre,* Berlin.
Muscheid, W. [1957], *Schmalenbachs Dynamiche Bilanz－Darstellung, Kritik und Antikritik－,* Köln／Opladen.
Rieger, W. [1928], *Eiführung in die Privatwirtschaftslehre,* Nürnberg.
─── [1936], *Schmalenbachs Dynamische Bilanz－Eine kritische Untersuchung －,* Stüttgart／Köln.
Schamalenbach, E., [1926], *Dynamische Bilanz,* 4, Aufl., Leipzig（土岐政蔵訳［1943］，『動的貸借対照表論』，森山書店）
Walb, E. [1928], "Besprechung von Rieger, Wilhelm, Einführung in die Privatwirtschaftslehre, Nürnberg 1928," *ZfhF* 22Jg.
井原理代［1970］，「リーガーの成果計算論」，『香川大学経済論叢』，第43巻第4号，35－68頁。
─── ［1972］，「期間計算の擬制性」，『香川大学経済論叢』，第45巻第4号，96－123頁。
─── ［1995a］，「期間計算と真実性概念」，『香川大学経済論叢』，第68巻第2・3号，279－306頁。
─── ［1995b］，「リーガー会計構造観の二元性」，『国民経済雑誌』，第172巻第4号，1－20頁。
─── ［1999］，「ドイツ財務会計の計算構造－Rieger 貸借対照表論に依拠して－」興津裕康編著，『財務会計システムの研究』税務経理協会，102－113頁。
土方 久［2000］，「シュマーレンバッハの動的貸借対照表論」，『神戸学院大学経済学論集』，第31巻第4号，17－34頁。

第III部

現代会計の制度展開

第9章
FASBの会計フレームワーク
―― SFAC第7号の今日的意味 ――

第1節 はじめに

　米国の財務会計基準審議会（FASB）は1973年に設立された直後から，最重要課題として概念フレームワーク・プロジェクトに取り組み，その成果として，1978年から1985年にかけて6つの財務会計概念書（SFACs）を公表し，そこにおいて，意思決定有用性アプローチのもとに会計観として連携にもとづく資産負債アプローチの採用とそれに依拠した財務諸表構成要素の定義を行っていた。

　しかしその一方で，FASBは，測定属性については，現行の会計実務を単一の属性にもとづいているものというよりもむしろ異なる属性にもとづいているものと見ており，そのことから，単一の属性を選択し，あらゆる種類の資産および負債にかかる単一の属性を用いるように実務の変更を強いることよりもむしろ異なる属性が引き続き用いられることを提案する（FASB [1984], par.70）としている。その意味でここにおいては，形式的には収益費用アプローチから資産負債アプローチに会計観の転換が図られているといえるのであるが，実質的には現行会計実務の容認に終始するという結果となっていたのである（高須・他 [1991]，98頁）。

　ところが，その後，FASBは1997年6月に測定問題を主要なテーマとするSFAC公開草案『会計測定におけるキャッシュ・フロー情報の利用』を，1999年3月にはSFAC改訂公開草案『会計測定におけるキャッシュ・フロー情報お

よび現在価値の利用』を，さらに2000年2月にはSFAC第7号『会計測定におけるキャッシュ・フロー情報および現在価値の利用』を公表したのである。それでは，これによって収益費用アプローチから資産負債アプローチへの会計観の実質的転換が図られることになったのであろうか。

　そこで，本章においては，かかる疑問に答えるために，まず資産負債アプローチおよび収益費用アプローチにおける認識・測定構造について検討する。そして次に，SFAC公開草案，SFAC改訂公開草案およびSFAC第7号にもとづいてFASBの基本的思考を抽出するとともに，そのことからSFAC第7号の有している今日的意味を明らかにすることにする。

第2節　資産負債アプローチおよび収益費用アプローチにおける認識・測定構造

　FASBは1976年討議資料において，資産負債アプローチおよび収益費用アプローチを次のように説明している。

　資産負債アプローチにおいては，一定期間における営利企業の正味資源の増加測定値を利益とみなしており，一義的には，利益を資産・負債の増減額として定義している。したがって，利益の積極要素──収益──は当該期間における資産の増加および負債の減少として定義され，利益の消極要素──費用──は当該期間における資産の減少および負債の増加として定義される。すなわち，資産および負債──企業の経済的資源および将来他の実体（個人を含む）に資源を引き渡す企業の義務の財務的表現──が当該アプローチの鍵概念となる。そしてそのことから，資産・負債の属性および当該属性の変動を測定することが，財務会計における基本的な測定プロセスとみなされる。その結果，その他の財務諸表構成要素──所有主持分または資本，利益，収益，費用，利得，損失──のすべてが，資産・負債の差額または資産・負債の属性測定値の変動額として測定されることになる（FASB [1976a]，par.34）[1]。

　一方，収益費用アプローチにおいては，アウトプットを獲得しそれを利益を得て販売することを目的としてインプットを活用する企業の活動成果の測定値

を利益とみなしており,一義的には,利益を一定期間の収益・費用差額と定義している。すなわち,収益および費用——企業の利益稼得活動におけるアウトプットおよびインプットの財務的表現——が当該アプローチの鍵概念となる(FASB [1976a], par.38)。そしてそのことから,収益・費用を測定すること,ならびに一定期間における努力(費用)と成果(収益)を関連づけるために収益・費用認識の時点調整を行うことが,財務会計における基本的な測定プロセスとみなされる(FASB [1976a], par.39)。その結果,資産・負債の測定は,一般的には,利益測定プロセスの必要性によって規定されるのであり,当該アプローチにもとづく貸借対照表は,企業の経済的資源あるいは他の実体に資源を引き渡す義務を表さない項目を資産・負債またはその他の要素として記載することがある(FASB [1976a], par.42)。

したがって,資産負債アプローチにおいては,基本的思考として財貨動態が想定されていることになる。そのことから,取引の認識・測定にあたっては,まず認識対象として個別財貨の数量的変動が把握され,そしてその後に利益計算の観点からそれを共通尺度たる貨幣に変換するという認識・測定構造を有しているといえる。言い換えると,ここにおいては財貨数量の変動のみならず測定属性の変動も取引として認識されることになるため,取引が資産・負債の属性測定値の変動にもとづいて連続的に把握されることになるとともに,すべての財貨を共通尺度たる貨幣に変換するという過程すなわち評価過程が必要となる。そのため,測定属性の選択問題が生じることになるが,ここにおいては,測定属性として期待キャッシュ・フローの現在価値が想定されていると思われるのである(高須 [1998], 246-247頁)。

一方,収益費用アプローチにおいては,基本的思考として貨幣動態が想定されていることになる。そのことから,取引の認識・測定にあたっては,認識対象として現金収支の数量的変動が把握されると同時にそれによって測定が行われるという認識・測定構造を有しているといえる。言い換えると,ここにおいては認識と測定を切り離すことができず,評価の問題は生じないのである。したがって,ここにおいては,その測定属性として個別取引の取引時点における

取得原価が採用されることになる。しかしその一方で，現金収支の変動のみが取引として認識されることから，また，現金収支の有している特性すなわち現金支出（現金収入）は現金収入（現金支出）によって解消されるという特性から，取引が資産・負債（現金数量）の変動にもとづいて非連続的に把握されることになる。そのために，資金の投下過程から回収過程への変換点（特異点）の認識が必要になる。しかも，ここにおいては取引の時点制約性が存在しないことから，利益計算において見越・繰延の操作を行うことによって過去の現金収支および将来の現金収支を無限定に操作することが可能となる。そのことから，収益費用アプローチ（現行会計実務）においては，かかる操作性を排除するために収益および費用の認識基準として収益実現ルールおよび費用対応ルールの採用が行われているのである（高須［1998］，247-248頁）。

そこで，上記の検討結果にもとづいて資産負債アプローチおよび収益費用アプローチにおける認識・測定構造を図示すると次のようになる。**(第9-1図)**

第9-1図　資産負債アプローチおよび収益費用アプローチの認識・測定構造

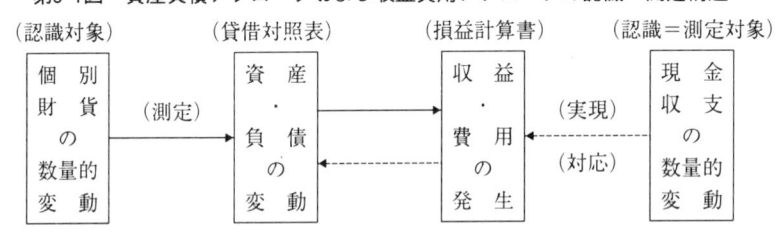

（認識対象）　　　（貸借対照表）　　　（損益計算書）　　　（認識＝測定対象）

| 個別財貨の数量的変動 | →（測定）→ | 資産・負債の変動 | → | 収益・費用の発生 | ←（実現）--- ---（対応）→ | 現金収支の数量的変動 |

備考：⟶は資産負債アプローチにおける，--▶は収益費用アプローチにおける認識・測定構造を示している。

第3節　SFAC第7号をめぐるFASBの提案の検討－FASBの基本的思考の抽出－

FASBはSFAC公開草案において，将来キャッシュ・フローを会計測定の基礎として用いるためのフレームワークを提示しており，しかも，そのフレームワークは，特に将来キャッシュ・フローの金額または時点あるいはその両者が不確実である場合に現在価値の利用に関する一般原則を提供するとともに，公正価値（fair value）または実体特殊的測定値（entity-specific measurement）を見

積もるにあたって会計測定に現在価値を用いる目的に関する共通の理解を提供するものとされている（FASB [1997], par.9)。

そして，会計測定において現在価値を用いる目的は，できる限り，見積将来キャッシュ・フローの流列の間の経済的相違を捉えることにあるとしている（FASB [1997], par.14)。しかも，現在価値は他の方法を用いる場合には同一に見えるかもしれない項目を区別することができるため，見積将来キャッシュ・フローの現在価値にもとづく測定は見積将来キャッシュ・フローの割引を行わない合計額にもとづく測定よりも目的適合的な情報を提供すると述べている（FASB [1997], par.15)。また，財務報告において目的適合的な情報を提供するためには，現在価値は資産または負債の何らかの観察可能な測定属性を表さなければならないとして，現在価値法を原初認識における会計測定または新規再測定において用いる場合には，現在価値法は公正価値を見積もるか実体特殊的測定値を展開するために用いられるとしているのである（FASB [1997], par. 16)[2]。

その一方で，SFAC公開草案においては，①原初測定および新規再測定にあたって公正価値を要求するのか実体特殊的測定値を要求するのかということ（FASB [1997], par.42)，ならびに，②ある状況が新規再測定を必要としているのかそれとも他の何らかの会計的対応を必要としているのかということについてはプロジェクトごとに決定されるべきである（FASB [1997], par.12) として，FASBはそれ以上の明言を避けている。

しかし，FASBは原初測定および新規再測定にあたって公正価値と実体特殊的測定値という2つの測定属性をあげていることから，資産および負債の対象ごとにそれらを使い分けることを予定していたと考えられる。しかもその場合に，FASBは公正価値と実体特殊的測定値に相違をもたらさない項目（貨幣性項目）に公正価値を，一方，両者に相違をもたらす項目（非貨幣性項目）に実体特殊的測定値を適用することを想定していたものと思われるのである。というのは，SFAC改訂公開草案における原初測定および新規再測定にあたって実体特殊的測定値を排除することに係わる議論において，FASBは(1)FASB円卓討

論会におけるある参加者が実体特殊的測定値とは①資産または負債の公正価値と②当該資産および負債を所有している実体によって支配されている市場における他者には利用できないリアル・オプション（real option）の公正価値との合計額であると述べていることをあげて，米国財務省証券のようないくつかの資産および負債についてはいかなる実体もこれらの証券から生じるキャッシュ・フローを変更する能力を有していないことから公正価値と異なる実体特殊的測定値を持たないことを示しているとするとともに，(2)市場において他者に期待されるキャッシュ・フローと異なるキャッシュ・フローを実体が実現するかまたは支払うと期待されるいくつかの理由があるものの，原初測定あるいは新規再測定にあたって実体特殊的測定値が公正価値よりも目的適合的な情報を提供するような状況を確認することができなかったと結論づけている（FASB［1999］, pars.106－108）からである。

また，FASBは新規再測定と他の会計的対応との選択に係わってSFAC公開草案において，会計人はしばしば資産の変化を新規再測定によっても既存の償却慣行の修正によっても認識することができるような状況に直面する（FASB［1997］, par.12），キャッシュ・フローの時点または金額の原初見積りに生じた変化は，①利息法の償却シェーマにおいて調整することも，②資産または負債の新規再測定にあたって反映することもできる，そしてそれに続いて，もし見積キャッシュ・フローの金額または時点が変化し，その項目が再測定されない場合には，利息法の償却シェーマがキャッシュ・フローの新規見積りを反映して変更されなければならないと述べている（FASB［1997］, par.61）。

そこで，かかる断片的記述から，FASBの基本的思考を抽出すれば，それは見積キャッシュ・フローの金額または時点に変化が生じた場合には，新規再測定を行うことを原則とするものの，新規再測定が行われない場合には，例外的に利息法の償却シェーマの修正を行うことによってそれに対応することを容認するというものである。しかも，そのことから同時に，FASBは，見積キャッシュ・フローの金額または時点に変化が生じない場合には，一会計期間における資産および負債の変動を測定するにあたっても当該資産および負債の新規再

測定を行うのではなく，利息法を用いて償却することを想定していると結論づけることができるのである（高須 [2001b], 26頁）。

そしてこのことは，FASBがSFAC公開草案において，(1)現在のところ利息法の使用は一般的には①当該資産または負債を生じさせる取引が一般に借入または貸付とみなされること，②類似の資産または負債の償却に利息法が用いられていること，③当該資産および負債が貨幣性項目またはそれに極めて近い項目であることという特性のうち1つまたは2つ以上を表す資産および負債に限られているが，利息法はいかなる資産および負債にも適用できるとしていること（FASB [1997], par.57），(2)既存の会計プロナウンスメントにおける利息法は，そのほとんどの場合に，期待キャッシュ・フローではなく約定キャッシュ・フローが用いられており，しかも，約定キャッシュ・フローの現在価値と資産または負債の原初価額を等しくするような一定の実効利子率を利子率としている（FASB [1997], par.59）として批判していることとも整合的である。

そして，FASBのかかる基本的思考の枠組みは，SFAC改訂公開草案において実体特殊的測定の定義が不明確である，ある状況においていずれの目的が適切であるかを決定するにあたって用いる規準を審議会は提示すべきである，実体特殊的測定にあたっては市場要因にもとづくリスク・プレミアムよりも実体のリスク履歴と結びついたリスク・プレミアムを用いるべきであるというような疑問が回答者から提出されたことを受けて原初測定および新規再測定にあたって実体特殊的測定値という考え方を排除したこと（FASB [1999], par.105）を除いて[3]，SFAC改訂公開草案においても，SFAC第7号においても踏襲されているといえるのである[4]。

言い換えると，FASBはSFAC改訂公開草案およびSFAC第7号において，次のような測定枠組みを採用していることを意味するのである。すなわち，原初測定および新規再測定にあたってはあらゆる資産および負債に対して公正価値を適用する。また，見積キャッシュ・フローの金額または時点に変化が生じた場合には，新規再測定を行うことを原則とするものの，新規再測定が行われない場合には，例外的に利息法の償却シェーマの修正を行うことによってそれ

に対応することを容認する。一方，見積キャッシュ・フローの金額または時点に変化が生じない場合には，一会計期間における資産および負債の変動を測定するにあたっても当該資産および負債の新規再測定を行うことなく，利息法を用いて償却するというものである（高須［2001b］，28頁）。そしてかかる枠組みのうち後段部分については，SFAC第7号において，当該概念書において到達した結論の適用範囲が明確に原初測定，新規再測定から将来キャッシュ・フローにもとづく償却法すなわち利息法にまで拡張されている（FASB［2000］, par. 15）ことから，より一層明らかになるのである。

第4節　SFAC第7号の今日的意味

　SFAC第7号をめぐるFASBの提案の検討から，FASBの基本的思考を抽出すると，それはSFAC公開草案，SFAC改訂公開草案，SFAC第7号を通じて変更が行われていない部分と変更が行われた部分とからなっていることが明らかになる。すなわち，SFAC公開草案，SFAC改訂公開草案，SFAC第7号を通じて，見積キャッシュ・フローの金額または時点に変化が生じた場合には，新規再測定を行うことを原則とするものの，新規再測定が行われない場合には，例外的に利息法の償却シェーマの修正を行うことによってそれに対応することを容認するとともに，見積キャッシュ・フローの金額または時点に変化が生じない場合には，一会計期間における資産および負債の変動を測定するにあたっても当該資産および負債の新規再測定を行うのではなく，利息法を用いて償却するという部分については変更が行われていないのである。一方，原初測定および新規再測定にあたって，貨幣性項目には公正価値を，非貨幣性項目には実体特殊的測定値を適用するという部分（SFAC公開草案）については，あらゆる資産および負債に対して公正価値を適用する（SFAC改訂公開草案およびSFAC第7号）というように変更が行われているのである。そこでここにおいては，FASBの基本的思考のうち変更が行われていない部分および変更が行われた部分について個別に検討することにする。

(1) FASBの基本的思考のうち変更が行われていない部分の検討

 この部分は,①見積キャッシュ・フローの金額または時点に変化が生じない場合には,利息法を用いてその償却が行われること,②見積キャッシュ・フローの金額または時点に変化が生じた場合にも,それに利息法の償却スキーマを修正することによって対応することが容認されていることという2つの部分からなっている。言い換えると,ここにおいては資産および負債の測定を利息法という費用配分方法によって代替するものとなっているといえるのである。

 しかもここにおいては,かかる代替を可能にするための装置として,次の2つの装置が組み込まれているのである。すなわち,その1つは,見積キャッシュ・フローに内在する不確実性とリスクを反映するにあたって単一の見積キャッシュ・フローの流列および単一の利子率が用いられてきた伝統的アプローチ (FASB [1997], par.33) に代えて,ありうべき期待キャッシュ・フローの範囲およびそのそれぞれの確率についての明示的な仮定にもとづいている期待キャッシュ・フロー・アプローチを採用していることにあり (FASB [1997], par.35),もう1つは,利息法において見積キャッシュ・フローの金額または時点の変化を調整するメカニズム(償却スキーマの修正方法)として,①繰延修正 (prospective) アプローチ(帳簿価額と残存キャッシュ・フローにもとづいて新規の実効利子率を計算する方法),②簿価修正 (catch-up) アプローチ(修正後見積キャッシュ・フローを原初実効利子率で割り引いた現在価値に帳簿価額を修正する方法),③遡及修正 (retrospective) アプローチ(原初帳簿価額,当該日までの実際キャッシュ・フローおよび残存見積キャッシュ・フローにもとづいて新規の実効利子率を計算し,その後,当該実効利子率で修正後見積キャッシュ・フローを割り引いた現在価値に帳簿価額を修正する方法)の3つのアプローチをあげるとともに,このうちから最も優れた方法として簿価修正アプローチを推奨している (FASB [1997], pars.61-62) ことにあるのである。というのは,期待キャッシュ・フロー・アプローチにおいては,不確実性およびリスクが見積キャッシュ・フローにおいて調整されるため,利子率として無リスク利子率が適用されることになる (FASB [1997], pars.22-26) ことから,ここで無リスク利子率が長期的に安定しているという仮

定を置くと，期待キャッシュ・フロー・アプローチにもとづく利息法を適用する場合には，見積キャッシュ・フローの金額または時点に変化が生じない限り，利息法による償却を行った結果と新規再測定を行った結果とは同一になるからである。また同様に，見積キャッシュ・フローの金額または時点に変化が生じた場合に，利息法の償却シェーマの修正方法として簿価修正アプローチを適用する場合には，簿価修正アプローチにより修正を行った結果と新規再測定を行った結果とは同一になるからである。

(2) FASBの基本的思考のうち変更が行われた部分の検討

この部分は，原初測定および新規再測定にあたって，①貨幣性項目には公正価値を，非貨幣性項目には実体特殊的測定値を適用するというものから，②あらゆる資産および負債に対して公正価値を適用するというように変更が行われている。言い換えると，ここにおける相違は非貨幣性項目に対して実体特殊的測定値を適用するか，公正価値を適用するかという点にあるのである。

そして，原初測定における公正価値は実際の取引価額（FASB [1999], par. 21；FASB [2000], par.27) すなわち歴史的原価であることに鑑みれば，かかる変更は利息法を適用するための初期値を歴史的原価にすることを意味しているのである。

したがってそのことから，SFAC第7号においては，適用される償却シェーマ自体は現行会計実務と異なることになるとはいえ，測定の基本的枠組み自体は現行会計実務のままであるともいいうるのである（高須 [2001b], 29頁)。というのは，利息法は報告金額の変化と将来キャッシュ・インフローまたはアウトフローの現在価値の変化とを関連づけてはいるものの（FASB [1999], par. 70；FASB [2000], par.92)，結局のところそれは取得原価主義にもとづくものであるからである（FASB [1999], par.74；FASB [2000], par.96)。

以上のことから，FASBは当初は資産負債アプローチへの会計観の実質的転換すなわち測定属性として通常の清算における現在払出価値（現在市場価値）または期待キャッシュ・フローの現在価値を採用する資産負債アプローチへの変

更(高須[2001a], 10頁)を図ることによって,現行会計実務(収益費用アプローチ)において生じることになる情報作成者による恣意性を排除するとともに,今日の市場が完備市場ではないため公正価値を見積もらなければならないということから新たに生じる情報作成者による恣意性をめぐる問題を利息法という費用配分方法の採用により資産負債アプローチにおける測定を代替させることによって回避しようとしたといえる。言い換えると,ここにおける利息法の採用は資産負債アプローチにおける測定に対する簡便法と位置づけることができるのである。

しかし,FASBは最終的には測定属性として公正価値を適用する資産負債アプローチへの会計観の変更を行い,そのことは,当初の試みとは異なり,資産負債アプローチという形式的枠組みの中で収益費用アプローチを形を変えて再現させることになった[5]。そしてそのことから,費用配分方法である利息法の採用もここにおいては測定における中核部分を構成する基本的装置に変容させられることになったのである。

第5節 むすび

以上において,SFAC第7号の公表によって収益費用アプローチから資産負債アプローチへの会計観の実質的転換が図られることになったのかということを明らかにするために,資産負債アプローチおよび収益費用アプローチにおける認識・測定構造について検討するとともに,SFAC公開草案,SFAC改訂公開草案およびSFAC第7号にもとづいてFASBの基本的思考を抽出してきた。そしてそのことから,SFAC第7号の有している今日的意味について明らかにしてきた。

その結果,FASBは①当初は資産負債アプローチへの会計観の実質的転換を図ることによって,現行会計実務(収益費用アプローチ)において生じることになる情報作成者による恣意性を排除するとともに,今日の市場が完備市場ではないため公正価値を見積もらなければならないということから新たに生じる情

報作成者による恣意性をめぐる問題を利息法という費用配分方法の採用により資産負債アプローチにおける測定を代替させることによって回避しようとしたこと，しかし，②最終的には測定属性として公正価値を適用する資産負債アプローチへの会計観の変更を行うことによって，当初の試みとは異なり，資産負債アプローチという形式的枠組みの中で収益費用アプローチを形を変えて再現させることになったことが明らかになった[6]。

　すなわち，ここにおいては，資産負債アプローチという枠組みの中でその測定を収益費用アプローチにもとづく費用配分方法によって代替するという基本的構造から収益費用アプローチという枠組みの中でその費用配分方法を資産負債アプローチにもとづく測定に依拠して行うという基本的構造に変更されたといえる。言い換えると，ＦＡＳＢは変更前においても変更後においても資産負債アプローチと収益費用アプローチの結合形態をここで採用していることになるのである。しかし，このことは，ＦＡＳＢが概念フレームワーク・プロジェクトの当初から資産負債アプローチおよび収益費用アプローチをさまざまな会計観のスペクトラムの両極を示すものと述べている（FASB [1976b], p.21）ことからして，驚くべきことではないといえるのである。

注

1）ただし，正味資産（所有主持分または資本）の増減のすべてが必ずしも利益となるわけではない。たとえば，資本拠出，資本引出，過年度損益修正は一定期間における資本の増減をもたらすが当該期間の利益にはならない（FASB [1976a], par.36）。
2）なお，資産（または負債）の公正価値とは，当該資産（または負債）を自主的主体間の現在の取引において購入（または引き受ける）もしくは販売する（または決済する）ことができる金額であるとする（FASB [1997], par.46）。一方，資産（または負債）の実体特殊的測定値とは，実体が資産（または負債）をその耐用年数にわたり使用し，そして処分する（または決済する）ことから実現する（または支払う）将来キャッシュ・フローの現在価値であるとする（FASB [1997], par.43）。
3）この他に，SFAC改訂公開草案においては，貸倒リスクと負債測定について変更が行われている（FASB [1999], par.111）。
4）ただし，SFAC第7号においては，SFAC公開草案（FASB [1997], pars.17-18）およびSFAC改訂公開草案（FASB [1999], pars.20-21）を通じて認めるこ

とのできた市場メカニズムおよびそれにもとづいて成立した市場価格に対する指向性がさらに強調されており，資産または負債もしくは類似の資産または負債の価格が市場で観察される場合には，現在価値測定を行う必要性はないという文言がSFAC改訂公開草案（FASB [1999], par.53）におけるのとは異なり，その前面に据えられている（FASB [2000], par.17）。

5）　このことは，SFAC改訂公開草案において実体特殊的測定値を排除することに係わる議論において，リアル・オプションが市場における他者と比べて実体の有する強みあるいは弱みを表しているという審議会メンバーの指摘をもとに，実体が資産または負債を公正価値で測定する場合には，その比較優位または劣位は実体が公正価値と異なる金額で資産を実現するかまたは負債を決済する時（すなわち，優位または劣位の結果が生じる時）に利益に現れることになるのに対して，実体が資産または負債を実体特殊的測定値を用いて測定する場合には，その比較優位または劣位は原初認識における資産または負債の測定において含まれることになり，収益または費用を相手勘定として記入が行われる時には，この比較優位または劣位を原初測定において利益として認識させることになる（FASB [1999], par.110）としていることからも明らかになる。

6）　測定問題をめぐる提案において生じたかかる現象は測定問題にとどまらず，その議論に前後して行われた「包括利益の報告」をめぐるFASBの提案においても同様に認めることができる（高須 [2002]）。

参考文献

FASB [1976a], *An Analysis of Issues Related to Conceptual Framework for Financial Accounting and Reporting：Elements of Financial Statements and Their Measurement*, FASB Discussion Memorandum, FASB（津守常弘監訳，『FASB財務会計の概念フレームワーク』，中央経済社，1997年）．

―――― [1976b], *Scope and Implications of the Conceptual Framework Project*, FASB（森川八洲男監訳，『現代アメリカ会計の基礎概念－FASB財務会計概念報告書－』，白桃書房，1988年）．

―――― [1984], *Recognition and Measurement in Financial Statements of Business Enterprises*, Statement of Financial Accounting Concepts No.5, FASB（平松一夫・広瀬義州訳，『FASB財務会計の諸概念〔改訳版〕』，中央経済社，1990年）．

―――― [1997], *Using Cash Flow Information in Accounting Measurements*, Proposed Statement of Financial Accounting Concepts, Exposure Draft, FASB.

―――― [1999], *Using Cash Flow Information and Present Value in Accounting Measurements*, Proposed Statement of Financial Accounting Concepts, Exposure Draft（Revised）, FASB.

―――― [2000], *Using Cash Flow Information and Present Value in Accounting Measurements*, Statement of Financial Accounting Concepts No.7, FASB.

高須教夫 [1998],「FASB概念フレームワークにおける利益概念の錯綜－包括利益と稼得利益－」, 山地秀俊編,『原価主義と時価主義』, 神戸大学経済経営研究所, 1998年, 243－260頁。
────── [2000],「会計観の変更とOhlsonモデル」,『研究資料』(神戸商科大学), 第170号, 1－14頁。
────── [2001a],「FASB概念フレームワーク・プロジェクトの出発点と到達点」,『商大論集』(神戸商科大学), 第52巻第5号, 1－14頁。
────── [2001b],「FASB概念フレームワーク・プロジェクトの新展開」,『産業経理』, 第61巻第2号, 22－30頁。
────── [2002],「FASB概念フレームワーク・プロジェクトの今日的到達点－包括利益と稼得利益－」,『神戸学院経済学論集』(神戸学院大学), 第32巻第4号, 97－115頁。
高須教夫・藤井秀樹・浦崎直浩・原 陽一・山地範明・冨増和彦 [1991],「FASB概念フレームワークにおける基本問題－定義・認識・測定をめぐって－」,『産業経理』, 第51巻第3号, 94－98頁。
藤井秀樹・金森絵里・境 宏恵・山田康裕 [1998],「会計測定におけるキャッシュ・フロー情報の利用－FASB1997年概念書公開草案の内容と論点－」,『調査と研究』(京都大学), 第15号, 1－17頁。

第10章
国際会計基準の概念フレームワーク
―― 会計上の認識規準を中心として ――

第1節 はじめに

　筆者に与えられた課題は，国際会計基準委員会の1989年7月に公表した「財務諸表の作成表示に関するフレームワーク」(Framework for the Preparation and Presentation of Financial Statements, 以後,「フレームワーク」と略称する) を取り上げて，その内容がいわゆる近代会計理論のどこに変化を求め，どこに無変化（連続）を求めているのかを検討することである。当該作業は，近代会計理論を座標としたうえで，「フレームワーク」をそこからの偏差として位置づけて説明することに他ならない。

　ただし，このような議論を展開する以前に解決すべき複数の問題がある。第1に，本書で「現代会計」と考えられているものの特徴（の一部）を浮き彫りにするための座標となるべき「近代会計」という概念について必ずしも一般的な合意が得られていないことである。「近代会計」という概念は，国によって，また論者によってその内容は相違しており，最大公約数的な解釈を導き出すこともなかなか難しい。紙幅が許せば大いに議論すべきところであるが[1],「近代会計」を論ずる役割は第Ⅰ部及び第Ⅱ部に委ねるべきであろう。ここでは，筆者のこれまでの研究との関係から，米国における議論に絞って論ずることとしたい。

　第2の問題は，「フレームワーク」の検討が，本書の第Ⅲ部「現代会計の制

度的展開」の中に位置づけられていることに関してである。「フレームワーク」の性格付けに関して，それが首尾一貫した理論であるかどうかについては議論があるものの，その体裁は会計処理のルールではなく，演繹的に構築された一組の理論である。それにもかかわらず，「制度的展開」に位置づけられている理由は，「フレームワーク」が過去に公表された会計基準の修正と将来における新たな会計基準の設定のための理論的な基礎としての役割を与えられているからであろう。言い換えれば，「フレームワーク」は，制度的な役割（会計規範[2]としての役割）を担い，制度の一端として機能することを期待されている，制度のための理論であるからである[3]。しかし，「フレームワーク」の制度的性格を重視するならば，「フレームワーク」を位置づけるべき座標は，近代会計制度（会計基準）自体であるか，近代会計制度（会計基準）を支えてきた理論に限定されるべきであろう。

以上に述べたような，「フレームワーク」の理論としての装いと制度としての役割の両側面を考慮して，ＦＡＳＢ［1976］が「収益費用中心観（revenue／expense view）」にもとづく会計の特徴としてあげているものを，近代会計の特徴と読み替えて座標を構築し，考察を進めることとする。

第3は，「フレームワーク」がもたらした変化のみでなく，今後，「フレームワーク」自体が変化せねばならない状況が発生しており，冒頭に掲げた本章の課題を逸脱して論ずる必要があることである。

「フレームワーク」に限らず，概念フレームワークが理論的に首尾一貫した会計基準を設定し，それを実務へ普及させるために貢献するには，変化しないままで維持される必要がある[4]。「フレームワーク」も1989年に公表されて以来今日まで，修正されないまま維持されている。しかし，もう一方で，経済社会の変化にともなって発生する経済社会の会計に対する役割期待の変化の中で，その内容は必然的に陳腐化していく。つまり，概念フレームワークは変化してはならないが，変化していかなければならないという矛盾を内包している。本章の内容との関係における問題は，「フレームワーク」の内容を「フレームワーク」公表後に設定された（または，設定されつつある）具体的な会計基準（を巡る

議論）と比較・対照してみると，その是非は別にして，「フレームワーク」を修正すべきいくつかの新しい動きが観察できる[5]。ただし，紙幅との関係から，論点の提示に止めている。

以下において，会計上の認識の問題を中心として，2.「フレームワーク」を位置づけるための座標の構築（収益費用中心観の特徴），3.「フレームワーク」の概要と座標への位置づけ，4.「フレームワーク」自体の変化の可能性の順に論ずることとする。

第2節　「フレームワーク」を位置づけるための座標の構築

収益費用中心観の特徴の一部[6]を指摘すると次のとおりである。

収益費用中心観においては，企業の達成した成果としての収益とそれを達成するために費やされた努力（犠牲）としての費用が，期間的に「対応」させられることによって，その差額としての利益が算定される。換言すれば，原初的認識（第一次認識）において認識された取引フローは，決算認識（第二次認識）において成果（実現収益）と努力（発生費用）の「対応」という形で当該期間に帰属（配分）させられる。資産・負債のストックは，取引フローの原初的認識の残高と，決算認識において期間利益計算から除外された収益・費用の見越額・繰延額とによって構成される。資産および／または負債の概念があって，ある事象が資産および／または負債として認識されるのではなく，「対応」から外れたものがストックとされるのである。

収益費用中心観においては，利益は企業または経営者の経常的，正常的，長期的な業績指標，成果指標または利益稼得能力の測定値であるということを前提としている。したがって，経常的または正常的な企業業績を，非経常的，単発的，偶発的に発生する事象の財務的影響によって歪曲させないために，それらの事象の財務的影響を複数期間に配分し平準化することが求められる（ＦＡＳＢ［1976ａ］）。また，収益費用中心観にもとづけば，期間利益（損失）が「富の増減の測定値となるのは偶然に過ぎない」（ＦＡＳＢ［1976ａ］，para.49）との

見方が採用されている。したがって，収益費用中心観にもとづけば，利益は当該企業の経済的資源や経済的責務に生ずるすべての価値変動を反映するものではなく，逆に，経済的資源の増減や経済的責務の増減によって裏づけされなくとも「歪曲されない」期間損益計算を行うために，実現収益や発生費用であろうとも期間損益計算から除外され，貸借対照表に繰延費用や繰延収益として計上されうることもあるということである。

以上を要約すると，次のような特徴が見出せる（**第10-1表**を参照せよ）。

① 複式簿記（連繋）は当然の前提とされている。
② 収益および費用の認識が優先され，資産と負債はその借方および貸方残高にすぎない。
③ 認識の規準は，収益に関する実現と費用の配分に関する発生であり，それらの期間的対応によって利益が算定される。

第10-1表　収益費用中心観の特徴

利益概念	企業の達成した成果としての収益とそれを達成するために費やされた努力（犠牲）としての費用との差額
利益の決定方法	実現収益と発生費用との期間的対応
貸借対照表	収益・費用を計算した後に残る借方項目残高と貸方項目残高の集計表
損益計算書	収益と費用の差額として利益を計算する財務表

出所：FASB［1976］にもとづいて作成。

第3節　「フレームワーク」の概要と座標への位置づけ

(1) 認識規準の概要

「フレームワーク」において，認識とは，構成要素の定義を満たし，かつ，後述するような認識規準を満たす項目を，用語（勘定科目）と貨幣額によって，貸借対照表または損益計算書の本体に計上するプロセスをいう(para.82)。したがって，広義の認識規準は，構成要素の定義と狭義の「認識規準」（以後，狭義

の認識規準は「認識規準」と「」付きで示すこととする）から構成されているといってよい。そこで，まず，財務諸表の構成要素の定義を見ることから始めよう。

「フレームワーク」において，財務諸表と考えられているものは，貸借対照表と損益計算書および財政状態変動表の3つである。ただし，財政状態変動表は貸借対照表と損益計算書の構成要素の変動を表すため，財政状態変動に固有の構成要素は措定されていない。

貸借対照表（財政状態の測定）に直接関係する構成要素は，資産，負債および持分であり，それぞれ以下のように定義されている。(para.49)

(a) 資産とは，過去の事象の結果として特定の企業が支配し，かつ，将来の経済的便益が当該企業に流入すると期待される資源をいう。

(b) 負債とは，過去の事象から発生した特定の企業の現在の責務であり，当該責務を履行するためには経済的便益を有する資源が当該企業から流出すると予想されるものをいう。

(c) 持分とは，特定の企業の資産からすべての負債を控除した残余に対する請求権（残余持分）である。

損益計算書（経営成績＝利益の測定）に直接関係する構成要素は，収益（利得を含む）および費用（損失を含む）であり，それぞれ以下のように定義されている。(para.70)

(a) 収益とは，当該会計期間中の資産の流入もしくは増加または負債の減少の形をとる経済的便益の増加であり，出資者からの拠出に関連するもの以外の持分の増加をもたらすものをいう。

(b) 費用とは，当該会計期間中の資産の流出もしくは減少または負債の発生の形をとる経済的便益の現象であり，出資者への分配に関連するもの以外の持分の減少をもたらすものをいう。

ついで，「認識規準」とは，次の2つである。

(a) 当該項目に関連する将来の経済的便益が，企業に流入するか，または企業から流出する可能性が高いこと。

(b) 当該項目が信頼性をもって測定することができる原価または価値を持っ

ていること。

(2) 変化と連続

　複式簿記による記帳を前提とする限り，収益費用中心観のみでなく，資産負債中心観に依拠しても，収益費用の対応は可能である。資産負債中心観においては，資産と負債の差額として計算される持分の増加要素としての収益と持分の減少要素としての費用との期間的な対応がなされるからである。ただし，それは，複記の結果としての対応であって，利益計算における対応概念の積極的な役割を意味しているわけではない。「フレームワーク」は，以下のように，複記の結果としての「対応」ではなく，「対応」の積極的な意義を認めている。

　「費用は，原価の発生と特定の収益項目の稼得との間の直接的な関連に基づいて，損益計算書に認識される。この処理は，一般に収益費用の対応とよばれており，同一の取引またはその他の事象から直接にしかも結び付いて発生する収益および費用を，同時にあるいは結び付けて認識する。」(para. 95)

　このパラグラフは，収益費用の個別的・因果的な対応（狭義の対応）を説明しているが，広義の対応概念（実現収益と発生費用との期間的な対応概念）も否定されているわけではない。

　「経済的便益が複数の会計期間にわたって発生することが予想され，かつ，収益との関係が大まかに又は間接的にのみ決定されるときには，費用は組織的かつ合理的な配分手続に基づいて損益計算書に認識される。この規準は，有形固定資産，のれん，特許権および商標権などの資産の使用に関連する費用の認識に当たって必要とされることが多い。このような場合に，当該費用は，減価償却又は償却と呼ばれている。これらの配分手続は，かかる項目に関連する経済的便益が費消又は消滅する会計期間に，費用を認識することを意図している。」(para. 96)

　以上の説明は，広義の収益費用の（期間的な）「対応」が容認され[7]，「対応」のために，費用が合理的に配分されるべきことを指摘している。ただし，次のような条件が付けられている。

「『フレームワーク』に基づく収益費用対応の原則の適用によって，資産または負債の定義を満たさない貸借対照表項目の認識を容認するものではない。」(para. 95)

収益費用の対応が拡大解釈されることによって，「資産でないもの」(資産の認識規準を満たさない項目) が資産として計上されたり，「負債でないもの」(負債の認識規準を満たさない項目) が負債として計上されたりすることを否定している。つまり，認識の外枠は，資産・負債の定義および資産・負債の認識規準に依存していることがわかる。換言すれば，ここでは，資産・負債の「リアリティの回復」(辻山 [1998]，15頁) が図られているのであって，収益費用の期間的対応が否定されているわけではない。むしろ，「対応」も「配分」も重要な概念とされているのである。このような点において「フレームワーク」がもたらした (もたらす) 変化は，認識において，資産・負債の定義および認識規準による資産性・負債性の有無というスクリーンを導入していることである。

以上に示した構成要素の定義および認識規準，ならびにその解説を前述の収益費用中心観と比較してみると，「フレームワーク」に次のような特徴が見出せる。

① 複式簿記 (連繋) は当然の前提とされている。

② 資産および負債の認識が優先され，ある項目が収益および費用の認識規準を充たしても，それが複記の相手となる資産または負債の定義および認識規準を満たさない場合には，収益または費用の認識も認められない。

③ 収益費用中心観における認識規準は否定されていない (収益費用の対応の概念も費用の配分手続も否定されていないばかりでなく，積極的な役割を与えられている) が，資産または負債の認識による裏づけを求められる (資産性・負債性がすべての認識の±スクリーンとなる)。

第4節　「フレームワーク」自体の変化の可能性

　ここでは、「フレームワーク」自体が会計上の認識に関して変化を強いられる可能性のある問題を2点のみ取り上げて触れることとする[8]。

(1) 「発生の可能性」（蓋然性）という要素の位置づけ

　「発生の可能性が高い」(probable) という条件は、FASBの認識規準（FASB [1985]）においては、定義の中に存在していた。「発生の可能性が高い」こと自体が資産や負債として認識の対象となる事象の条件であったのである。それが、「フレームワーク」では、2つの「認識規準」のうちの1つとして位置づけられている。「フレームワーク」においては、定義を充たしながら「認識規準」を充たさない項目は、注記事項とされる (para.88) という、同じく認識の規準でありながら定義と「認識規準」を区別しているのは、当該区別が本体と注記の区別の規準と位置づけられているからである。

　しかし、近年の金融商品に関する会計基準の展開は、そのような位置づけを難しくさせている。IASCの金融商品のDP（IASC [1997]）は、金融商品に関しては「発生の可能性」(probability) を認識の条件ではなく、測定の要素として位置づけるべきと指摘しており (Chap. 3, paras. 7.2-7.8)、このことは「フレームワーク」の認識規準と対立する見解となる。

　確かに、「アウトオブザマネー」のストック・オプションのケースのように、発生の可能性の低い金融商品に対しても市場が価格形成を行うことを考慮すれば、これまで「発生の可能性の低い」事象を認識・測定の対象から除外してきた認識規準は変化せざるを得ない。発生の可能性の高さは、認識の是非の規準ではなく、評価を構成する1要素として組み込まれることになり、発生の可能性の高い事象は高く、低い事象は低く評価される（たとえば、引当金の設定額を期待値にもとづいて行う場合なども同様である）。換言すれば、資産や負債の測定において将来キャッシュ・アウトフロー額の予測と同時に、発生確率の見積りが重要な要素となるということである。

以上のような「発生の可能性」に関する問題を解決するためには,「フレームワーク」の認識規準から「発生の可能性」という要素を排除し測定の要素とするか,金融商品と非金融商品とで別の概念フレームワーク（別の認識規準）を用意する必要があると思われる。

(2) 経営者の恣意性の介入と経済的実質の追求

資産や負債の定義に照らして,異なる事象（取引を含む）であることが明確な複数の事象を,取引の識別に経営者の恣意性が介入することを理由に,同一の取引として処理するという動きが見られる。

換言すれば,資産や負債の定義に照らして,資産性や負債性があることが明確でありながら,それを資産や負債とするほど信頼できる測定値が得られない（あるいは,その測定を経営者の判断に委ねざるを得ない）場合（たとえば,研究開発投資の資産処理）や,逆に,明確な測定値は得られるが,資産性や負債性に関して明確でない（資産性の有無を識別する条件が複雑でかつ経営者の実態的会計政策の余地を提供するものとなっている）場合（たとえば,リースの資産化処理）に,画一的な処理を要請するという傾向である（たとえば,研究開発投資はすべて発生時費用化せよ,解約不能リースはすべて資産化せよといったもの）。

画一化の根拠は,経営者の恣意性の介入によってもたらされる会計情報の歪みが異なる事象を同一の事象として処理することによってもたらされる会計情報の歪みよりも大きいということであろう。あるいは,経営者の会計操作が社会問題化し,企業会計に対する経済社会の信頼性が著しく低下している時には,実際の会計情報の歪み如何に関係なく,経営者の恣意性の介入によってもたらされる会計情報の歪みのみが問題とされる可能性がある。

会計情報の歪みが画一化の根拠となるのであれば,経営者の恣意性の介入によってもたらされる会計情報の歪みが異なる事象を同一の事象として処理することによってもたらされる会計情報の歪みよりも大きいことを,各基準ごとに個別に,論証または実証する必要があるであろう。

また,仮に,画一化が会計情報の歪みを縮小するのに有効なアプローチで

あったとしても，それは「フレームワーク」に示されているような，概念的なアプローチとは相容れないものである。E32（IASC［1989a］）や「趣旨書」（IASC［1990］）から明らかなように，国際会計基準委員会の基本的な姿勢は，取引や事象の形態としては同一にみえるものを経済的実質に依拠して再分類し，その1つひとつに対して唯一の会計方法を適用するという「条件別統一アプローチ」[9]であった。また，「条件別統一アプローチ」の採用を可能とするために（事象の識別を可能とし，複数の代替的会計方法の中から望ましい方法を選択するために），「フレームワーク」が必要とされたはずである。

画一化アプローチの採用は，「フレームワーク」に何らかの変化をしいるというよりは，経済的実質の追求という姿勢を否定し，「フレームワーク」に依拠した会計基準設定そのものを否定しかねない。

第5節 むすび

「フレームワーク」が要求していることは，ストックの評価をベースとし，利益計算に対応や配分を必ずしも必要としない典型的な資産負債中心観[10]にもとづく会計処理ではない。複式簿記による記帳や貸借対照表と損益計算書との連繋はこれまでと同様に支持されており，収益費用の対応や費用の配分は，収益費用中心観においてと同様に利益計算にとって重要な概念として維持されている。ただし，対応という曖昧な概念における経営者の判断の余地に対して，資産と負債の定義および「認識規準」を満たすというスクリーン（条件）が用意されている。つまり，すべての会計上の認識のスクリーンとして資産・負債の認識が優先するという意味においてのみ資産負債中心観が適用されているのである[11]。しかし，ここで論じなかったけれども，資産と負債の認識が優先される結果として，その後，ストックの評価額へ目が向けられストックの評価問題がさまざまな形で登場してくるのは当然の帰結といってよいであろう。

「フレームワーク」の公表以降，具体的な会計ルールに関する動きをみると，「フレームワーク」の変更を要求する複数の問題[12]が発生していることがわか

る。本章では，認識規準に限定して，問題を1点のみ取り上げた。「フレームワーク」における「発生の可能性の高さ」という認識規準は，少なくとも金融資産・金融負債に関しては，測定の要素として位置づけるべきであるということが指摘できる。将来の予測計算が求められ，市場が行う期待値計算を企業がシミュレートする場合には，発生金額と発生確率とは測定において不可欠の要素だからである。

また，一方で，「フレームワーク」の存在意義を低下させ，「フレームワーク」に依拠して理論的に首尾一貫した会計基準を構築していくというアプローチ（conceptual approach）をも否定しかねない現象が観察できる。経営者の恣意性の介入によってもたらされる会計情報の歪みを取り除くために，恣意性介入の余地を極力排除しようとする動きである。事象と会計方法との関係において，事象を経済的実質にもとづいて識別し，そのそれぞれに唯一の会計方法を適用するのではなく，画一化を求める動きである。画一化は，「フレームワーク」に期待されていた役割であった，事象の経済的実質（将来キャッシュ・フローの金額とパターン）を識別を否定し，理論的に首尾一貫した会計基準を設定する意味を低減させる可能性がある。

注

1) この問題は，本書の第Ⅱ部で検討されているはずであるが，本章を執筆する時点においてその内容を知ることができなかった。
2) 「フレームワーク」の規範性は，会計基準設定主体の設定主体としての権威の大きさと会計基準設定過程における「フレームワーク」の位置づけに依存するであろう。
3) 「フレームワーク」の制度的な性格は，それが理論的に首尾一貫した会計基準を構築するための基礎理論であるという点にのみ求められるものではなく，国際会計基準が国際的な承認を得て「規範性」（および正統性）を獲得するためのものであるという点にも言及される必要がある。
   「フレームワーク」が公表されたのは，1989年であるから，1973年以降のIASは「フレームワーク」にもとづいて設定されてきたわけではない。むしろ，IASは合意主義的に，各国の会計基準を受け入れて弾力的なものとして形成されてきたといってよい。しかし，1987年におけるIOSCOの条件付きの国際会計基準の一括承認（コア・スタンダーズの承認）の可能性への言及は，国際会計基準委員会のその後の

当該問題への対応姿勢を一変させた。その後，1989年に弾力性の排除に関する「公開草案32号」（ＩＡＳＣ［1989］）を，翌年，「趣旨書」（ＩＡＳＣ［1990］）を公表しているが，「公開草案第32号」で提示された案を「趣旨書」に収斂させる際に，「フレームワーク」への依拠がなされている。

国際会計基準のコア・スタンダーズはＩＯＳＣＯによって2000年5月に一括承認され，今後，在外資本市場における上場・起債の要件として認められる可能性が高まっている。

4）　1つには，概念フレームワークがしばしば修正されると，時間をおいて設定される複数の会計基準が異なる理論的な基礎に依拠することになり，複数の基準間の整合性が維持できなくなるからである。もう1つには，概念フレームワークがしばしば修正されると，会計基準設定主体，企業経営者，職業会計人，投資者，与信者，およびその他の利害関係者が，異なる時点で概念フレームワークを学習した場合に，概念や理論を共有できず，基準設定主体が首尾一貫した会計基準を設定できなかったり，企業経営者や職業会計人が基準を基準設定主体の意図したように実践できなかったりするからである。

5）　ＩＡＳＣ［1998］も「フレームワーク」修正の必要を認めている（para.44）が，本章の問題意識とは異なる。

6）　詳細は，徳賀［2002］，148－153頁を参照せよ。

7）　収益認識の実現基準に関しても次のように肯定的な見解を示している。

「実務上，収益を認識するために採用される通常の手続，たとえば，収益は稼得されなければならないという要請は，この枠組みにおける認識規準を適用したものである。かかる手続は収益として認識する項目を信頼性をもって測定でき，かつ十分な確実性の度合を有するものに制限することに向けられている。」（para.93）

売買目的でない有価証券の公正価値評価等が容認されてくると，実現利益を肯定している「フレームワーク」は測定面での変化をしいられるであろう。

8）　「フレームワーク」の公表以降，「フレームワーク」においては財務諸表とされていなかったキャッシュ・フロー計算書が多くの先進諸国において主要財務諸表の1つとして位置づけられ，同時に，現在価値計算が広範に導入されている。また，金融商品の会計を中心として測定属性値に関しても大きな変化があり，代替的な測定属性値を提示することに止まっていた「フレームワーク」は，金融商品と非金融商品という分類にもとづいて測定属性値を提示する必要に迫られている。

9）　条件別統一アプローチと無条件統一アプローチに関しては，徳賀［2000］，166－177頁を参照せよ。

10）　徳賀［2002］，150－153頁を参照せよ。

11）　資産負債中心観の部分的な適用に関しては，徳賀［2002］，152－153頁を参照せよ。

12）　注の8）を参照せよ。

参考文献

AAA [1936], *A Tentative Statement of Accounting Principles Affecting Corporate Reports*, AAA（中島省吾訳編 [1977]『増訂AAA会計原則』, 森山書店).

―――[1941], *Accounting Principles Underlying Corporate Financial Statments*, AAA（中島省吾訳編 [1977]).

―――[1948], *Accounting Concepts and Standards Underlying Corporate Financial Statements*, AAA（中島省吾訳編 [1977]).

―――[1957], *Accounting and Reporting Standards for Corporate Financial Statements*（中島省吾訳編 [1977]).

AICPA [1970], Statement of the Accounting Principles Board No. 4, *Basic Concepts and Accounting Principles Underlyng Financial Statements of Business Enterprises*（川口順一訳 [1975],『アメリカ公認会計士協会企業会計原則』, 同文舘).

FASB [1976], Discussion Memorandum, *Analysis of issues related to Conceptual Framework for Financial Accounting and Reporting* : Elements of Fianacial Statements and Their Measurement, FASB（津守常弘監訳 [1997],『FASB財務会計の概念フレームワーク』, 中央経済社).

――― [1985], Statement of Financial Accounting Concept No. 6, *Elements of Financial Statements*, FASB（平松一夫・広瀬義州訳 [1988],『FASB財務会計の諸概念』, 中央経済社).

――― [1999], Proposed Statement of Financial Accounting Concepts Exposure Draft (Revised), *Using Cash Flow Information and Present Value in Accounting Measurement*, FASB.

Gilman, S. [1938], *Accounting Concepts of Profit*, New York（久野光郎訳 [1965],『ギルマン会計学上巻』, 同文舘).

IASC [1989], *Framework for the Preparation and Presentation of Financial Statements*, IASC.

――― [1998], *Shaping IASC for the Future*, IASC.

Littleton, A. C. [1953], *Structure of Accounting Theory*, AAA（大塚俊郎訳 [1955],『会計理論の構造』, 東洋経済新報社).

Moonotz, M. and R. T. Sprouse [1961], Accounting Research Study No. 3, *A Tentative Set of Broad Accounting*, AICPA.

Principles for Business Enterprises, AICPA.

Paton, W. A. and A. C. Littleton [1940], *An Introduction to Corporate Accounting Standards*（中島省吾訳 [1953]『ペイトン＝リトルトン会社会計基準序説』, 森山書店).

安藤英義編 [1996],『会計フレームワークと会計基準』, 中央経済社。

大日方隆 [2002],「キャッシュフローの配分と評価」, 斎藤静樹編著『会計基準の基礎概念』, 中央経済社, 185-248頁。

小宮山賢［2001］,「IASC概念フレームワーク」,概念フレームワークに関する研究委員会『概念フレームワークに関する調査』,企業財務制度研究会,30－56頁。
斎藤静樹［1999］,『企業会計とディスクロージャー』,東京大学出版会。
辻山栄子［1998］,「包括利益を巡る議論の背景」,企業財務制度研究会・包括利益研究委員会『包括利益を巡る論点』,企業財務制度研究会,3－42頁。
津守常弘［1998］,「概念フレームワーク研究の現代的視点－その論理構造と現実的構造の再吟味」,『企業会計』第50巻第12号,中央経済社,4－10頁。
徳賀芳弘［1985］,「会計的取引概念に関する一考察」,『熊本商大論集』第31巻第1・2合併号,熊本商科大学,291－311頁。
―――［1990］,「会計上の『概念枠組』の意義と問題点」,津守常弘編『現代社会と経営・経済指標』,海鳥社,41－61頁。
―――［2002］,「会計における利益観」,斎藤静樹編著『会計基準の基礎概念』,中央経済社,147－177頁。
平松一夫［1993］,「IASC『概念フレームワーク』とその各基準への反映」,『JICPAジャーナル』第457号,24－29頁。
広瀬義州・間島進吾編［1999］,『コンメンタール国際会計基準Ⅰ』,税務経理協会。
藤井秀樹［1997］,『現代企業会計論』森山書店。
森田哲彌［2000］,「資産・負債アプローチと簿記」,森田哲彌編著［2000］『簿記と企業会計の新展開』,中央経済社。

第11章
米国公会計制度の動向
―― GASBの報告書を中心として ――

第1節 はじめに

　20世紀後半に入ると，政府予算額が急速に増大し，それと同時に公会計への関心が高まってきた。特に，1987年には第13回世界会計士会議において，公会計の問題が今後の重要な課題として取り上げられたように，1980年代に入って公会計研究の顕著な展開が見られる。その公会計研究の主たる役割を演じたのは，米国財務会計財団（FAF）のもとに，1984年に設立された公会計基準審議会（GASB）であった。もちろん，公会計研究の歴史は古く，近年になって開始されたものではない。しかし，過去の研究は，記録・測定手法の開発に主眼がおかれていたのに対して，近年の研究は，報告目的から会計システムを再検討することに関心が集中している。たとえば，GASBは，1985年に公会計に対する情報要求の実証研究を報告し，1987年に「財務報告の目的」という表題の概念報告書第1号を公表した。さらに，1990年には「測定の焦点と会計諸基準－政府基金活動報告書－」という報告書を公表している。これらの一連の報告書は，かつての記録・測定手法中心の研究から，情報の有用性に主眼をおくようになったものである。もちろん，情報の有用性に視点をおいた会計研究は，1966年のASOBAT以降，企業会計研究では主流となっているが，公会計研究では外部情報利用者意思決定有用性アプローチが主流となっていたのではなく，むしろ，公務員の不正防止という内部統制手段として公会計が位置づけられて

いたと言っても過言ではない。

では，そのような米国公会計制度の中において，GASBによりいかなる改良が加えられたのだろうか。結論から言えば，それらは次の3点に集約される。第1点は収入(収益)・支出(費用)の認識基準であり，第2点は報告実体ないし報告範囲（レポーティング・エンティティ）であり，第3点は成果測定・報告である。これら3点はそれぞれ関連性を有するが，特に前の2つの点は，GASBが提起した報告モデル（基準書第34号）の中で有機的に関連づけられている。それらの概略は次節以降に述べるが，GASBは最終的に如何なる公会計システムを目指しているのかを検討しよう。

第2節　伝統的米国公会計システム

周知の通り，米国においては，公会計は基金会計システム（fund accounting systems）を採用しており，そのシステムは各基金と勘定グループによって構成されていた。そしてその基金とは，米国公会計審議会（NCGA）によれば，次のように定義される。

「基金とは全ての関連する負債および残余持分ないし残高と共に，現金およびその他の財務的資源，並びにそれらの変動を記録する独自平均勘定を有する財政単位および会計単位として定義される。それらの現金およびその他の財務的資源は，特定の法令，拘束ないし制限に従い特定の活動を遂行するため，または特定の目的を達成するために分離されたものである」（MFOA [1980], appendix A, pp. 5 − 6 ）。

NCGAの1968年報告書によれば，この基金は，一般基金，特別歳入基金，資本的プロジェクト基金，債務決済基金，特別賦課基金，企業基金，内部サービス基金，信託基金の8つのタイプに分類された[1]。そして，その分類は1979年のNCGA基準書第1号によって更に再分類された。すなわち，基金は政府基金（governmental fund），事業基金（proprietary fund）および信託基金（fiduciary fund）に分類されることになる。これらは政府の活動ないし資金の調達形態に

従って，分類されている。すなわち，政府活動は政府タイプと企業タイプに分類されるのが一般的であるが，前者は主たる資金調達源泉を税に求め，一般的な政府サービスを提供するものであり，後者は私企業と同様に料金によってサービスを提供するものである。また，信託基金は私企業においても，年金会計が企業会計から分離しているのと同様に，その基金の性質が受託財産という特殊性のために，独立した会計単位を設定している。

基金とは，前掲したNCGAの定義において明らかなように，会計単位ないし財政単位を意味し，私企業会計における基金（ないし資金）を意味するものではない。また，私企業外部報告会計においては，会計単位は法的に規定された組織そのもの（すなわち法人格を有する企業）であるか，またはそれら組織の経済的に結合したグループであるが，会計単位が報告実体と同一視される。それに対して，米国公会計においては，会計単位が報告実体と同一ではなく，ここで言う会計単位は財務管理上における区分された単位といえる。

勘定グループは，事業基金および信託基金において処理される固定資産および固定負債を除く，すべての固定資産及び固定負債に対して設定された勘定である。すなわち，それら固定資産および負債は，当該会計期間における支出および収入とは無関係であるために，それらの管理統制上の要請のために勘定グループが設定されている。したがって，この勘定グループは政府基金の性質に依存したものといえる。

上述の分類に従って基金会計システムを図示するならば**第11-1図**のようになる。**第11-1図**のように米国公会計システムは基金および勘定グループによって構成されているが，政府基金会計では固定資産および固定負債を勘定グループによって統括し，他の基金会計とは異なる体系を有している。これは，会計報告目的ないし利用目的によって，異なる体系を有していると理解することができる。したがって，次節以降において政府基金会計および事業基金会計の特質を分析することにより，各々の会計報告目的ないし利用目的が何に求められているかを考察していくことにしよう。

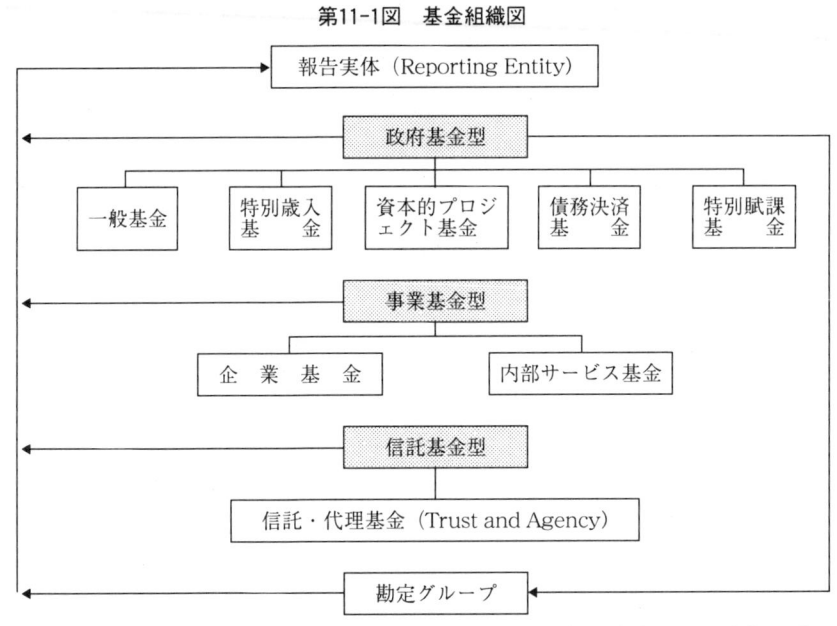

第11-1図　基金組織図

```
報告実体（Reporting Entity）
    │
    ├─ 政府基金型
    │    ├─ 一般基金
    │    ├─ 特別歳入基金
    │    ├─ 資本的プロジェクト基金
    │    ├─ 債務決済基金
    │    └─ 特別賦課基金
    │
    ├─ 事業基金型
    │    ├─ 企業基金
    │    └─ 内部サービス基金
    │
    ├─ 信託基金型
    │    └─ 信託・代理基金（Trust and Agency）
    │
    └─ 勘定グループ
```

cf., Government Finance Officers Association of the United States and Canada [1986]（前身MFOA），p.6.

第3節　伝統的政府基金会計

　政府基金は信託基金の中の支出可能信託基金と同様に使用可能な資金のための会計単位である。政府基金は一般基金，特別歳入基金，資本的プロジェクト基金，債務決済基金，特別賦課基金の5つに分類されるが，一般基金及び特別歳入基金は日本における一般会計および特別会計に相当する。資本的プロジェクト基金は主要な資本的資産を公債の発行または補助金により購入もしくは建設する場合に会計処理するための基金である。アメリカ公認会計士協会（AICPA）によれば，固定資産を購入するとき，その財源が，一般基金の財源（例えば固定資産税）であるならば，そのことが一般基金の支出に記録され，その財源の全部もしくは一部が公債の発行または補助金に求められる場合は，その支出

は，資本的プロジェクト基金において記録される（AICPA [1986], p.67)。一般基金および資本的プロジェクト基金においては，予算に従った収入および支出のみが記録され，両基金の貸借対照表には同固定資産は記録・表示されない。一般基金会計においても貸借対照表を有するが，そこに記載されている資産は流動資産のみであり，固定資産は記載されない。固定資産取得が行われると同時に，勘定グループの中の固定資産勘定グループの中で資産の増加として記録され，相手勘定はたとえば「一般固定資産投資」というような資金源泉が分かるような対照勘定により記録されることになる。AICPAによれば，これら政府基金は支出に焦点が置かれているため，支出のともなわない減価償却費を計上しない。したがって，減価償却は固定資産勘定グループにおいて，貸方に記載するかまたは減価償却累計額を固定資産取得原価から差し引く方法がとられるが，通常，実務では実施されてないし，要求もされていない。

　一方，債務の方は短期（1年以内）の債務は各々の基金において負債として計上されるが，1年を超える長期の債務は固定負債勘定グループにおいて会計処理される。ただし，長期債務の中でも，特別賦課基金に直接的に関連するか，特別賦課基金からの支払が予定されている場合は固定負債勘定グループから除外される。長期固定債務が公債の発行によったとき，その収入は受け入れた基金の「その他の財源（通常の収入とは区別するための勘定）」に「公債発行収入」として計上するとともに，固定負債勘定グループに計上される。もちろん受け入れた基金では，それを受け入れたときに現金等の資産勘定により貸借が一致している。固定負債勘定グループにおいても，貸借を一致させるために，借方「一般固定債務弁済必要額」という勘定を設けている。そして，同債務を弁済するための積立は債務決済基金においてなされ，固定負債勘定グループにおいては，借方に「債務決済基金準備額」という勘定を設けると同時に，「一般固定債務弁済必要額」から相当額を減少させる。長期債務の決済期日が到来したときは，固定負債勘定グループからその債務額を控除し，債務決済基金の負債として計上されることになる。このように債務においても，支出に焦点が置かれているために，当期（期末貸借対照表においては次期）の支出と関係のない固定

負債は，特別賦課基金を除く政府基金から除外されている。では，特別賦課基金ではなぜ固定負債をも計上しているのであろうか。それは特別賦課基金の性質に依存している。すなわち，特別賦課基金は特定の財産を所有する納税者に便益を提供するような公共サービスおよび設備に対し，特別賦課金として設けられたものであるからである。したがって，それらの債務はそれらの特定の受益者によって弁済されるものであるため，一般の長期債務とは区別している（ただし，同基金は特別歳入基金で処理可能という理由により1987年GASB基準書第6号によって廃止）。

　特別賦課基金を除く政府基金会計の貸借対照表は流動資産および流動負債に関する報告書となり，そこにおける基金差額（fund balance）は企業会計における正味運転資本を意味していることになる。ただし，企業会計においては，正味運転資本は大きければ大きいほど，組織の財務的安全性が高くなるのに対して，公会計では基金差額すなわち正味運転資本は原則として，ゼロにならなければならない。なぜならば，基金差額がプラスであれば，税が大きすぎたとなるし，マイナスであれば，予算が不正確であったか，支出が不適格であったことになるからである。したがって，企業会計の資金計算書と，政府基金会計の業務報告書とは会計システムは類似していても，その目的は著しく異なる。

第4節　事業基金会計

　事業基金は私的部門の企業と類似した活動をする継続的な政府組織のための基金である。そこでは，純利益と資本維持が測定され，純利益，財政状態および財政状態の変動に会計測定の焦点が置かれている。事業基金は企業基金（enterprise fund）と内部サービス基金に分類されるがその性質は同じであり，単に財やサービスの供給先が異なるにすぎない。

　企業基金が適用される業務は次のような特色を有する（cf., MFOA [1980], appendix A, p. 7）。

　(a)　そこでは私企業と同様の方法によって，資金調達が行われ運営されてい

る。そして管理者は財ないしサービスの原価（減価償却費を含む費用）が主として利用者の負担により回収されるべきと考えている。

(b) 管理者は収益，費用および利益の測定が資本維持，公共政策，経営管理，会計責任およびその他の目的のために適切なものと考えている。

以上のNCGAの企業基金の定義に従えば，企業基金の目的は第一に料金決定により求められ，さらに資本維持，公共政策，経営管理，会計責任およびその他の目的のために構築されていると解釈することが可能である。というのは，地方公営企業は独占企業であるケースがほとんどであるため，需要と供給による市場価格の形成が不可能に近いために，料金を独自に算定する必要がある。また，基本的に独立採算を義務付られている地方公営企業においては，料金決定が最も重要な課題となる。ゆえに，料金決定に際し，企業基金会計が重要な役割を演じることは疑う余地もない。さらに，資本維持，公共政策，経営管理，会計責任およびその他の目的に対しても，料金の決定および料金収入が最も重要な要素となるため，企業基金会計の目的として料金決定のための情報提供に求めることに論理矛盾はない。ただし，実際には料金のみによってコストを回収できるのは少数の事業だけであり，差額は税によって補填されている。そのことを，MFOAの次の言葉が端的に示している。

「企業基金会計はある特定のサービスを提供するのに要したトータル・コスト（減価償却費を含む）を正確に算定し，サービスの受益者に課せられた料金がそれらのコストをどの程度カバーしているのかを示すために設計されている」(MFOA [1980], p.59)。

さらに，GFOAの「情報利用者の手引書」によれば，発生主義会計を導入している企業基金会計は，政府基金会計が支出に焦点をおいているのに対して，資本維持に測定の焦点をおいていると論じている (GFOA [1986], p.8)。

また，同手引書によれば，最終的に表示される利益剰余金は理論的にはゼロになると指摘している (GFOA [1986], p.32)。以上のGFOAの主張より，地方公営企業会計の目的は資本維持をどの程度達成したかを測定表示することであり，そこにおける料金収入は支出した費用をどの程度回収したかを表示した

ものであり，料金収入が直接的に地方公営企業の業績に関連するものではないということが理解される。すなわち，利益は単なる収支差額にすぎなく，本来収支差額は生じてならないものとして位置づけられる。

第5節　伝統的報告体系

前節までで，伝統的米国公会計システムの概要を述べてきたが，その報告目的から2つの異なるタイプの会計が存在することになる。その2つの異なるタイプの会計を内包する公会計システムにおいて如何なる報告体系が取られているのか概観し，そこにおける問題点を検討してみよう。

1979年のNCGA基準書第1号の中で，政府の財務報告が**第11-2図**のように体系づけられ，包括的年次財務報告（その財務区分）がそのピラミッドの中核部分として位置づけられている。**第11-2図**が示しているように，包括的年次財務報告には，4つのレベルの報告書ないし付属明細書が含まれており，それぞれの報告書の内容は以下のようになっている。

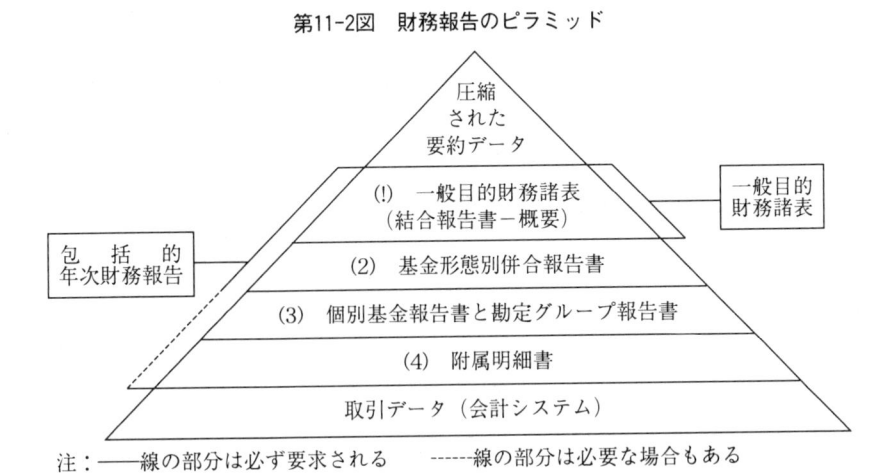

第11-2図　財務報告のピラミッド

```
                    圧縮
                    された
                    要約データ
              ┌─────────────────────┐
              │ (1) 一般目的財務諸表  │──┐ 一般目的
              │  （結合報告書－概要） │  │ 財務諸表
        ┌─────┼─────────────────────┼──┘
 包括的 │     │ (2) 基金形態別併合報告書│
 年次財務報告 │                          │
        └─────┤ (3) 個別基金報告書と勘定グループ報告書│
              │                          │
              │ (4) 附属明細書          │
              └─────────────────────┘
              取引データ（会計システム）
```

注：―――線の部分は必ず要求される　　------線の部分は必要な場合もある
cf., GASB [2000], p.76.

(1) 一般目的財務諸表（結合報告書）

当該報告書は，

① すべての基金形態および勘定グループの結合貸借対照表，
② すべての政府基金形態の結合収入，支出および基金残高変動報告書，
③ 一般基金および特別歳入基金（さらに年次予算が法的に採択されている他の政府型基金形態）の予算と実績との比較を表示する結合収入，支出および基金残高変動報告書，
④ すべての事業型基金形態の結合収益，費用および留保利益（ないし持分）変動報告書，
⑤ すべての事業型基金形態の結合キャッシュ・フロー計算書，
⑥ 財務諸表の注記

により構成されている。なお，信託基金の活動結果に関しては，②，④および⑤の中の適切な報告書に含めて表示すること，または独立して別個に報告することができる。

一般目的財務諸表に含まれているこれらの基本財務諸表は，「すべての基金と勘定グループの財政状態およびすべての基金の運営結果に関する要約的概観を提供するものであり，また財務報告のピラミットの下位に位置するより詳細な報告書および付属明細書の手引として役立つものである」（MFOA [1980], appendix A, p.21）と位置づけられている。

(2) 基金形態別併合報告書

(1)の報告書で報告されている基金形態に複数の基金が存在している場合，それぞれの基金形態別にその中のすべての個別基金のデータを多欄式に表示するのは，(2)の基金形態別併合報告書である。すなわち，(1)のレベルの報告書では各基金形態の情報が開示されているのに対して，(2)のレベルの報告書では，それぞれの基金形態に関するより詳細な報告（基金形態の中の個別基金に関する報告）がなされており，その意味で，(2)の基金形態別併合報告書は，(1)の一般目的財務諸表の明細書として位置づけられる（瓦田 [1996], 209頁）。

(3) 個別基金報告書と勘定グループ報告書

これらの報告書は，(a)政府が特定の基金形態の中で1つの基金だけを設定している場合，または(b)包括的年次財務報告の報告目的を十分に達成するために必要とされる詳細な情報が(2)の基金形態別併合報告書において開示されなかった場合，各個別基金および勘定グループに関する情報を提供するものである。たとえば，個別基金の予算データおよび前年度との比較データを表示するために，このレベルの報告書を用いる場合がある。

(4) 付属明細書

当該付属明細書は，(a)財政関連法規および契約規定（たとえば，公債証書が特定のデータの開示を要求している場合）への準拠性を表示するため，(b)有用と考えられる他の情報（たとえば，すべての基金の現金の流入・流出および残高に関する結合明細書）を提供するため，(c)財務諸表における要約データに関する詳細な内訳（たとえば，収入・支出および振替の明細書）を提供するために用いられている。これらの付属明細書において開示されるデータは，財務諸表の補足情報として位置づけられ，また財務諸表の注記で言及されていない限り，必ずしもGAAPに準拠した表示が要求されるものではない。

第6節 伝統的報告体系における問題点

前節では，包括的年次財務報告を中心に政府財務報告の体系を概観したが，これら財務報告に対してさまざまな観点からの批判があった。その中で特に大きな問題点としてあげられたのは，政府全体に関する財務報告の欠如，すなわち「基金会計システムにおいて，組織全体の活動を表示する報告書が存在しない」(GASB [2000], p.74) ことであった。つまり，伝統的公会計システムにおいて，政府タイプの活動とビジネスタイプの活動には全く異なる測定の焦点および会計基準が採用されているために，異なる基金形態の貸借対照表および活動報告書は容易に統合できないということである。政府タイプの活動に対して

は支出統制という観点から修正発生主義が採用され，ビジネスタイプの活動には資本維持という観点から発生主義（完全発生主義）が採用されている。そのため，フロー計算の報告書はそれぞれ別々に作成され，ストック計算の報告書は結合貸借対照表として一見統合（連結）されているように見えるが，資産合計は全く意味のないものになっている。たとえば，結合貸借対照表における固定資産に関して政府型基金では減価償却が実施されないのに対して，事業型基金では減価償却累計額が固定資産の原価から控除されているにもかかわらず，両者を単純に合算した数値が計上されている。なお，ここでいう修正発生主義とは権利義務確定主義ないし半発生主義と現金主義の中間に位置づけられる性質のもので，対価としての短期的な債権債務の発生は収入・支出として計上するものであり，意味からいうと修正現金主義と呼ぶべきものである。

　この問題点を解決するためには，政府全体の活動に適用できるような統一した測定モデルをまず確立するか，またはいずれかのタイプの活動に対して2つの測定の焦点を採用し，政府全体の報告用と基金会計報告用の2つのタイプの報告書を作成せざるを得ない。また，政府タイプの活動におけるコスト情報の欠如という批判に応える必要から，結果的にGASBは後者の方法を選択した。すなわち，政府活動のトータル・コストに関する会計情報がなければ，「財務報告の利用者は，将来にどれほどの税金およびその他の資源が必要とされるのか，また会計年度間の衡平性が納税者の負担によりどの程度達成されたのかを適正に評価することができず，さらに，政府活動が経済的に，効率的に運営されているか否かを情報利用者が評価することを手助けするためにも，フル・コスト情報が必要とされる」(GASB [2000], p.72) という論理を展開している。さらに，政府全体の報告となると，いかなる組織までを報告対象として含めるべきかと言う問題まで生じてくる。すなわち，レポーティング・エンティティも問題であり，これらの問題が密接に関連して，新たな報告体系が構築されることになる。

　もう1つの流れは，長年の課題である成果情報の開発である。前節までで指摘したようにいずれのタイプの活動であれ，収入と支出との差額および収益と

費用の差額概念である利益は政府活動の業績尺度にはなり得ない。それは収入および収益が政府活動の成果とはなり得ないからである。それらは支出の補填および費用の回収額として位置づけられるものの，収入および収益が大きければ大きいほどいいというものではなく，補填ないし回収が支出および費用の総額に達したか否かという役割のみを演じる。換言すれば，収支差額および利益は大きければ大きいほどよいというような業績尺度としての機能を有していない。すなわち，成果は別の観点から測定されなければならないのであるが，尺度の開発自体が困難であるため，伝統的公会計システムにはそれらの観点は入り込む余地がなかった。しかし，政府活動の効率性や有効性を報告目的に位置づけるならば，それらを開発する必要性が生じる。GASBはその方向性を模索する活動を展開した。

以上のような伝統的公会計システムにおける問題点に対していかなる新しい展開がなされたかを次節において見ていこう。

第7節 公会計の新たな展開

GASBは1999年に基準書第34号を公表し，報告モデルの改正を決定した。新しい報告モデルでは，二元的な財務諸表，すなわち政府全体の財務諸表と基金の財務諸表により構成された基本財務諸表の作成・開示が要求されている。そして，そのような基本財務諸表は，従来の財務報告の体系における第1レベルの報告書である「一般目的財務諸表」に代わるものとして位置づけられている[2]。

第11-3図が示しているように，GASBが提案した新しい報告モデルは，最小限度の報告要求として次の3つの部分により構成されている。

① **マネジメントの討議と分析** (Management's Discussion and Analysis)

MD＆Aは，あくまでも基本財務諸表の内容をよりよく理解するための補足的情報である。MD＆Aには多くの内容を要求しているが，ここで注目すべきことは，伝統的公会計システムを克服するために2つの測定の焦点を政府タイ

第11-3図 新しい報告モデル（最小限度の報告要求）

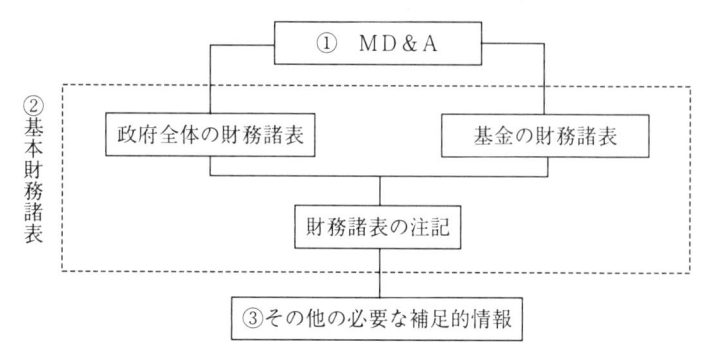

```
                    ① ＭＤ＆Ａ
        ┌───────┴───────┐
    ②   政府全体の財務諸表      基金の財務諸表
    基
    本           財務諸表の注記
    財
    務
    諸
    表
              ③その他の必要な補足的情報
```

cf. GASB [1999], par.7.

プの活動に採用したために生じる混乱を回避するための説明をここで求めていることである。同一の活動に対して，2つのタイプの報告書が提供された場合，情報利用者に混乱を生じさせる可能性がある。特に公会計情報利用者は，その理解可能性において多様性が見られるため，2つの異なる測定焦点による報告の相違に関する説明が不可欠となる。

② **基本財務諸表**

基本財務諸表は，前述したように，一般目的財務諸表に代わるものである。基本財務諸表には政府全体の財務諸表と基金の財務諸表が含まれている。1つの財務報告の中で同じ活動に関する二元的な財務諸表が要求されている。そのことを表において示すならば**第11-1表**のようになる。

③ **必要な補足的情報**（①のＭＤ＆Ａ以外の補足的情報）

ＭＤ＆Ａで報告される補足的情報以外に，リスクをともなう財務取引および関連する保険項目に関する情報等や，政府型基金の予算比較情報，修正されたアプローチによるインフラ資産の報告に関する説明も必要な補足的情報として要求される。

これらの改正によって伝統的な公会計システムにおける最も重要な問題点の克服が試みられ，2001年6月より始まる会計年度から順次地方政府への導入が計られていく。ただし，公会計は法の改正を必要とするため，公式な会計報告

第11-1表　2つの財務諸表の比較

	政府全体の財務諸表	基金の財務諸表		
		政府型基金	事業型基金	受託型基金
報告の範囲	主要政府全体および構成単位（受託活動を除く）	一般基金，特別歳入基金，資本的プロジェクト基金，債務処理基金，恒久基金	企業基金，内部サービス基金	年金信託基金，投資信託基金，私的目的信託基金，代理基金
測定の焦点	経済的資源フロー	流動財務的資源フロー	経済的資源フロー	経済的資源フロー
会計基準	発生主義	修正発生主義	発生主義	発生主義
財務諸表の種類	純資産報告書，活動報告書	貸借対照表，収入，支出および基金残高変動報告書	純資産報告書，収益，費用および基金純資産変動報告書，キャッシュ・フロー報告書	受託純資産報告書，受託資産変動報告書（代理基金を除く）

とGAAPに準拠した一般目的会計報告書とが混在する可能性はある。

また，もう1つの長年の未解決の問題である成果情報は概念報告書第2号により提唱されたSEA報告によって実験段階に入っている（cf., GASB [1994]）。

このような米国公会計の動向が英国を中心とする急進的な公会計改革と異なる点は，伝統的な公会計の機能を可能な限り残している点であろう。最も急進的（企業会計手法の完全導入）改革を行ったニュージーランドにおいては，多くの問題が生じているように，単に企業会計手法を導入することによって総ての問題が解決するわけではなく，逆にマイナスの効果のみを残すことにもなりかねない。それは，残された課題である成果情報の成否に大きく依存している。

注

1) NCGAの1968年報告書における基金名と現在の基金名は若干異なっているが，現在の名称に統一した。
2) 詳細は瓦田太賀四・陳　琦 [2002] を参照されたい。

参考文献

AICPA [1986], *Audits of State and Local Governmental Units*, New York.

GASB [1994], *Concepts Statement No. 2 of the Governmental Accounting Standards Board, Service Efforts and Accomplishments Reporting*, GASB.

―――[1999], *Statement No. 34 of the Governmental Accounting Standards Board, Basic Financial Statements—and Management's Discussion and Analysis—for State and Local Governments*, GASB.

―――[2000], *Codification of Governmental Accounting and Financial Reporting Standards*, GASB.

Government Finance Officers Association of the United States and Canada [1986], *How to Understand Local Government Financial Statement : A User's Guide*, Chicago.

Municipal Finance Officer Association of United States and Canada (MFOA) [1980], *Governmental Accounting, Auditing and Financial Reporting*, Chicago.

瓦田太賀四 [1996], 『公会計の基礎理論』, 清文社。

瓦田太賀四・陳　琦 [2002], 『公会計の進展』, 清文社。

第12章
制約理論（TOC）にリンクする
スループット会計の特質

第1節　はじめに

　「制約理論」(theory of constraints：以下，TOC) は，企業目標である利益の最大化を支援する生産管理の理論である。従来までの生産管理の考え方は，たとえば，セグメント別情報を重視する原価計算のもとでみられたように，各セグメントの効率を優先し，各部門の最適化が全体の最適化に寄与するということを前提にして，部分最適化を主張する考え方がともすれば支配的であったように思われる。しかし，各セグメントの最適化が常に全体の最適化に一致するとは限らない。結果的には，部分の最適化が全体の最適化に反することも起こりうるのである。この点に着目したのが，TOCの考え方である。すなわち，Goldratt and Cox [1993] では，「現在から将来までお金をもうけ続けること」
　(Goldratt and Cox [1993], p.59)，すなわち「スループット」(throughput；その概念については後述参照) の増加を企業の第一目標と掲げ，部分最適化を回避することにより，システムの全体最適化を追求すべきことが強調されている。

　TOCの提唱者であるEliyahu M. Goldratt（以下，Goldrattとする）によると，スループットの増加という企業全体の目標を遂行していくためには，①スループット，②在庫，③業務費用の3つの評価指標が極めて重要な意味を持ってくる (Goldratt and Cox [1993], p.59)。Goldratt の「スループット会計」(throughput accounting)，すなわちTOCにリンクするスループット会計[1]は，スルー

プットの増加と同時に，在庫の削減および業務費用の相対的逓減を目指すというTOCの基底をなす考え方に合致した計算構造を備えている。したがって，当該会計は，スループット・在庫・業務費用の3つの評価指標を用いながら，「スループットの増大を促進するようなメッセージを提供する会計」(大塚［1999］，46頁) であるということになる。

　本章の目的は，スループット会計が，それ自体は直接原価計算のバリエーションとして捉えられるにしても，TOCにリンクするスループット会計として，TOCの枠組みの中で，Goldrattにより改めて提唱された理由はどこにあるかを問い直すことにある。そこで，TOCにリンクするスループット会計を伝統的原価計算・直接原価計算と比較することを通じて，当該会計の計算構造の特質を明らかにしたうえで，当該会計において重要な概念となっているGoldrattの「在庫」に対する考え方について，筆者なりの解釈にもとづき考察し，その理論的位置づけを明らかにしたいと思う。

　ＴＯＣに関する最近の研究動向[2]を概観する限り，TOCにリンクするスループット会計の構造それ自体よりもむしろ，TOCの適用可能性へと関心が移行しているといえよう。近年，TOCの戦略的コスト・マネジメント・ツールとしての実践的な役割が注目されている時期でもあり，本章の検討がTOCと戦略的コスト・マネジメントとの関係に接近するための一助ともなれば幸いである。

第2節　TOCにリンクするスループット会計の意義

(1)　TOCにリンクするスループット会計の理論的展開

　直接原価計算のバリエーションとして捉えられるスループット会計も，近年では，TOCとの関連で論究される文献が散見されるようになり，その位置づけが明確になってきた[3]。こうした動きは，「技法」(technique)としてのスループット会計と「理論」(theory)であるTOCを区別した上で，両者の関係があらためて注目されていることを示唆している[4]。たとえば，Horngren et al.

[1999]において「スループット原価計算」(throughput costing)[5]という名称でとりあげられていた技法も，昨今では，「スループット貢献利益分析」(throughput contribution analysis)においてみられるように，TOCとの関連で論究されている。また，Hilton et al.［2001］では，原価測定システムとして，伝統的原価計算・直接原価計算・スループット原価計算の3つの技法をとりあげ，それぞれの業績測定プロセスを比較検討している[6]。さらに，Swein and Bell［1999］では，TOCにリンクするスループット会計の計算構造に着目し，戦略的コスト・マネジメントにおける有効性を考察している。

Goldrattによると，TOCの具体的なプロセスは，「継続的改善プロセス」(process of on-going improvement)(Goldratt and Cox［1993］, p.295)と呼ばれている。すなわち，「システムの目標に焦点を合わせて，その目標への動きである改善をどのように測定するかを決定し，通常，制約と呼ばれる企業目標達成の障害物を明確にし，この制約を徹底的に活用するか，あるいはとり除くかによって管理し，他のすべてを当該制約に従属させ，対象とするシステムを継続的に再評価する」(Cox and Spencer［1998］, preface)というものである。

TOCは，大別して，①「ドラム・バッファー・ロープ生産方式」と呼ばれるスケジューリング・プロセスを含むロジステックス，②スループット・在庫・業務費用を中心とする業績評価システム，および③思考プロセスの3つの領域から構成されている。TOCにリンクするスループット会計は，②の業績評価システムとして位置づけられているが，上述した3つの領域は，相互に関連し合ってTOCの全体像をつくりあげているのである(Cox and Spencer［1998］, p.16)。

すでに述べたように，TOCは，個別活動改善のツールではなく，全体活動改善のツールとして機能することを指向している。これを受けて，TOCにリンクするスループット会計も必然的に，全体最適化の視点から，システム全体の向上を促進するための評価指標を提供する役割を期待されることになる。すなわち，スループット会計は，伝統的原価計算においてみられるように，費消原価の加算によって製造原価を算出していく考え方ではなく，スループットという

利益概念を導入することにより，従来の原価計算における考え方とは異なる分析視角から，システム全体の利益向上を目指し，全体活動改善のツールとしての機能を担った利益管理の方法なのである。

そこで次に，TOCにリンクするスループット会計が従来までのスループット会計と異なるところがあるとすれば，その相違点はどこにあるのか，また，伝統的原価計算の考え方に否定的であるとすれば，それはどの点かについて若干の検討を加えておくことにしたい。

(2) TOCにリンクするスループット会計の独自の意義

スループット会計に関する先行研究の1つに，Dugdale and Jones [1996] がある。Dugdale and Jones は，「従来のスループット会計」と「TOCにリンクするスループット会計」(以下「Goldratt のスループット会計」と互換的に用いる) を区別し，両者を比較検討しているので，TOCにリンクするスループット会計の意義を明らかにする上では有用な素材を与えてくれるであろう。

Dugdale and Jones は，スループット会計を「多様な測定値が考案される一般的アプローチとして捉えることが適切である」(Dugdale and Jones [1996], p. 58) と述べ，従来のスループット会計が直接原価計算のバリエーションであると位置づけている。したがって，従来のスループット会計は，計算技法として多様に展開される可能性を秘めているため，それぞれのアプローチから生み出される原価情報に対して何が期待されているかを整理したうえで，TOCとの関係を検討する必要があることを指摘している (Dugdale and Jones [1996], p.58)。

ここでいう従来のスループット会計とは，*Management Accounting (UK)* 誌に4回にわたり連載された Galloway and Waldron [1989] におけるスループット会計 (以下，「Galloway and Waldron のスループット会計」とする) の考え方を指している。Galloway and Waldron の主張するスループット会計とは，伝統的原価計算の基礎概念に対比させる形で，新たなスループット会計の原理を導き出していることから，伝統的原価計算の考え方に否定的な視点をもつかのような印象を与える。しかし，Galloway and Waldron によって展開された一

連のスループット会計の手続，およびそこで提供される情報は，Dugdale and Jones の検討の結果，Goldratt が定義している「スループット」と概念的には一致する「制約要因あたりの貢献利益」(contribution per unit of limiting factor) を示しながらも，部分的測定を重視しつづけていた点において伝統的原価計算の考え方から脱却し得ず，その意味で，必ずしもTOCの目的に完全に合致する情報を提供しているわけではないと結論づけられている。

　Dugdale and Jones [1996] における検討を通じて明らかにされたことは，Goldratt のスループット会計が，スループット・在庫・業務費用の3つの評価指標を基礎とする単純かつ最小限の測定値のみを用いることで，部分最適化を回避することにより，全体的な視点から，企業目標を実現するための指標を提供してくれるということである。

　以上から，TOCにリンクするスループット会計の意義は，企業の最終目標である利益の観点から原価情報を捉え直すという視点を提供するところに見出されるであろう。私見では，この点が，「スループットの増大を促進するようなメッセージを提供する会計」(大塚 [1999]，46頁) として理解される理由となっている。以上を総じて，TOCにリンクするスループット会計は，部分最適化を回避することにより，全体最適化を指向するということが，従来のスループット会計にとってかわる斬新な考え方として理解されると同時に，伝統的な原価計算の考え方とも大きく異なる，独自の意義となっているのである。

第3節　TOCにリンクするスループット会計の計算構造の特質

(1) 測定尺度の独自性

　TOCにリンクするスループット会計は，「スループット」(throughput)，「在庫」(inventory)，「業務費用」(operating expense) という3つの概念を基礎として展開されている。たとえば，スループット会計で提示される業績評価指標には，営業利益 (厳密には税引前当期純利益) (＝スループット－業務費用)，投資利益率 (ROI) (＝営業利益／在庫)，在庫回転率 (＝スループット／在庫)，生産性 (＝ス

ループット／業務費用)，制約資源での時間あたりスループット等がある（小林 [2000], 21頁)。これらは，スループットの最大化につながる指標とされている。Goldratt は，上掲の3つの概念を次のように定義している。

> 「スループットは，入ってくるお金。在庫は，現在製造プロセスのなかに溜まっているお金。業務費用は，スループットを実現するために支払わなければならないお金。入ってくるお金，中に溜まっているお金，それから出ていくお金。」(Goldratt and Cox [1993], p.73)
>
> (Throughput is the money coming in. Inventory is the money currently inside the system. And operational expense is the money we have to pay out to make throughput happen. One measurement for the incoming money, one for the money still stuck inside, and one for the money going out.)

スループット・在庫・業務費用という3つの概念は，TOCの枠組みの中で Goldratt によって独自に定義されたものであるために，そこには提唱者の独自の考え方が反映され，そのことが従来までの在庫の解釈ないしは位置づけの変更を迫るものとなっている。Goldratt の所説の新しさは，まさに，この点にある。

しかし，そうであるがゆえに，他面においては，スループット会計の全容についての理解が容易ではないという問題を残す要因ともなっている。以下では，スループット会計の全容を理解するために，上掲の3つの概念の再吟味を行いつつ，スループット会計の計算構造の特質を明らかにしておきたい。

(2) スループット会計の計算構造

Goldratt のスループット会計において用いられる「スループット」と「業務費用」は，会計や原価計算において理解されているものとは異なり，あくまで「TOCに基づく定義」(TOC-based definition) になっている。

Goldratt によれば，スループットとは，「製品を販売することによってシステムが貨幣を生み出す割合」(Goldratt and Cox [1993], pp.59–60) とされる。上

掲の定義にみるように,「スループットとは入ってくるお金」を意味するが,その含意を Goldratt はこのようにいくつかの表現を用いて説明している。また,スループットの算定プロセスは,「売上高からその品目 (item) に対して仕入先に支払った総額を控除した額」(Goldratt [1991], p.20) とされ,これをもって企業の利益と見なされる。

売上高からの控除項目である「その品目に対して仕入先に支払った総額」,すなわち「販売しようとする物を購入するために投資したすべてのお金」(Goldratt and Cox [1993], p.59) が,「在庫」として捉えられることになる。そして,当該在庫を「システムがスループットに変えるために支払う貨幣」(Goldratt and Cox [1993], pp.59-60) が業務費用とされる。言い換えると,「業務費用とは,スループットを実現するために支払わなければならないお金」であり,企業から「出ていくお金」を意味している。当該業務費用についても,以上のようにさまざまな表現が用いられているため,若干補足して説明するならば,直接原

第12-1表　3つの損益計算書の比較

全部原価計算		直接原価計算		Goldratt のスループット会計	
売 上 高	500,000[a]	売 上 高	500,000	売 上 高	500,000
売 上 原 価	−120,000	変 動 費	−155,000[b]	直接材料費	−50,000
売上総利益	380,000	貢 献 利 益	345,000	スループット	450,000
販売費および一般管理費	−350,000	固 定 費	−315,000[c]	業 務 費 用[d]	−430,000
営 業 利 益	30,000	営 業 利 益	30,000	営 業 利 益	20,000
営業外費用等[e]	−10,000	営業外費用等[e]	−10,000[e]	(税引前利益	20,000)
税引前利益	20,000	税引前利益	20,000		

a. 売価は5,000ドル／トンであり,100トン生産し,すべて販売される。
b. 直接材料費 (50,000ドル) ＋直接労務費 (35,000ドル) ＋販売費および一般管理費の変動費部分 (70,000ドル)
c. 固定製造間接費 (35,000ドル) ＋販売費および一般管理費の固定費部分 (280,000ドル)
d. 直接材料費以外のすべての費用,すなわち業務費用は営業費用相当分＋営業外費用相当分 (10,000ドル) を含む。
e. 特別損益はゼロとする。

(出所)　Swain and Bell [1999], p.15を一部加筆。

価計算でいう固定費だけではなく,直接労務費等の変動費の一部をも含む概念と捉えるのが適切であろう。

TOCにリンクする計算構造に関する数少ない先行研究の1つに,Swain and Bell [1999] がある。Swain and Bell は,TOCにリンクするスループット会計を,全部原価計算・直接原価計算と比較検討しているので,とりわけ当該会計の計算構造の特質を明らかにするうえで有用な手掛かりとなる。そこで,Swain and Bell [1999] に依拠して,損益計算書を整理するならば,**第12-1表**のようになる。

第12-1表に示されるように,Goldratt のスループット会計では,「スループット」(throughput margin) の算定にあたり直接材料費のみを変動費とするのに対して,直接原価計算では,「貢献利益」(contribution margin) の算定にあたり,労務費や製造間接費のうちの変動部分をも含めるという相違点がみられる。この点から,スループット会計は,直接原価計算よりも短期的な視野に立った利益の最大化を指向していることが理解される。この点に関して,Swain and Bell も,スループット会計は,たとえば,1週間単位という短期的な時間の枠組み (frame) を前提としていると指摘している (Swain and Bell [1999], p.14)。

ところで,Goldratt のスループット会計では,[スループット=売上高-直接材料費] という等式によって算出されるが,控除項目である在庫に関する解釈は,会計研究者の間で一致しているとは必ずしもいえない。在庫とは,前掲の定義が示すところによれば,「現在製造プロセスの中に溜まっているお金」である。生産工程管理と関連づける場合,「材料の投入から製品の販売 (売上原価の算定) までのプロセスが対象となるので,ここでの在庫は,材料,仕掛品,製品の在庫を含む幅広い概念と捉えるのが適切であろう[7]。かかる理解にもとづけば,売上原価に算入される直接材料費だけではなく,ここでの直接材料費は,直接材料の仕入総額ということになる。とすれば,当該プロセスは,[売上高-売上原価=売上総利益] として算出される伝統的原価計算の計算構造とは,大きく異なることになる。

このように,「スループット会計上の在庫」は,通説的な意味での在庫とは

概念的に異なるので，その理解にあたっては注意が必要である。同時にそれは，スループットの概念が厳密には貢献利益とは異なるものであることをも意味する。すなわち，これを要するに，在庫を削減すればスループットが増加するという計算構造こそが，TOCにリンクするスループット会計の本質的な特徴であることが，理解されるのである。

第4節　Goldrattの主張する「在庫」の概念

　前節でふれたように，「スループット会計上の在庫」は，通説的な意味での在庫とは概念的に異なっている。それを特徴的に示しているのが，伝統的原価計算においては資産と認識される在庫を「負債」とみるGoldrattの主張である (Goldratt and Cox [1993], p.268)。彼の提示する「在庫」概念は，TOCの枠組みを理解するうえで重要なポイントになるものであると思われるが，伝統的原価計算上の概念とはかなり異なるために，会計研究者に若干の戸惑いを与える要因になっているのも事実である。それは，Goldrattが企業活動によって生じる源泉をスループット・在庫・業務費用の3つの概念に集約していることに起因している。

　「在庫」は会計上資産であるが，Goldrattが「在庫は負債である」と捉えたのはなぜか。ここでは，Goldrattの「在庫」に対する考え方を，筆者なりの解釈にもとづき考察してみようと思う。

　すでにみたように，Goldrattのスループット会計の計算構造と伝統的原価計算の計算構造における重要な相違は，「在庫」をどのように概念規定するかにある。在庫が会計上資産であるのは言うまでもない。製造工程の中で在庫が生じれば，資産として貸借対照表に計上される。したがって，最終的には，当該在庫の増分は，貸借対照表に利益を増大させる要素として表示されることになる。

　しかし，Goldrattが問題にしているのは，まさにこの点，すなわち，在庫が利益を増大させる要素になるのかということである。Goldrattの所論に引き寄

せて,さらに敷衍すれば,在庫の増加は,利益のマイナス要因,すなわち利益を圧迫する項目であり,これらの在庫が不良在庫化すれば,資産どころかまさに負債(すなわち経営上の重荷)になるのではないかということである。

彼の主張に従えば,伝統的原価計算では,在庫は資産として貸借対照表に計上され,企業の正味財産を増大させる要素として処理されるが,スループット会計においては,それが売却され売上収益として実現されるまでは,むしろキャッシュ・アウト・フローを増大させる要因にすぎず,キャッシュ・イン・フローには何ら貢献しないものとみなされるのである。キャッシュ・フローの側面からみれば,たとえ在庫がいくら企業内に蓄積されたとしても,それらは何らキャッシュ・イン・フローを生み出すものとはなり得ないのである。

このように見ると,在庫は,それが売上として実現されるまでは,むしろ収益のマイナス要因であり,Goldrattの言葉を借りれば,「在庫は負債である」(Goldratt and Cox [1993], p.268, 三本木 [2002], 417-418頁) ということになるのである。

以上の関係を,仕訳を通じて明らかにすれば,次のようになるであろう。

1. (借)材　　　料　　20　　(貸)買　掛　金　　20
2. (借)労　務　費　　10　　(貸)未 払 給 料　　10
3. (借)製　　　造　　20　　(貸)材　　　料　　20
4. (借)製　　　造　　10　　(貸)労　務　費　　10
5. (借)製　　　品　　30　　(貸)製　　　造　　30
6. (借)集 合 損 益　　30　　(貸)製　　　品　　30

製品が在庫として売れ残り,廃棄処分される時には,損益計算書には損失として計上され,収益のマイナス項目となる。他方,貸借対照表には材料の掛代金のみが負債として貸方に残されることになる。すなわち,伝統的原価計算では,在庫が増加すれば,たとえ将来その在庫が不良在庫として処分されることになったとしても,実際の処分が実施されるまでの期間においては,貸借対照表上では資産(すなわち利益の増加要因)として計上されることになり,他方,

損益計算書上では，期末棚卸商品の控除を通して売上原価の減少項目（すなわち利益の増加要因）として処理されることになる。しかし，その在庫がある時点で不良在庫として廃棄処分されるならば，それは，利益を増大させる要素どころではなく，利益のマイナス要因（すなわち収益の控除項目）となってしまう。Goldrattの「在庫は負債である」という言葉は，この点に注意を喚起しようとしたものである。

　Goldrattの主張する「在庫」概念は，以上のような在庫管理における重要な問題を浮き彫りにしている。Goldrattは，在庫管理における根源的な問題を，スループットという利益概念を通じて解消しようとしているのである。つまり，スループットの増加を企業の第一目標として掲げた在庫管理の考え方であるということができる。これを明確に表現しているのは，Goldrattによる以下の指摘である。

　「仕掛品在庫および製品在庫の一層の削減の必要性は，資産を削減するという直接的影響から生じたものではない。それは売上，すなわちスループットを増加させる可能性を指向する間接的で，非常に重要な影響から生じたものである。」(Goldratt [1990]，92頁)
(The needs to further reduce work-in-process and a finish-goods inventory does not stem from the direct impact of reducing assets, but from the indirect—very important—impact it has on our potential to increase sales—Throughput.)

　このような考え方を反映して，在庫は利益を増大させる要素ではなく，「作っても売れないものはスループットではない」とされ，「スループットとは販売を通してお金を生み出す割合」として定義され，理解されたのである。

第5節　む　す　び

　本章では，ＴＯＣの枠組みの中で，スループット会計がGoldrattにより改めて提唱された理由はどこにあるかを考察した。

ＴＯＣにリンクするスループット会計の意義は，企業の最終目標である利益の観点から原価情報を捉え直すという視点を提供することに見出され，この点が，「スループットの増大を促進するようなメッセージを提供する会計」（大塚［1999］，46頁）として理解される根拠であることを指摘した。すなわち，ＴＯＣにリンクするスループット会計とは，在庫を削減すればスループットが増大するという計算構造を備えながら，部分最適化の回避を通して全体最適化の視点から利益管理を行う原価計算技法であると理解される。

　さらに，Goldratt の主張する「在庫」の概念は，在庫管理に関わる重要な問題を示唆している。もちろん Goldratt の考え方は，「全製造工程に，必要な物を，必要なときに，必要な量だけ生産させることにより，各種のトラブルや需要変動にうまく適応していく方式」（門田［1991］，68頁）として説明されるトヨタの「ジャスト・イン・タイム（just in time ; JIT）生産方式」や鳥取三洋電機の「一人屋台生産方式」の延長線上に位置する考え方であり，全く独創的な新しい生産管理システムであるとは必ずしもいえない。このトヨタの生産方式は，「物を作るための合理的な方法であるが，ここで合理的ということは会社全体としての利益（経常利益）を生み出すという究極目的に対して効果的な方法」（門田［1991］，42頁）であるとされ，仕掛品を生み出す原因となっているボトルネックに着目し，従来の伝統的な生産管理のあり方を抜本的に見つめ直したのは，すでによく知られているところである。Goldratt もまた，従来までの原価計算システムとは異なった観点から，スループットという新しい概念を導入することによって，在庫管理のあり方を根本的に問い直した。彼の主張の意義は，このような点に見出せるであろう。

　以上を要するに，Goldratt のスループット会計，すなわち，ＴＯＣにリンクするスループット会計は，経営者の立場から計算構造論としての会計にスポットを当てたものであると理解でき，そのような視点に立つとき，伝統的原価計算上の利益（会計上の利益）それ自体，そして，作れば売れるという前提そのものに対して懐疑的にならざるを得ない。すなわち，競争の激しい状況下や不況のもとでは，物を作れば作るほど製品は不良在庫と化し，利益を圧迫する要因

になってしまうこともありうることを，改めて問いかけるものであった。

注

1) 以下，Goldrattのスループット会計とTOCにリンクするスループット会計を互換的に使用している。
2) 『企業会計』第53巻第11号，17－49頁で，「TOCの実践課題」と題した特集が組まれている。これは，Goldrattの提唱したTOCの日本語版『ザ・ゴール』（三本木［2002］）の刊行を契機としている。
3) スループット会計は，一般に，直接原価計算と同様またはバリエーションと捉えられている。
4) 理論としてのTOC，技法としてのスループット会計を明確に区別したうえで，TOCにリンクするスループット会計に関して論究している先行研究に Dugdale and Jones［1966］がある。本章においても，スループット会計の解釈は，Dugdale and Jones［1966］に依拠している。これに関しては，島田［1999a］，［1999b］を参照されたい。
5) Horngren et al.［1999］におけるスループット原価計算の検討は，島田［2001a］を参照されたい。
6) Hilton et al.［2001］については，島田［2001b］で検討している。
7) たとえば，大塚［1999a］，46－48頁で検討されている「在庫」の概念は，Goldrattの考え方に即した解釈であると思われる。

参考文献

Cox, J. F. and Spencer, M. S. [1998], *The Constraints Management Handbook*, Florida（小林英三［1999］，『制約管理ハンドブック－競争優位のTOC戦略－』，ラッセル社）．
Dugdale, D. and Jones, T. [1996], *Accounting for Throughput*, London.
Galloway, D. and Waldron, D. [1988], "Throughput Accounting, the need for a New Language for Manufacturing", *Management Accounting (UK)*, November, pp. 34－35.
――――［1988］, "Throughput Accounting, Part 2, Ranking Products Profitability," *Management Accounting (UK)*, December, pp. 34－35.
――――［1988］, "Throughput Accounting, Part 3, A Better Way to Control Labor Cost," *Management Accounting (UK)*, January, pp. 32－33.
――――［1988］, "Throughput Accounting, Part 4, Moving On to Complex Products," *Management Accounting (UK)*, February, pp. 40－41.
Goldratt, E. M. [1990], *What is This Thing Called the Theory of Constraints and How Should It Be Implemented？*, Massachusetts.
――――［1991］, *The Haystack Syndrome : Shifting Information out of the Data Ocean*,

New York.

Goldratt, E. M. and Cox, J. [1993], *The Goal,* 2nd edition, London, (三本木亮 [2001], 『ザ・ゴール』, ダイヤモンド社).

Hilton, R. W., Maher, M. W. and Selto, F. H. [2000], *Cost Management Strategies for Business Decisions,* USA.

Horngren, C. T., Foster, G. and Dater, M. D. [1999], *Cost Accounting : A Managerial Emphasis,* 9th edition, London.

Swain, M. and Bell, J. [1999], *The Theory of Constraints and Throughput Accounting,* USA.

大塚裕史 [1994],「バックフラッシュ・コスティングの行動的意義－JIT環境における原価計算－」,『産業経理』, 第54巻第3号, 61－69頁。

―――[1997],「スループット会計の意義と導入の背景－バックフラッシュ・コスティングとの関係・ABCの不適合性－」,『研究年報・経済学（東北大学）』, 第58巻第4号, 59－71頁。

―――[1999a], 制約理論（TOC）による生産工程管理と2つのスループット会計,『企業会計』, 第51巻第6号, 44－50頁。

―――[1999b],「直接原価計算を超えるスループット会計」,『會計』, 第156巻第4号, 77－87頁。

小林英三 [2000],『制約理論（TOC）についてのノート』, ラッセル社。

島田美智子 [1999a],「TOCとスループット会計の展開方向―Dugdale＝Jones の『スループットのための会計』を手がかりとして―」,『大阪商業大学論集』, 第112・第113号合併号, 459－483頁。

―――[1999b],「新しい原価計算技法としてのスループット会計の理論と構造」,『日本簿記学会年報』, 第14号, 102－109頁。

―――[2001a],「スループット会計における原価計算プロセス」,『會計』, 第160巻第2号, 88－103頁。

―――[2001b],「原価測定システムとしてのスループット原価計算の検討－Hilton et al.の「スループット原価計算」を手がかりとして－」,『大阪経大論集』, 第51巻第5号, 337－359頁。

菅本栄造 [2001],「ＴＯＣとスループット会計の関係―『ザ・ゴール』の管理会計論―」,『企業会計』, 第53巻第11号, 38－43頁。

古田隆紀 [2001],「変革の原価会計－バックフラッシュ原価計算とスループット会計－」,『大阪学院大学流通・経営科学論集』, 第26巻第4号, 1－24頁。

山田日登志・片岡利文 [2002],『常識破りのものづくり』, ＮＨＫ出版。

門田安弘 [1991],『新トヨタシステム』, 講談社。

―――[2001],「ＴＯＣとＪＩＴの比較－ＴＯＣのオリジナリティとは何か－」,『企業会計』, 第53巻第11号, 22－30頁。

エピローグ
本書の総括

「エピローグ」とは結章。本書の総括，研究の総括を明確にしなければならない。

いま，会計制度，会計理論は，まさに混沌の状況にあるといっても過言ではない。しかし，会計に求められる情報については，特に金融市場の活性化を狙った金融ビッグバンに連動しながら，会計制度の大変革ともいうべき「会計ビッグバン」が叫ばれるなかでも，「それでも複式簿記に関わるのでは」という感は，いまだ否定できないようである。そうであるとするなら，それでも複式簿記に関わるのはなぜであろうか。はたして，それでも複式簿記に関わることはできるであろうか。この問題は，会計制度，会計理論に取り組む者にとっての最大の関心事であらねばならない。この問題を常に意識しておくことによってこそ，会計制度の大変革に対応することも，会計理論の再構築に対応することも，また可能になるのではと愚考されるからである。

そのようなわけで，まずは，世界の各国に伝播された複式簿記が会計に発展せしめられるまでを解明しようと取り組んだのが，第Ⅰ部の「複式簿記と近代会計の生成」である。さらに，複式簿記から発展せしめられた会計，この会計が動的会計論を理論的支柱にして，適正な期間損益計算こそを求めて，どのように近代会計の理論が想像ないし創造されたか，その代表的学説を解明しようと取り組んだのが，第Ⅱ部の「近代会計の理論形成」である。また，複式簿記から発展せしめられた会計，この会計が，いま，会計制度の大変革に直面して，

経営実態の公開，まさに透明化こそを求めて，どのように現代会計の理論が想像ないし創造されようとするか，その代表的基準を解明しようと取り組んだのが，第Ⅲ部の「現代会計の制度展開」である。

そうすることによって，複式簿記と「近代会計」との関わり，はては「現代会計」との関わりを多面的に検討しようとしたわけである。この問題を共に意識して，会計制度，会計理論に取り組まれている研究仲間の先生方に独自の研究成果を披瀝してもらい，「それでも複式簿記に関わるのでは」という感に回答する契機だけでも模索できたらというわけで，執筆をお願いした次第である。したがって，筆者なりの回答はしておかねばならないかもしれない。そうすることが筆者の責務であるかもしれない。しかし，研究仲間の先生方の独自の研究成果である。筆者が屋上屋を架するの愚かは避けねばならない。それよりも，会計制度，会計理論に取り組む者にとって，現実に直面している最大の関心事である。筆者が軽々に回答するような愚かは避けねばならない。歴史的にも論理的にも深淵な問題であるだけに，そう簡単に回答することはできるはずもない。それにしても，この問題を常に意識しておかねばならないとの想いだけでも，いや，このような想いを馳せながら，会計制度，会計理論に取り組まれている研究仲間の先生方の熱き息吹きを読み取ってもらえたら，まさに幸甚である。

最後に，筆者自身，この問題を共に取り組んでみたいとの想いから，研究仲間の先生方のご厚意に甘えて，執筆をお願いしただけに，田舎学者の，まさに貧者の一灯でしかないが，筆者なりに整理ないし想像する「複式簿記の構造・覚え書」を披瀝させてもらい，本書の総括，研究の総括のまねごととしたい。

「複式簿記」について，世界に現存する最初の印刷本『算術・幾何・比および比例全書』がパチョーロによって出版されて500年余，複式簿記の構造自体，さまざまに議論されてきたし，さまざまに想像ないし創造されている。まずは，損益計算を目的に複式簿記の構造を展開しようとするものではあるが，完全に収束しているわけでは決してない。しかし，完全に収束し得ないのは，複式簿

記を取り巻く環境の必然的な要請に即応して，その時その時の意義を問われてのことであるにちがいない。それだけに，さまざまに想像ないし創造される可能性を秘める「複式簿記」の魅力に取りつかれようというものである。

そこで，複式簿記の魅力に取りつかれた筆者にしても，屋上屋を架するの嫌いがないわけではないが，複式簿記の構造自体を意識しないではおられない。まずは，損益計算を目的に複式簿記の構造はどのようであるか，筆者なりに納得しないではおられないのである。もちろん，複式簿記の構造を新たに想像ないし創造しようというわけでは決してない。複式簿記の構造について，筆者なりの卑見をまじえながら，まずは，整理ないし想像してみたいだけである。

1．複式簿記における全体損益計算

企業の設立時から解散時までの「全体損益」を計算する必要があるかどうかは疑問である。現実的には，企業は無限に継続するので，企業の全生命期間を区画して「期間損益」を計算することこそが必要であるからである。しかし，あえて思惟するのは，複式簿記における「期間損益計算」を想像するために，複式簿記における「全体損益計算」まで想像しておくことが必要であるからである。

さて，「投下資本の回収余剰額」が利益である。また，「投下資本の回収不足額」が損失である。これを総称した概念が「損益」である。企業の解散時には，取引事象がすべて解消されてしまい，現金勘定の借方合計が貸方合計を上回る場合に，資本主ないし所有者に払戻すことになる。したがって，借方残高は資本金勘定の借方に振替えねばならない。振替えることによって，現金勘定は締切られる。もちろん，資本金勘定の借方合計（回収資本）が貸方合計（投下資本）を上回る場合には，「全体利益」が計算される。また，資本金勘定の借方合計（回収資本）が貸方合計（投下資本）を下回る場合には，「全体損失」が計算される。したがって，企業の解散時には，資本金勘定こそが「損益計算機能」を果たすはずである。**第1図**を参照。

事　例
(1) 現金200を元入れて，企業を開始。
(2) X商品を仕入れて，現金120を支払う。
(3) Y商品を仕入れて，現金80を支払う。
(4) X商品（原価120）を売上げて，現金150を受取る。
(5) Y商品（原価80）を売上げて，現金70を受取る。
(6) 本日，企業を解散。

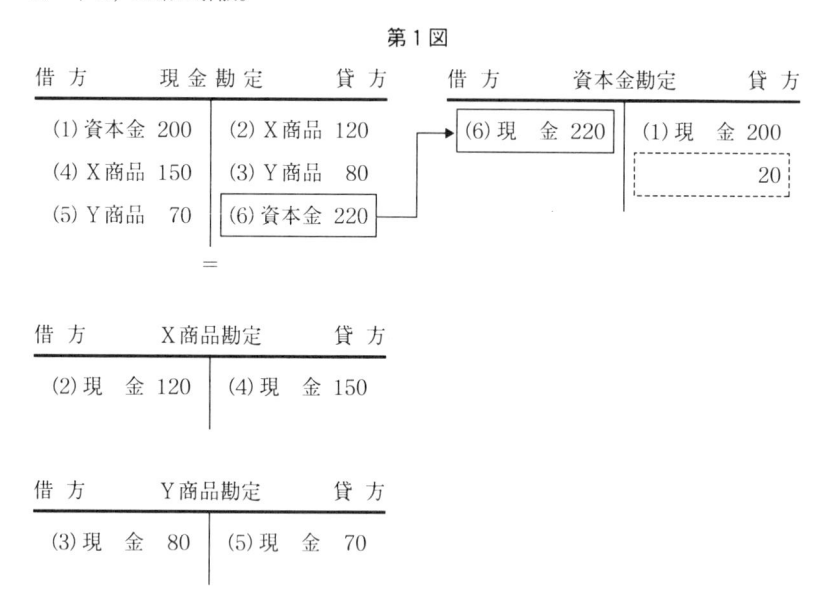

第1図

借　方	現　金　勘　定	貸　方
(1)資本金　200	(2) X商品　120	
(4) X商品　150	(3) Y商品　80	
(5) Y商品　70	(6)資本金　220	

借　方	資本金勘定	貸　方
(6)現　金　220	(1)現　金　200	
	20	

借　方	X商品勘定	貸　方
(2)現　金　120	(4)現　金　150	

借　方	Y商品勘定	貸　方
(3)現　金　80	(5)現　金　70	

しかし，企業の解散時には，取引事象がすべて解消されても，商品勘定をそのままにしておくわけにはいかない。複式簿記を措定する限りでは，締切られないままである。特に，14，15世紀の商業を代表する冒険事業は，1回限りの旅商ごとに出資者を募る組合であったので，航海ごとに，または，売買する品目ごとに，これを記録する「口別損益計算」である。たとえば，X商品およびY商品に区別する商品勘定が開設されねばならない。もちろん，X商品およびY商品に共通する営業収益および営業費用があるなら，それぞれの商品勘定に按分して配賦されたはずである。商品を完売してしまい，商品勘定の貸方合計（売上高）が借方合計（仕入高）を上回る場合には，口別利益が計算される。ま

た，商品勘定の貸方合計（売上高）が借方合計（仕入高）を下回る場合には，口別損失が計算される。したがって，複式簿記を措定する限りでは，投下資本の回収余剰額である利益は「費用に対する収益余剰額」としても計算される。また，投下資本の回収不足額である損失は「費用に対する収益不足額」としても計算される。これを総称した概念もまた「損益」である。

そこで，航海が終了するか，品目の売買が完了すると，X商品の売買から口別利益を得ている場合には，費用に対する収益余剰額は投下資本の回収余剰額を意味するので，資本金勘定の貸方に振替えることも可能である。また，Y商品の売買から口別損失を被っている場合には，費用に対する収益不足額は投下資本の回収不足額を意味するので，資本金勘定の借方に振替えることも可能である。振替えることによって，商品勘定は締切られると同時に，資本金勘定は，借方合計と貸方合計が一致することによって締切られる。

さらに，収益勘定および費用勘定があったとしても，同様である。貸方残高は資本金勘定の貸方に振替えることも可能である。また，借方残高は資本金勘定の借方に振替えることも可能である。資本金勘定の借方合計と貸方合計が一致することによって締切られるなら，不可抗力の過誤は別として，記録自体，計算自体に間違いはなかったわけである。具体的には，資本変動の原因（投下資本±口別損益）は，資本変動の結果（払戻現金）によって検証されるわけである。したがって，複式簿記を措定する限りでは，損益計算機能は後退してしまい，企業の解散時には，資本金勘定は「検証機能」を果たすことになる。**第2図**を参照。

しかし，これでは，損益計算機能は後退してしまい，資本金勘定では，全体損益は計算されない。X商品勘定で計算される口別利益は資本金勘定の貸方に振替えるので，また，Y商品勘定で計算される口別損失は資本金勘定の借方に振替えるので，資本金勘定では混在されてしまい，全体損益は計算されようがないのである。企業の解散時には，現金勘定の借方合計が貸方合計を上回る場合に，資本主ないし所有者に払戻すことになるので，借方残高を資本金勘定の借方に振替えるにしても，不可抗力の過誤は別として，記録自体，計算自体に

190

第 2 図

```
借　方　　　現　金　勘　定　　　貸　方        借　方　　　資本金勘定　　　貸　方
(1) 資本金 200    (2) X商品 120              (6) Y商品  10    (1) 現　金 200
(4) X商品 150    (3) Y商品  80              (6) 現　金 220   (6) X商品  30
(5) Y商品  70    (6) 資本金 220
                                  ＝

借　方　　X商品勘定　　貸　方
(2) 現　金 120    (4) 現　金 150
(6) 資本金  30
                  ＝

借　方　　Y商品勘定　　貸　方
(3) 現　金  80    (5) 現　金  70
                  (6) 資本金  10
                  ＝
```

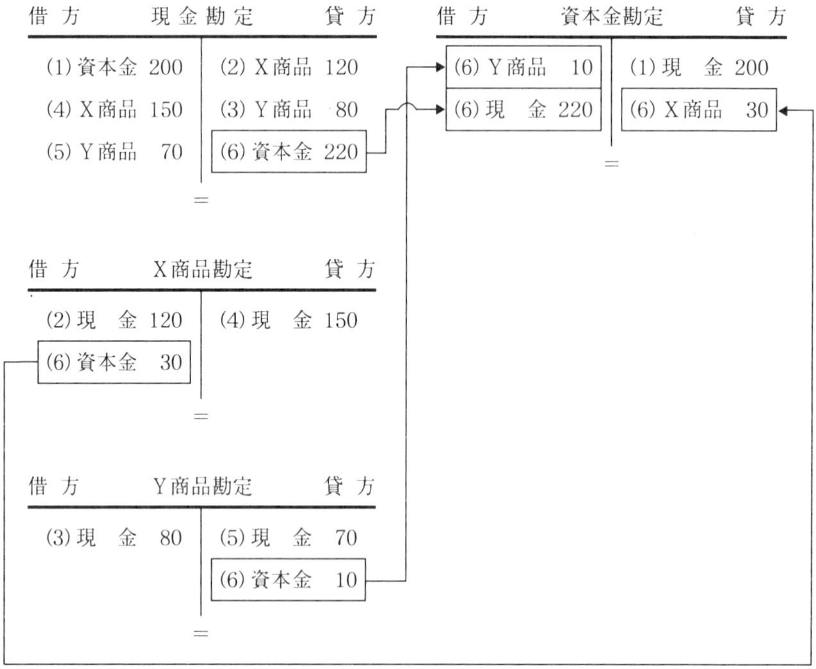

間違いがなかった限りでは，資本金勘定の借方合計と貸方合計が一致するというだけである。

　そこで，全体損益が計算されるためには，X商品勘定で計算される口別利益およびY商品勘定で計算される口別損失を集合しておくための「損益勘定」が新たに開設されねばならない。商品勘定の貸方合計が借方合計を上回る場合に，貸方残高は損益勘定の貸方に振替えねばならない。また，商品勘定の貸方合計が借方合計を下回る場合に，借方残高は損益勘定の借方に振替えねばならない。

　さらに，収益勘定および費用勘定があったとしても，同様である。貸方残高は損益勘定の貸方に振替えねばならない。また，借方残高は損益勘定の借方に振替えねばならない。損益勘定に貸方残高があるなら，計算されるのは「全体利益」である。また，損益勘定に借方残高があるなら，計算されるのは「全体

損失」である。したがって，企業の解散時には，損益勘定こそが「損益計算機能」を果たすことになる。

　もちろん，損益勘定が新たに開設されるとなると，X商品勘定で計算される口別利益およびY商品勘定で計算される口別損失が，資本金勘定では混在されることがない。したがって，企業の解散時には，資本金勘定もまた損益計算機能を果たすと反駁されるかもしれない。損益勘定に併存して，損益計算機能を果たすと反駁されるかもしれない。

　なるほど，不可抗力の過誤は別として，記録自体，計算自体に間違いがなかった限りでは，損益勘定で計算される全体損益は，資本金勘定で計算される全体損益と一致するに違いない。しかし，これでは，損益勘定および資本金勘定に，それぞれの全体損益が計算されるだけである。損益勘定および資本金勘定はそのままにしておかれる。複式簿記を措定する限りでは，締切られないままである。これでは，複式簿記における全体損益計算は完結し得ない。**第3図**を参照。

　そこで，全体利益が計算される場合にも，同様に，費用に対する収益余剰額は投下資本の回収余剰額を意味するので，資本金勘定の貸方に振替えねばならない。また，全体損失が計算される場合にも，同様に，費用に対する収益不足額は投下資本の回収不足額を意味するので，資本金勘定の借方に振替えねばならない。振替えることによって，損益勘定は締切られると同時に，資本金勘定は，借方合計と貸方合計が一致することによって締切られる。締切られてこそ，複式簿記における全体損益計算は完結し得る。

　したがって，損益勘定では，まずは，貸方残高または借方残高が計算される。「全体損益」が計算されるのである。振替えることによって，損益勘定は締切られる。これに対して，資本金勘定では，貸方残高または借方残高が計算されることはない。したがって，全体損益が計算されることはない。資本金勘定は，借方合計と貸方合計が一致することによってこそ締切られる。締切られるなら，不可抗力の過誤は別として，記録自体，計算自体に間違いはなかったわけである。具体的には，資本変動の原因（投下資本±全体損益）は，資本変動の結果（払戻現金）によって検証されるわけである。したがって，企業の解散時には，損

第3図

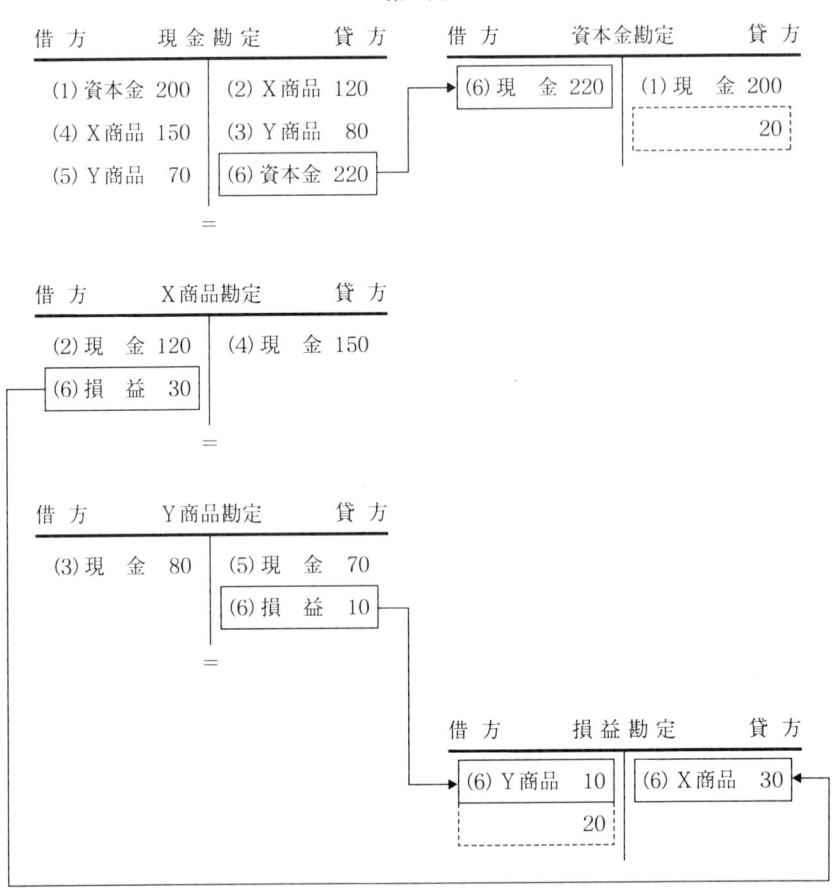

```
 借　方　　現金勘定　　貸　方        借　方　　資本金勘定　　貸　方
(1)資本金 200  (2) X商品 120       (6)現　金 220   (1)現　金 200
(4) X商品 150  (3) Y商品  80                                  20
(5) Y商品  70  (6)資本金 220
```

```
 借　方　　X商品勘定　　貸　方
(2)現　金 120  (4)現　金 150
(6)損　益  30
```

```
 借　方　　Y商品勘定　　貸　方
(3)現　金  80  (5)現　金  70
              (6)損　益  10
```

```
 借　方　　損益勘定　　貸　方
(6) Y商品 10   (6) X商品 30
          20
```

益勘定は「損益計算機能」を果たすのに対して，資本金勘定は，損益計算機能が後退してしまい，「検証機能」を果たすことになる。**第4図**を参照。

第4図

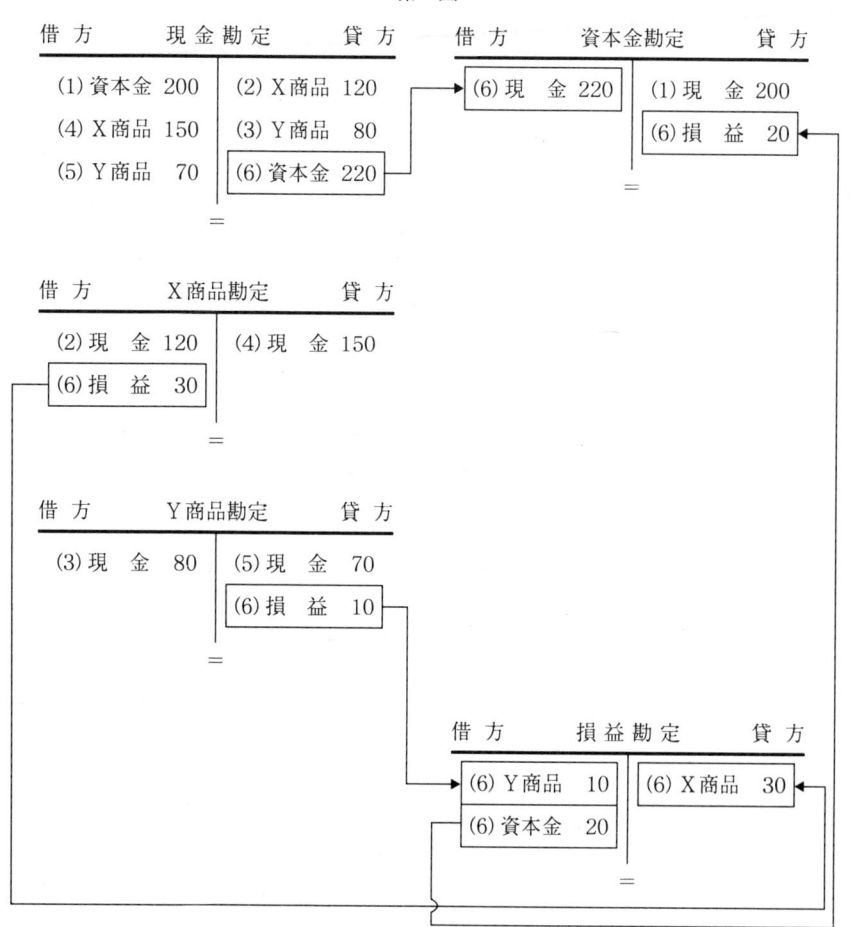

```
借 方      現金勘定      貸 方           借 方      資本金勘定      貸 方
(1) 資本金 200   (2) X商品 120   →   (6) 現  金 220    (1) 現  金 200
(4) X商品 150   (3) Y商品  80                        (6) 損  益  20   ←
(5) Y商品  70   (6) 資本金 220
                 =                                    =


借 方      X商品勘定      貸 方
(2) 現  金 120   (4) 現  金 150
(6) 損  益  30
                 =


借 方      Y商品勘定      貸 方
(3) 現  金  80   (5) 現  金  70
                (6) 損  益  10
                 =


                                借 方      損益勘定      貸 方
                             →  (6) Y商品  10    (6) X商品  30   ←
                                (6) 資本金  20
                                          =
```

2. 複式簿記における期間損益計算

それでは、期間損益計算についてはどうであろうか。現実的には、複式簿記における期間損益計算を想像することが必要である。特に、16、17世紀からは、冒険事業が反復されて定着化するようになると、したがって、継続事業に移行するようになると、設立時から解散時までを人為的に区画して、定期的に損益計算をする「期間損益計算」に移行するからである。

さて、期間損益計算に移行するとなると、企業の決算時には、たとえ取引事象がすべて解消されるにしても、現金勘定の借方合計が貸方合計を上回る場合に、利益配当および資本引出を除いては、資本主または所有者に払戻すことにはならない。したがって、借方残高を資本金勘定の借方に振替えるわけにはいかない。借方残高は繰越さねばならない。まして取引事象がすべて解消されていないとしたら、なおさらである。したがって、企業の決算時には、資本金勘定は損益計算機能を果たすはずもない。「損益計算機能」を果たすのは損益勘定である。

そこで、期間損益が計算されるためには、損益勘定こそが開設されねばならない。たとえば、X商品のすべてが販売されることによって、X商品勘定の貸方合計（売上高）が借方合計（仕入高）を上回る場合には、貸方残高は損益勘定の貸方に振替えねばならない。また、X商品勘定の貸方合計（売上高）が借方合計（仕入高）を下回る場合には、借方残高は損益勘定の借方に振替えねばならない。しかし、Y商品が、まだ販売されていないとしたら、損益勘定の借方または貸方に振替えるわけにはいかない。Y商品勘定の借方残高は繰越商品である。繰越商品は繰越さねばならない。

もちろん、X商品勘定とY商品勘定を1本の「商品勘定」に統括するとしたら、商品勘定では、X商品勘定で計算される口別利益およびY商品勘定で計算される口別損失を集合して、商品売買益または商品売買損が計算される。商品勘定の借方に記録する商品に、まだ販売されていない商品があるとしたら、繰

越商品である。繰越商品は繰越さねばならない。繰越すことによって，商品売買益（売上高＞仕入高－繰越商品）または商品売買損（売上高＜仕入高－繰越商品）が計算される。商品勘定の貸方合計（売上高＋繰越商品）が借方合計（仕入高）を上回る場合には，貸方残高は損益勘定の貸方に振替えねばならない。また，商品勘定の貸方合計（売上高＋繰越商品）が借方合計（仕入高）を下回る場合には，借方残高は損益勘定の借方に振替えねばならない。

さらに，収益勘定または費用勘定があったとしても，同様である。借方残高は損益勘定の借方に振替えねばならない。また，貸方残高は損益勘定の貸方に振替えねばならない。損益勘定に貸方残高があるなら，計算されるのは「期間利益」である。また，損益勘定に借方残高があるなら，計算されるのは「期間損失」である。したがって，複式簿記を措定する限りでは，投下資本の回収余剰額である利益は「費用に対する収益余剰額」として計算されるしかない。また，投下資本の回収不足額である損失は「費用に対する収益不足額」として計算されるしかない。これを総称した概念が「損益」である。**第5図**を参照。

事　例：1期
　(1)　現金200を元入れて，企業を開始。
　(2)　X商品を仕入れて，現金120を支払う。
　(3)　Y商品を仕入れて，現金80を支払う。
　(4)　X商品（原価120）を売上げて，現金150を受取る。
　(5)　本日，企業を決算。

第5図

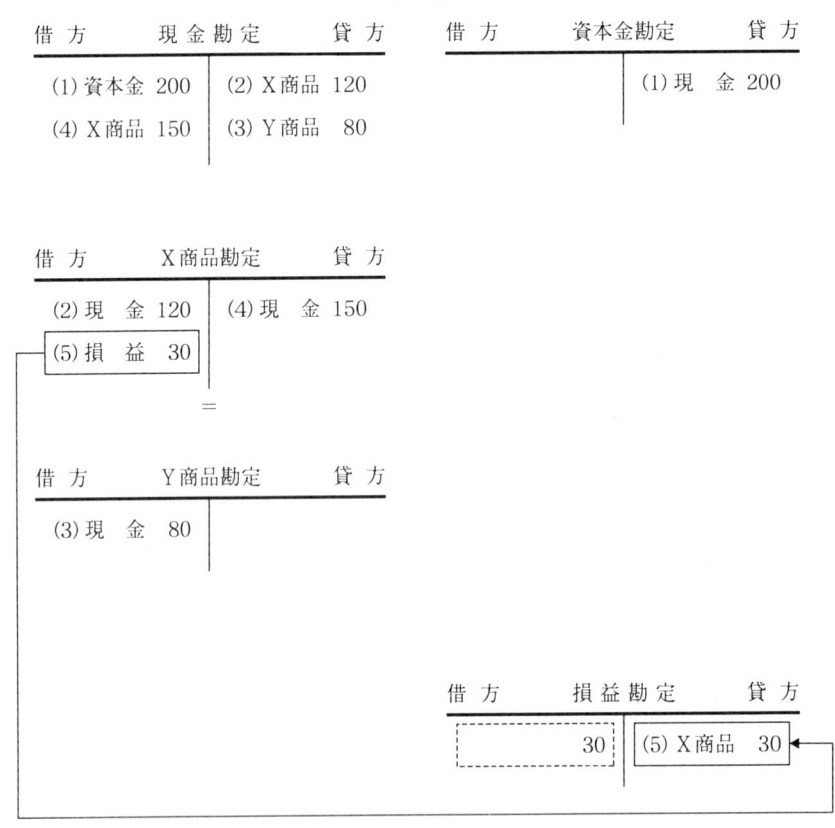

```
 借方    現金勘定    貸方         借方    資本金勘定    貸方
(1) 資本金 200 | (2) X商品 120                        | (1) 現 金 200
(4) X商品 150 | (3) Y商品  80
```

```
 借方    X商品勘定    貸方
(2) 現 金 120 | (4) 現 金 150
(5) 損 益  30 |
```

```
 借方    Y商品勘定    貸方
(3) 現 金  80 |
```

```
 借方    損益勘定    貸方
            30 | (5) X商品  30
```

　しかし，期間利益が計算される場合にも，同様に，費用に対する収益余剰額は投下資本の回収余剰額を意味するので，資本金勘定の貸方に振替えねばならない。また，期間損失が計算される場合にも，同様に，費用に対する収益不足額は投下資本の回収不足額を意味するので，資本金勘定の借方に振替えねばならない。振替えることによって，損益勘定は締切られる。

　ところで，期間損益が計算されるためには，損益勘定に付随して，「残高勘定」が新たに開設されねばならない。残高勘定を経由して繰越さねばならないからである。まずは，現金勘定である。企業の決算時には，現金勘定の借方合

計が貸方合計を上回る場合に，利益配当および資本引出を除いては，資本主ないし所有者に払戻すことにはならないので，借方残高は繰越さねばならない。したがって，借方残高は残高勘定の借方に振替えねばならない。さらに，振替えねばならないのは，まだ解消されていない取引事象のすべてである。企業の解散時までには，「現金勘定」を経由して解消されるか，「損益勘定」を経由して解消されるのだが，解消されるまでは繰越さねばならない。たとえば，Y商品勘定の借方残高，1本の商品勘定に統括するとしたら，商品勘定の借方に記録する商品のうち，まだ販売されていない商品，すなわち，繰越商品は，現金勘定を経由して解消されるばかりか，同時に，損益勘定を経由しても解消されるので，解消されるまでは繰越さねばならない。したがって，繰越商品は残高勘定の借方に振替えねばならない。

さらに，債権勘定および債務勘定があったとしても，同様である。債権は，現金勘定を経由して解消されるまでは繰越さねばならない。したがって，借方残高は残高勘定の借方に振替えねばならない。また，債務は，現金勘定を経由して解消されるまでは繰越さねばならない。したがって，貸方残高は残高勘定の貸方に振替えねばならない。

もちろん，複式簿記自体が債権・債務の記録から出発している限りでは，「未収収益」勘定および「未払費用」勘定もある。未収収益は債権勘定と同様である。借方残高は繰越さねばならない。また，未払費用は債務勘定と同様である。貸方残高は繰越さねばならない。これに対して，「前払費用」勘定および「前受収益」勘定があったとしても，同様である。前払費用は，損益勘定を経由して解消されるまでは繰越さねばならない。したがって，借方残高は残高勘定の借方に振替えねばならない。また，前受収益は，損益勘定を経由して解消されるまでは繰越さねばならない。したがって，貸方残高は残高勘定の貸方に振替えねばならない。

そこで，現金勘定はもちろん，まだ解消されていない取引事象のすべてを繰越さねばならないとしたら，残高勘定こそが新たに開設されねばならない。残高勘定を経由して繰越さねばならないからである。したがって，現金勘定が繰

越さねばならないだけではない。まだ解消されていない取引事象のすべては，現金勘定を経由して解消されるか，損益勘定を経由して解消されるまでは繰越さねばならない。したがって，企業の決算時には，残高勘定は「繰越機能」を果たすことになる。**第6図**を参照。

第6図

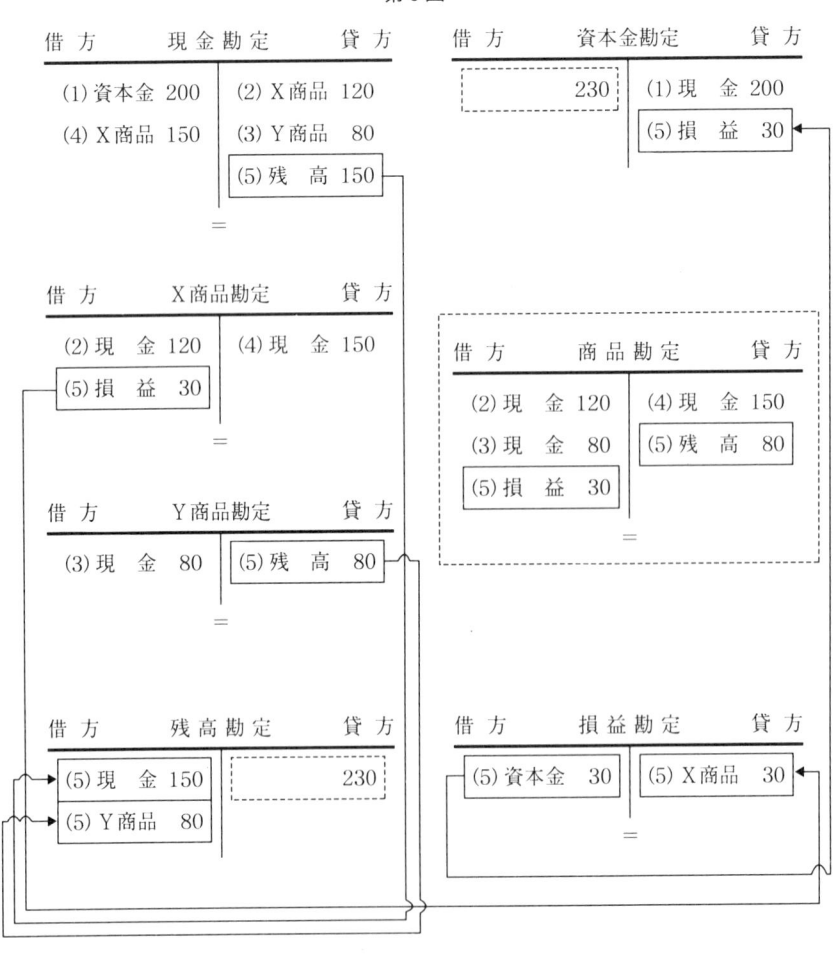

借　方　　現金勘定　　貸　方		借　方　　資本金勘定　　貸　方
(1)資本金 200　(2) X商品 120		230　　(1)現　金 200
(4) X商品 150　(3) Y商品 80		(5)損　益 30
(5)残　高 150		

借　方　　X商品勘定　　貸　方

(2)現　金 120　(4)現　金 150
(5)損　益 30

借　方　　商品勘定　　貸　方

(2)現　金 120　(4)現　金 150
(3)現　金 80　(5)残　高 80
(5)損　益 30

借　方　　Y商品勘定　　貸　方

(3)現　金 80　(5)残　高 80

借　方　　残高勘定　　貸　方

(5)現　金 150　　　　230
(5) Y商品 80

借　方　　損益勘定　　貸　方

(5)資本金 30　(5) X商品 30

しかも，それだけではない。残高勘定の借方合計を総称した概念はプラス財産，すなわち，「資産」である。また，残高勘定の貸方合計を総称する概念はマイナス財産，すなわち，「負債」である。これに対して，資産と負債の差額，この差額を総称した概念は「資本」，すなわち，「期末資本」である。残高勘定の借方合計が貸方合計を上回る場合には，プラス資本（正味財産）が計算されるはずである。また，残高勘定の借方合計が貸方合計を下回る場合には，マイナス資本（債務超過）が計算されるはずである。したがって，企業の決算時には，残高勘定は「資本計算機能」も果たすはずである。

　しかし，資本金勘定でも，損益勘定の貸方残高は貸方に振替えるので，また，損益勘定の借方残高は借方に振替えるので，「期末資本」は計算されることになる。資本金勘定の貸方合計が借方合計を上回る場合には，プラス資本（期首資本＋期間利益／期首資本＞期間損失）が計算される。また，資本金勘定の貸方合計が借方合計を下回る場合には，マイナス資本（期首資本＜期間損失）が計算される。もちろん，資本金勘定に追加出資および資本引出を記録しても，また同様である。現金勘定の借方残高もそれだけ増減するにすぎない。そのために，資本金勘定で計算される期末資本が増減すると同時に，残高勘定で計算される期末資本もそれだけ増減するにすぎない。したがって，企業の決算時には，残高勘定に併存して，資本金勘定もまた「資本計算機能」を果たすことになる。

　なるほど，不可抗力の過誤は別として，記録自体，計算自体に間違いがなかった限りでは，残高勘定で計算される期末資本は，資本金勘定で計算される期末資本と一致するに違いない。しかし，これでは，残高勘定および資本金勘定に，それぞれの期末資本が計算されるだけである。残高勘定および資本金勘定はそのままにしておかれる。複式簿記を措定する限りでは，締切られないままである。これでは，複式簿記における期間損益計算は完結し得ない。

　そこで，企業の決算時には，期末資本は振替えねばならない。プラス資本が計算される場合には，資本金勘定の借方に振替えるか，残高勘定の貸方に振替えるかである。また，マイナス資本が計算される場合には，資本金勘定の貸方に振替えるか，残高勘定の借方に振替えるかである。もちろん，振替えるのが

資本金勘定であるとしたら，企業の解散時を予定しなければならない。残高勘定の借方合計（資産）が貸方合計（負債）を上回る場合には，資本主または所有者に払戻すことになるからである。また，残高勘定の借方合計（資産）が貸方合計（負債）を下回る場合には，資本主または所有者が払込むことになるからである。しかし，利益配当および資本引出を除いては，実際に払戻すことはないのである。また，追加出資を除いては，実際に払込むことはないのである。したがって，企業の決算時を予定する限りでは，振替えるのは残高勘定であらねばならない。振替えることによって，資本金勘定は締切られると同時に，残高勘定は，借方合計（資産／資産＋資本）と貸方合計（負債＋資本／負債）が一致することによって締切られる。締切られてこそ，複式簿記における期間損益計算は完結し得る。

　したがって，損益勘定では，まずは，貸方残高または借方残高が計算される。「期間損益」が計算されるのである。振替えることによって，損益勘定は締切られる。さらに，資本金勘定でも，まずは，貸方残高または借方残高が計算される。「期末資本」が計算されるのである。振替えることによって，資本金勘定は締切られる。これに対して，残高勘定では，借方残高または貸方残高が計算されることはない。したがって，期末資本が計算されることはない。残高勘定は，借方合計と貸方合計が一致することによってこそ締切られる。締切られるなら，不可抗力の過誤は別として，記録自体，計算自体に間違いはなかったわけである。具体的には，資本変動の原因（期首資本±期間損益）は，資本変動の結果（資産−負債）によって検証されるわけである。したがって，企業の決算時には，「損益計算機能」を果たすのは損益勘定であるのだが，資本金勘定は損益計算機能はもちろん，検証機能も喪失してしまい，「資本計算機能」を果たすことになる。これに対して，残高勘定は「繰越機能」を果たすのと同時に，資本計算機能は後退してしまい，「検証機能」も果たすことになる。**第7図**を参照。

第7図

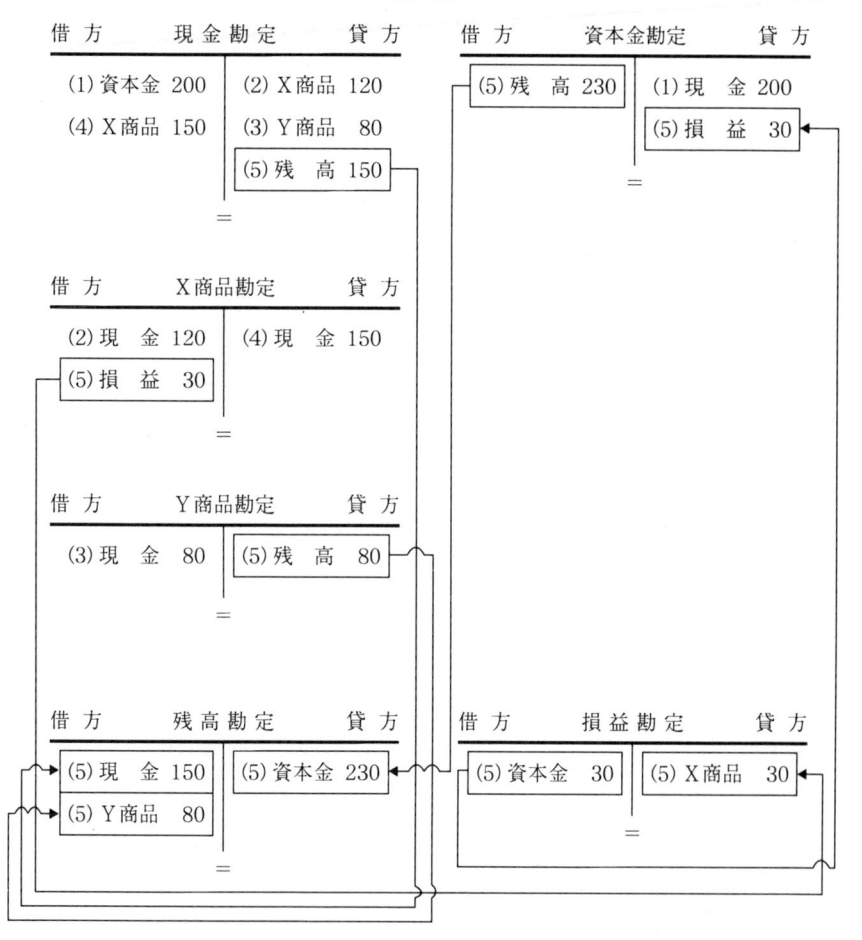

```
借　方　　現金勘定　　貸　方          借　方　　資本金勘定　　貸　方
(1) 資本金 200   (2) X商品 120         (5) 残　高 230   (1) 現　金 200
(4) X商品 150   (3) Y商品  80                          (5) 損　益  30
                (5) 残　高 150
         =                                      =

借　方　　X商品勘定　　貸　方
(2) 現　金 120   (4) 現　金 150
(5) 損　益  30
         =

借　方　　Y商品勘定　　貸　方
(3) 現　金  80   (5) 残　高  80
         =

借　方　　残高勘定　　貸　方          借　方　　損益勘定　　貸　方
(5) 現　金 150   (5) 資本金 230        (5) 資本金  30   (5) X商品  30
(5) Y商品  80
         =                                      =
```

　もちろん，残高勘定が繰越機能を果たすからには，「資産」および「負債」ばかりか，「期末資本」も繰越さねばならない理由があらねばならない。残高勘定の借方または貸方に，ただ振替えるだけでは，検証機能を果たすにすぎないからである。残高勘定を経由して繰越さねばならないだけの理由があらねばならない。

　そこで，繰越さねばならない理由であるが，次期ないし次期以降にも，期間

損益が計算されると同時に，残高勘定が検証機能を果たすためである。そのために，資産および負債はもちろん，期末資本も繰越さねばならない。したがって，企業の決算時には，残高勘定の借方または貸方に振替えねばならないだけではない。次期ないし次期以降には，残高勘定の貸方または借方から振替えねばならない。振替えることによって，次期ないし次期以降にも，期間損益が計算されると同時に，残高勘定が検証機能を果たすことにもなる。

　しかも，それだけではない。全体損益が計算される限りでは，資産の評価，費用の見積もりは必要としないので，判断自体の介入する余地はない。したがって，企業の解散時には，検証機能を果たすのは資本金勘定であるのだが，検証機能を果たしたとするなら，まさに「絶対的な真実性」が保証されるに違いない。これに対して，期間損益が計算される限りでは，そうではない。資産の評価，費用の見積もりを必要とするので，判断自体の介入する余地がある。したがって，企業の決算時には，検証機能を果たすのは残高勘定であるのだが，検証機能を果たしたとしても，自らに限界があることは覚悟しなければならない。しかし，「期間損益の合計」は「全体損益」に等しくなるはずである。等しくなることによって，企業の解散時には，絶対的な真実性も保証されようというものである。したがって，残高勘定こそは，絶対的な真実性が保証される全体損益に連繋するはずの架け橋にならねばならない。企業の解散時には，現金勘定ならびに資本金勘定，最終的に「資本金勘定」に収斂するので，資本金勘定に連繋するはずの架け橋にならねばならない。そのために，資産および負債ばかりか，期末資本も繰越さねばならない。したがって，企業の決算時には，残高勘定の借方または貸方に振替えねばならないだけではない。次期ないし次期以降には，残高勘定の貸方または借方から振替えねばならない。振替えることによって，企業の決算時には，絶対的ではないまでも，せめて「相対的な真実性」は保証されようというものである。

　そこで，残高勘定を経由して繰越されるとなると，まだ解消されていない取引事象のすべては，企業の解散時までには解消される。「現金勘定」を経由して解消されるかぎりでは，現金勘定の借方残高がそれだけ増減するはずである。

また，「損益勘定」を経由して解消されるかぎりでは，損益勘定の貸方残高または借方残高がそれだけ増減するはずである。したがって，資本金勘定の貸方残高または借方残高もそれだけ増減するはずである。企業の解散時には，取引事象がすべて解消されてしまい，資本主または所有者に払戻すことになるので，現金勘定の借方残高は資本金勘定の借方に振替えねばならない。振替えることによって，現金勘定は締切られると同時に，資本金勘定は，借方合計と貸方合計が一致することによって締切られるはずである。締切られるなら，不可抗力の過誤は別として，記録自体，計算自体に間違いはなかったわけである。具体的には，資本変動の原因（投下資本±期間損益の合計）は，資本変動の結果（払戻現金）によって検証されるわけである。もちろん，追加出資および資本引出を記録しても，さらに，利益配当を記録しても，また同様である。現金勘定で計算される借方残高がそれだけ増減すると同時に，資本金勘定で計算される期末資本もそれだけ増減するにすぎない。したがって，企業の決算時には，残高勘定は「検証機能」を果たすのと同時に，まずは，「繰越機能」を果たすことになる。**第8図**を参照。

事　例：2期
(6)　現金150とＹ商品80を前期から繰越す。
(7)　Ｙ商品（原価80）を売上げて，現金70を受取る。
(8)　本日，企業を解散。

204

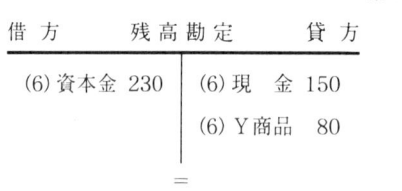

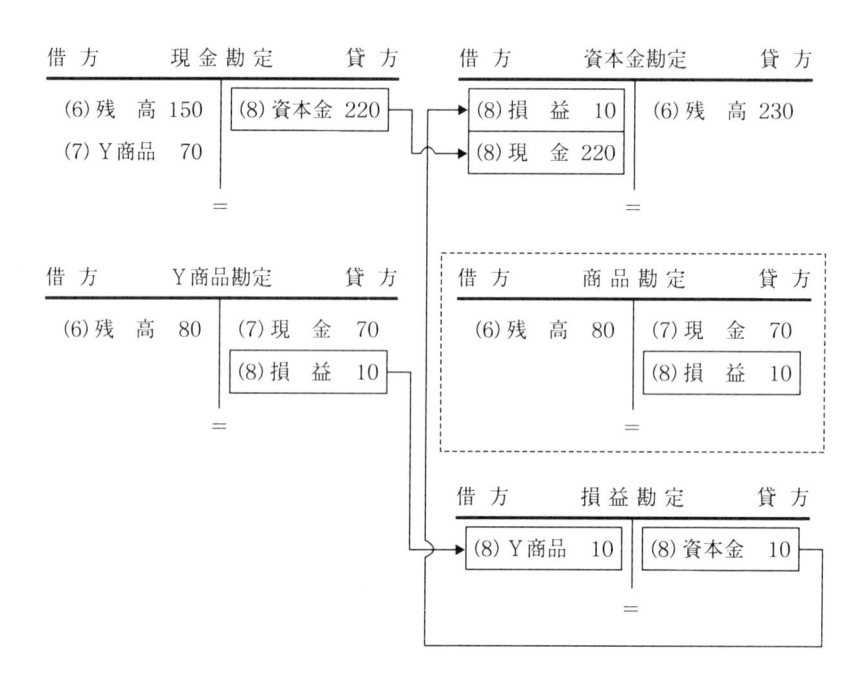

第8図

```
 借  方    残高勘定    貸  方
(6)資本金 230  (6)現  金 150
              (6)Y商品   80
              ―――――――
```

```
 借  方    現金勘定    貸  方        借  方    資本金勘定    貸  方
(6)残  高 150  (8)資本金 220            (8)損  益  10  (6)残  高 230
(7)Y商品  70                          (8)現  金 220
              ―――――――                              ―――――――
```

```
 借  方    Y商品勘定    貸  方        借  方    商品勘定    貸  方
(6)残  高  80  (7)現  金  70          (6)残  高  80  (7)現  金  70
              (8)損  益  10                        (8)損  益  10
              ―――――――                              ―――――――
```

```
                                      借  方    損益勘定    貸  方
                                     (8)Y商品  10  (8)資本金  10
                                                  ―――――――
```

　このように，まずは，損益計算を目的に複式簿記の構造はどのようであるか，筆者なりの卑見をまじえながら，複式簿記の構造を整理ないし想像してみると，損益計算機能を果たすのは「損益勘定」である。複式簿記における「全体損益計算」を想像する限りでは，「資本金勘定」は検証機能を果たすことになる。損益勘定では，まずは，貸方残高または借方残高が計算される。「全体損益」が計算されるのである。振替えることによって，損益勘定は締切られる。これに対して，資本金勘定では，貸方残高または借方残高が計算されることはない。したがって，全体損益が計算されることはない。資本金勘定は，借方合計と貸

方合計が一致することによってこそ締切られる。締切られるなら，不可抗力の過誤は別として，記録自体，計算自体に間違いはなかったわけである。具体的には，資本変動の原因（投下資本±全体損益）は，資本変動の結果（払戻現金）によって検証されるわけである。**第9図**を参照。

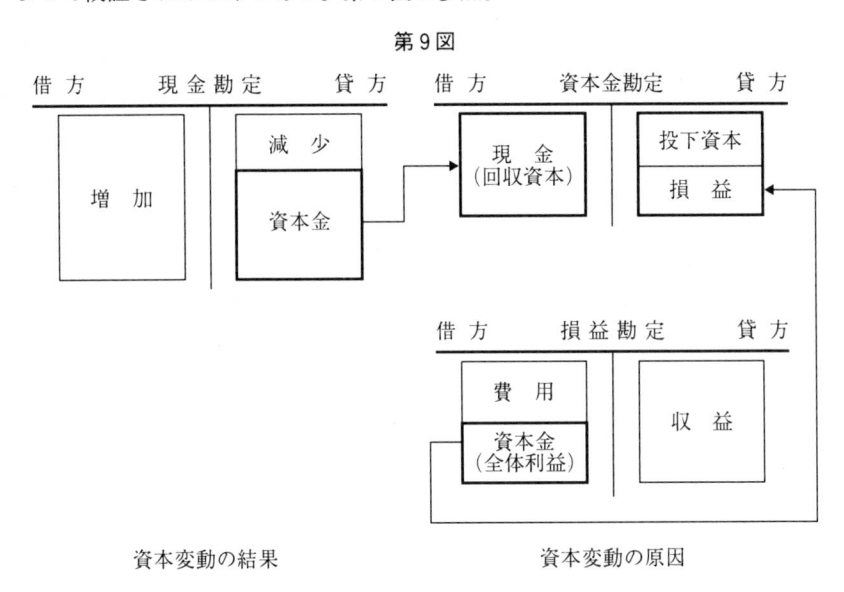

第9図

```
    借方  現金勘定  貸方        借方   資本金勘定   貸方
  ┌─────┐ ┌─────┐        ┌─────┐ ┌─────┐
  │     │ │ 減 少│        │ 現 金│ │投下資本│
  │ 増 加│ │     │──→    │(回収資本)│ │ 損 益│
  │     │ │ 資本金│        │     │ │     │
  └─────┘ └─────┘        └─────┘ └─────┘

                              借方   損益勘定   貸方
                            ┌─────┐ ┌─────┐
                            │ 費 用│ │     │
                            │ 資本金│ │ 収 益│
                            │(全体利益)│ │     │
                            └─────┘ └─────┘

    資本変動の結果              資本変動の原因
```

　これに対して，複式簿記における「期間損益計算」を想像する限りでも，損益計算機能を果たすのは「損益勘定」であるが，「資本金勘定」は資本計算機能を果たすにすぎない。検証機能を果たすのは「残高勘定」である。損益勘定では，まずは，貸方残高または借方残高が計算される。「期間損益」が計算されるのである。振替えることによって，損益勘定は締切られる。さらに，資本金勘定でも，まずは，貸方残高または借方残高が計算される。「期末資本」が計算されるのである。振替えることによって，資本金勘定は締切られる。これに対して，残高勘定では，借方残高または貸方残高が計算されることはない。したがって，期末資本が計算されることはない。残高勘定は，借方合計と貸方合計が一致することによってこそ締切られる。締切られるなら，不可抗力の過誤は別として，記録自体，計算自体に間違いはなかったわけである。具体的に

は，資本変動の原因（期首資本±期間損益）は，資本変動の結果（資産－負債）によって検証されるわけである。

しかも，残高勘定は検証機能を果たすのと同時に，まずは，繰越機能を果たすことになる。次期ないし次期以降にも，期間損益が計算されると同時に，残高勘定が検証機能を果たすためである。それだけではない。複式簿記における「期間損益計算」を想像するために，複式簿記における「全体損益計算」まで想像するとしたら，繰越機能を果たすことによってこそ，「期間損益の合計」は「全体損益」に等しくなるはずである。したがって，期間損益計算では回避し得ない判断自体に対して，精神的でしかないまでも，プレッシャーは与えら

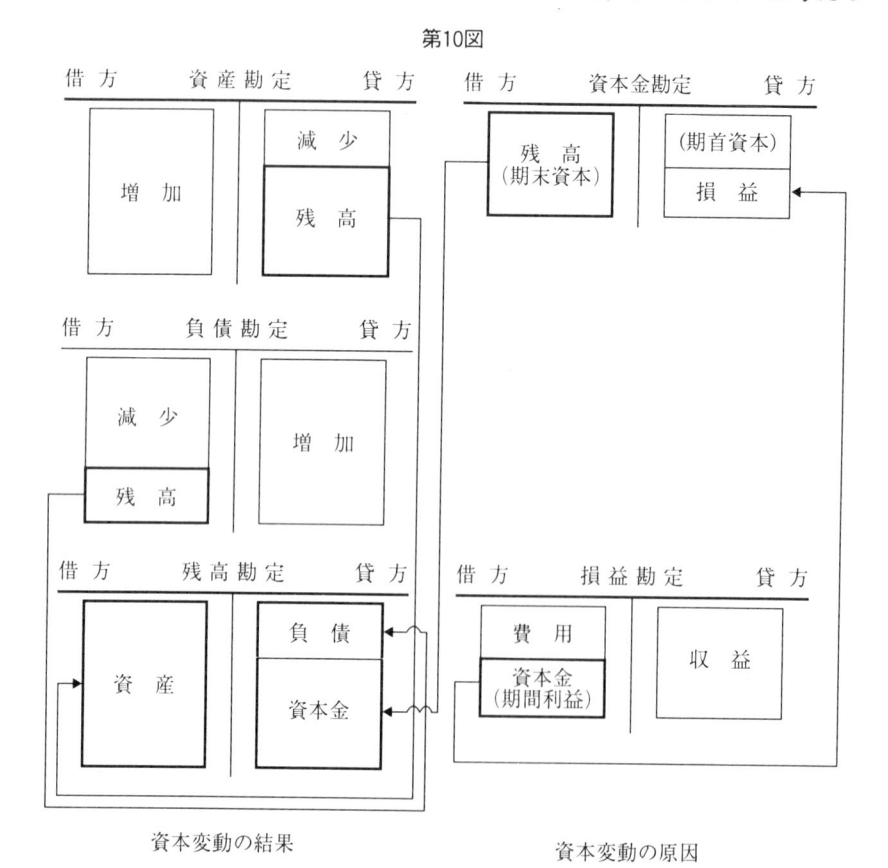

第10図

借方　資産勘定　貸方	借方　資本金勘定　貸方
増　加 ／ 減　少／残　高	残　高（期末資本） ／（期首資本）／損　益

借方　負債勘定　貸方	
減　少／残　高 ／ 増　加	

借方　残高勘定　貸方	借方　損益勘定　貸方
資　産 ／ 負　債／資本金	費　用／資本金（期間利益） ／ 収　益

　　　資本変動の結果　　　　　　　資本変動の原因

れようというものである。最終的に「資本金勘定」に収斂するので，資本金勘定は，借方合計と貸方合計が一致することによって締切られるはずである。締切られるなら，これまた，不可抗力の過誤は別として，記録自体，計算自体に間違いはなかったわけである。具体的には，資本変動の原因（投下資本±期間損益の合計）は，資本変動の結果（払戻現金）によって検証されるわけである。**第10図**を参照。

もちろん，複式簿記の構造自体を筆者なりに納得しようとして，まずは，整理ないし想像してみたにすぎない。新たに想像ないし創造しようというわけでは決してない。しかし，複式簿記における「全体損益計算」まで想像して，複式簿記における「期間損益計算」を想像するなら，このように整理ないし想像してみることも，あながち無謀ではあるまい。損益計算機能を果たすのが「損益勘定」であることはもちろんであるが，それでは，「資本金勘定」は……，「残高勘定」は……となると，なかなか納得し得ないのである。体系的に整理ないし想像してみてこそ，「それでも複式簿記に関わるのはなぜであろうか」という問題に回答する契機だけでも模索できるのではと愚考される。

ところで，複式簿記を取り巻く環境の必然的な要請に即応して，その時その時の意義を問われるとなると，複式簿記の構造自体，さまざまに想像ないし創造される可能性を秘めている。したがって，その秘める可能性を追求ないし想像してみなければならない。

まずは，会計に求められる情報として，「財務諸表に何を投影させるか」ということである。損益計算を目的とするかぎりでは，「投下資本の回収余剰額」としての利益，「投下資本の回収不足額」としての損失を投影させることはいうまでもない。しかし，複式簿記を取り巻く環境の必然的な要請に即応して，「取引事象を収録すべきシステム」としての複式簿記，「情報を引出しうるシステム」としての複式簿記もまた変容してきたことを想起するなら，これに回答することは，そう簡単ではない。

本来，複式簿記が債権・債務の記録から出発して，資産，負債および資本，

さらに，収益および費用の記録まで完備したことによって，複式簿記に収録される取引事象は規制される。「収益・費用からするアプローチ」を選択する限りでは，複式簿記に収録される取引事象から収益，費用を選別すると共に，新たに，収益，費用にして，まだ収録されてはいない取引事象を追加しなければならない。これに対して，「資産・負債からするアプローチ」を選択する限りでは，複式簿記に収録される取引事象から資産，負債を選別すると共に，新たに，資産，負債にして，まだ収録されてはいない取引事象を追加しなければならない。いずれにしても，選別すると共に追加しなければならない取引事象が，改めて規制される。

　もちろん，利益ないし損失を投影させるだけであるなら，収益・費用からするアプローチと資産・負債からするアプローチ，これが相互に依存している限りでは，いずれを選択（優先）してもかまわないかもしれない。しかし，損益計算を目的にするとはいえ，利益ないし損失の背後にあるものまで投影させるとなると，これに回答することは，そう簡単ではないのである。利益ないし損失を生み出した「原因」を投影させるのなら，収益・費用からするアプローチを選択（優先）することによって，損益計算書が誘導されねばならない。これに対して，利益ないし損失を生み出した「結果」を投影させるのなら，資産・負債からするアプローチを選択（優先）することによって，貸借対照表が誘導されねばならない。たとえば，利益ないし損失に見合うべき資産ないし負債を投影させるとなると，さらに，投資効率，したがって，総資本利益率，そればかりか，財務リスクまで投影させるとなると，損益計算書に並存して，貸借対照表が誘導されねばならないのである。損益計算書に随伴して，貸借対照表が誘導されるのではない。まして，投資活動をヨリ完全に投影させるために，資金の流入・流出も投影させるとなると，損益計算書および貸借対照表と鼎立して，キャッシュ・フロー計算書が誘導される。「資金からするアプローチ」が，新たに浮上するにちがいない。それだけに，投下資本の回収余剰額としての「利益」，投下資本の回収不足額としての「損失」を投影させるだけでは，もはや済まされない。

さらに，会計に求められる情報として，「財務諸表にどのように投影させるか」ということに連動しないではおかない。何を投影させるかによって，収益・費用からするアプローチと資産・負債からするアプローチ，さらに，資金からするアプローチ，これが相互に依存しているかぎりでは，いずれを選択（優先）するか，それとも，いずれも選択するかに連動するからである。これまた，複式簿記を取り巻く環境の必然的な要請に即応して，「取引事象を収録すべきシステム」としての複式簿記，「情報を引出しうるシステム」としての複式簿記もまた変容してきたことを想起するなら，これに回答することも，そう簡単ではない。

　したがって，複式簿記における「インプットを意味する取引事象」，「アウトプットを意味する情報」を意識しながら，場合によっては，これを逆順的に意識しながら，複式簿記と「近代会計」の関わり，はては「現代会計」の関わりが展開されているということである。新しく開発される取引事象に合わせても，会計に求められる情報に合わせても，複式簿記の構造自体，さまざまに想像ないし創造される可能性を秘めているということである。そうであるとするなら，「財務諸表に何を投影させるか」，「財務諸表にどのように投影させるか」，これまた体系的に追求ないし想像してみてこそ，「はたして，それでも複式簿記に関わることはできるであろうか」という問題に回答する契機だけでも模索できるのではと愚考される。

参考文献

Penndorf, B. [1933], *Luca Pacioli Abhandlung über die Buchhaltung 1494*, Stuttgart.
Schumalenbach, E. [1939], *Dynamische Bilanz,* 7. Aufl., Leipzig（土岐政蔵訳，『動的貸借対照表論』，森山書店 1950年）．
谷端　長 [1965]，『動的会計論』，森山書店。
土方　久 [1995]，「簿記の歴史・覚え書」，『商学論集』（西南学院大学），第42巻第1・2号，35-47頁。
　　　　[1996]，『簿記における利益計算システムの研究』，日本簿記学会・簿記理論研究部会，1-2／55-66／89-98頁。
　　　　[2000a]，「静態論の財産計算」，『商学論集』（西南学院大学），第46巻第3・4号，

21-32頁。
――――[2000b],「動態論の損益計算」,『商学論集』(西南学院大学), 第47巻第1号, 1-17頁。
山下勝治 [1950],『損益計算論』, 泉文堂。

編著者紹介

土方　久（ひじかた　ひさし）

略　歴
1942（昭和17）年5月　　福岡県久留米市に生まる
1966（昭和41）年3月　　関西学院大学商学部卒業
1968（昭和43）年3月　　神戸大学大学院経営学研究科修士課程修了
1971（昭和46）年3月　　　同　博士課程単位取得退学
1987（昭和62）年9月　　　同　博士号取得（経営学博士）
1968（昭和43）年4月　　西南学院大学商学部助手
1971（昭和46）年4月　　　同　講師
1973（昭和48）年4月　　　同　助教授
1979（昭和54）年4月　　　同　教授，現在に至る
1982（昭和57）年6月　　日本会計研究学会太田賞受賞

著　書
『近代会計の生成』，1981（昭和56）年4月，西南学院大学学術研究所
『近代会計の基礎理論』，1981（昭和56）年10月，森山書店
　　同　　　（増訂版），1986（昭和61）年11月，森山書店
『近代会計の理論展開』，1986（昭和61）年9月，森山書店
『貸借対照表能力の研究』，1996（平成8）年2月，西南学院大学学術研究所
『貸借対照表能力論』，1998（平成10）年11月，森山書店

訳　書
『経営維持と利潤計算』，1975（昭和50）年6月，ミネルヴァ書房

編　書
『貸借対照表能力論』，1993（平成5）年4月，税務経理協会
『複式簿記入門』，1996（平成8）年4月，中央経済社

共　著
『基本商業簿記』，1975（昭和50）年6月，中央経済社
『基本簿記原理』，1983（昭和58）年7月，中央経済社

この他に，共同執筆，論文等，多数。

編著者との契約により検印省略

平成15年4月28日 初版第1刷発行	**近代会計と複式簿記**

編 著 者	土 方 　 久
発 行 者	大 坪 嘉 春
印 刷 所	税経印刷株式会社
製 本 所	株式会社　三森製本所

発 行 所　東京都新宿区下落合2丁目5番13号　株式会社　税務経理協会

郵便番号 161-0033　振替 00190-2-187408　電話(03)3953-3301(編集部)
FAX(03)3565-3391　　　　　　　　(03)3953-3325(営業部)
URL http://www.zeikei.co.jp/
乱丁・落丁の場合はお取替えいたします。

Ⓒ 土方 久 2003　　　　　　　　　Printed in Japan

本書の内容の一部又は全部を無断で複写複製（コピー）することは，法律で認められた場合を除き，著者及び出版社の権利侵害となりますので，コピーの必要がある場合は，あらかじめ当社あて許諾を求めて下さい。

ISBN4-419-04185-4　C1063